【개정신판】

영어음성음운교육론

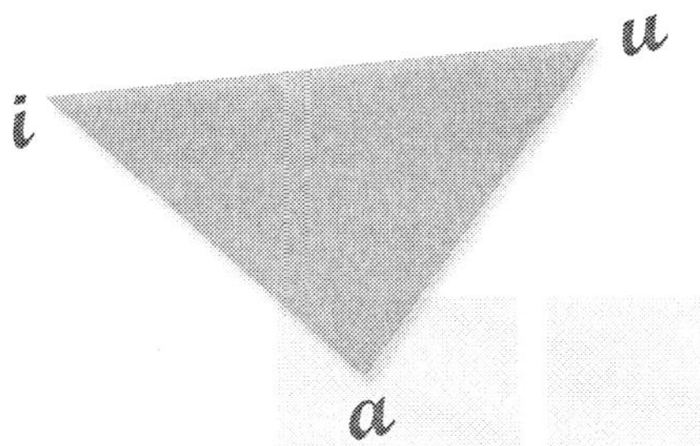

김 종 훈 지음

온누리디앤피
DESIGN & PRESS

개정판을 내면서

필자가 「영어음성음운교육론」을 출판한 지도 어언 20년의 세월이 지났다. 오랫동안 사범대학 영어교육과에 재직하면서 마음 한 구석에는 늘 영어 교육 현장에서 영어를 가르치게 될 예비 교사들이 진정으로 바라는 「영어음성음운교육론」의 내용은 어떻게 구성되어야 바람직한가에 대한 생각으로 상념에 잠기는 날이 많았다. 예비 교사들이 장차 중등 교실에서 영어를 가르칠 때 영어의 음성 음운에 대해 무엇을 어떻게 지도해야 그들로부터 가르침을 받는 학습자들이 영어 발음 능력은 물론 구두 의사소통 능력이 향상될 것인가에 대해 고민에 고민을 거듭하였다. 이 책은 바로 그런 고뇌의 파편들이 하나 둘 모여 탄생한 2001년 「영어음성음운교육론」의 개정판이다.

초판과 달리 이 개정판에서는 영어 초분절 자질인 강세와 리듬 및 억양에 대한 내용을 대폭 보완하였다. 아울러 분절음인 자음과 모음 영역은 물론 음성 현상과 의사소통 활동 중심 발음 지도와 발음 평가 부분에서도 내용을 일부 수정하였다. 특히, 영어교육론의 흐름을 반영하여 영어 발음을 가르치는 교사들을 위해서 영어 발음 교육에 대한 교사의 인식을 11장에서 새롭게 다루었으며, 영어 발음을 배우는 학생들을 위해서 학생들의 영어 발음 학습 전략도 12장에 별도로 추가하였다.

초판에서도 기술했듯이, 「영어음성음운교육론」은 영어음성학과 영어음운론 그리고 응용언어학과 영어교육론의 기본 개념과 원리 및 정보를 영어 교육 현장에서 효과적으로 활용하여 발음을 지도하는 방법을 다룬 것이다. 책의 제목을 「영어음성음운교육론」이라 한 것도 영어음성학과 영어음운론의 이론을 단순히 발음 지도에 활용하는 차원을 넘어, 특히 응용언어학과 영어교육론의 원리와 방법을 영어 학습자의 발음 교육에 접목시켰기 때문이다. 말하자면 이 저서는 영어음성학, 영어음운론, 응용언어학, 영어교육론 간 학제적 융합의 결과물이라 할 수 있다.

그러나 개정판 원고가 손에서 떠나는 지금 이 순간, 마음속에는 여전히 두려움이 떠나지 않는다. 수정 보완된 내용을 읽고 독자들이 부실하다고 느낄 것 같아 걱정이 태산 같다. 나름대로는 영어 발음 교육을 위해 꼭 필요하다고 생각되는 부분을 최대한 수정 보완하느라 애썼지만 그 점이 잘 드러나 있는지는 읽는 사람마다 견해의 차이가 있을 수밖에 없다. 그러나 내용이 미진하고 잘못된 부분은 어디까지나 전적으로 필자의 책임이라는 점을 분명히 밝혀 둔다.

마지막으로 이 책이 영어를 배우거나 가르치고 있는 사람들, 특히, 초중등 예비 교사들을 비롯하여 초중등교사 임용 시험을 준비하는 사람들과 현재 초중등 교육 현장에서 영어 교육에 헌신하는 교사들에게 유용하게 사용되길 간절히 바란다. 개정판 「영어음성음운교육론」의 내용이 영어를 배우거나 가르치는 사람들에게 조금이나마 도움이 되고 교육 현장에서 실제 영어 수업을 하는데 어느 정도 활용된다면 필자로서는 더 이상 바랄 것이 아무것도 없다.

2020년 5월

김 종 훈

차례

제 1 장

영어음성음운교육론의 이해

여기서는 영어음성음운교육론의 개념과 이론적 배경을 먼저 다루고, 영어음성음운론의 내용 체계는 어떻게 구성되어 있는지를 보인 후, 과거부터 현재까지의 영어 교수법에서는 발음 영역에 대해 어떤 입장을 취하고 있는지를 검토한다.

1.1 영어음성음운교육론의 개념

저자가 특별히 사용하는 영어음성음운교육론이란 영어음성학과 영어음운론, 그리고 응용언어학과 영어교육론의 기본 개념과 원리 및 정보를 어떻게 영어 교육 현장에서 효과적으로 활용하여 영어 학습자의 발음을 지도해야 할 것인가를 다루는 것이다. 영어 교사로서 영어를 가르치면서 어떻게 발음 교육을 해야 영어 학습자가 정확하면서도 자연스럽고 유창한 영어 발음을 구사할 수 있으며, 구두 의사소통 능력을 신장시킬 수 있는가를 연구하는 것이다.

따라서 영어음성음운교육론은 영어음성학과 영어음운론의 이론을 이해하고 그것을 발음 지도에 응용하는 방법을 제시하면서 그 과정에서 영어교육론의 이론과 실제를 접목시켜 영어 교사로서 실제로 교실에서 가르치는데 적절한 발음 지도 기법은 무엇인지를 연구하는 분야라 할 수 있다. 이를 좀 더 구체적으로 설명하면 다음과 같다.

먼저 영어 교사로서 효과적인 영어 발음 교육을 하기 위해서는 영어 음성학이나 영어음운론에 대한 지식이 있어야 한다. 영어의 분절음과 초분절음이 어떻게 조음되는지를 알아야 하며 한 음이 다른 음의 영향을 받아 어떻게 변화하는지 등을 당연히 이해해야 한다. 그러나 영어의 분절음과 초분절음을 어떻게 지도하는 것이 더 효과적인가의 문제에 대해서는 영어의 음성 또는 음운에 대한 지식만을 갖고서는 불충분하다. 같은 영어 음을 지도하더라도 교사가 반복해서 녹음기나 자신의 발음만을 따라 하도록 하는 것보다는 조별 또는 그룹별로 학습자들을 나누어 과제(task)나 활동(activity) 중심 또는 게임과 역할극(role play), 문제 해결 활동(problem-solving activities) 등의 다양한 기법으로 발음을 자연스럽게 지도하는 것이 더욱 흥미 있고 효과적인 지도가 될 수 있다. 바꿔 말해 영어교육론의 원리와 방법을 영어의 발음 영역과 연계시켜 지도할 때 의사소통의 수단으로서 영어를 더욱 의미 있게 가르치는 일이 될 수 있다.

1.2 영어음성음운교육론의 이론적 배경

영어음성음운교육론의 이론적 기반의 하나가 되는 영어음성학과 영어음운론은 주로 영어의 음이 어떻게 생성, 전이, 지각되는지를 규명하거나 영어의 음운 체계를 다루는 이론 중심의 언어학의 한 분야이다. 그러나 음성학이나 음운론에서도 외국인 학습자들이 영어 발음을 올바르게 할 수 있도록 도와주기 위해 적지 않은 노력을 해 온 것이 사실이다. 예를 들어 Gimson(1980)은 영어음성학 개론(*An Introduction to the Pronunciation of English*)이란 저서에서 영어음성학의 이론만을 취급하지 않고 영어 발음 지도에 관한 내용을 하나의 장으로 설정하여 외국인 학습자들에게 필요한 발음 지도법을 제시한 바 있다. 이러한 입장은 영어 음성 또는 음운 이론을 영어 학습자의 발음 지도에 응용하는 근거가 될 수 있음을 잘 보여 준다.

그러나 이 책 집필의 더 중요한 이론적 토대가 된 것은 외국어 교육 또는 영어 교육 분야에서 학자들의 제시한 발음 지도의 이론과 실제에 관한 것이다. 예컨대 Pennington과 Richards(1986)는 발음 교육의 중심을 고립된 음이나 개별 단어의 정확한 발성법을 가르치는데 두기보다, 문장이나 담화 속에서 대화의 유창성을 신장할 수 있도록 보다 넓은 관점에서 발음 교육이 이루어져야 한다고 믿고 있다. 또한 Morley(1987)는 발음 지도에서 자음, 모음과 같은 분절음(segmentals)보다 강세, 리듬, 억양과 같은 초분절음(suprasegmentals)의 역할을 중요하게 고려함으로써 발음 교육을 미시적 관점(microlevel perspectives)에서 뿐만 아니라 거시적 관점(macrolevel perspectives)에서 접근할 필요가 있음을 언급하고 있다. 특히, Celce-Murcia(1987)는 의사소통 중심 발음 지도 이론을 본격적으로 거론하면서 발음 지도를 영어교육론에서 제시하는 여러 기법들, 이를테면, 게임, 역할극, 문제 해결 활동 등을 통해 자연스럽게 실시할 것을 제안하고 있다. 이러한 이론을 대폭 수정 확대하여 Celce-Murcia, Brinton과 Goodwin(1996)은 발음 교육에 관한 유익한 저술을 내놓은바 있다. 이 밖에 Murphy(1991)는 분절음과 초분절음에 대한 연습을 화자와 청자가 의미 있는 정보를 주고받는 의사소통 활동과 통합시켜 이루어져야 한다고 보고 있다. 듣기와 말하기 및 발음 훈련을 광의적인 구두 의사소통의 범위 내에서 통합하여 실시할 수 있다는 것이다. 발음 교육의 이론과 실제를 제시하려는 노력은 Avery와 Ehrlich(1992)에서도 잘 나타나고 있다. 그들은 발음 지도에 활용 가능한 교실 활동을 다양하게 제안하고 있다. Pennington(1996)도 영어 교육의 여러 개념을 영어 발음 교육에 연관시켜 체계화된 발음 교육을 수행하려는 시도를 하고 있다.

1.3 영어음성음운교육론의 체계

앞에서 지적한 바 있듯이 영어음성음운교육론은 영어음성학과 영어음운론 및 영어교육론의 이론과 실제를 결합한 것이므로 본서의 내용 체계는 주로 영어 학습자들에게 영어의 분절음과 초분절음 지도를 어떻게 영어교육론의 원리를 적용하여 효과적으로 수행할 것인가에 모아진다. 영어를 외국어로 가르치고 배우는 우리나라 현실에서 학습자가 영어 자음과 모음 및 강세, 리듬, 억양을 발음하는데 정확성(accuracy)과 유창성(fluency)을 기할 수 있도록 교사로서 어떻게 발음 교육을 하는 것이 바람직한지를 다루게 된다.

따라서 이 책은 영어의 분절음과 초분절음의 정확한 발성법을 이해하는 정확성 중심 발음 지도 활동과 문맥의 전후 관계 상 자연스러운 영어 발음을 할 수 있도록 하는 유창성 중심 발음 지도 활동을 고찰하게 된다. 이는 영어 교육 이론, 특히, 오늘날의 의사소통 중심 교수법이 영어 교육의 초기 단계에서는 문법적 정확성(grammatical accuracy)을 기하는 활동을 전개하는데 관심을 두지만, 학습의 진전도에 따라 의사소통의 유창성(communicative fluency)을 신장시키는 활동을 펼치는 것을 발음 교육에 관련시키는 것을 의미한다.

아울러 필자는 영어의 분절음과 초분절음 교육을 개별 음이나 분리된 단어 속에서만 실시하는 것이 아니라 단어와 단어의 연결 과정을 포함하여 문장이나 담화 속에서 어떻게 자연스럽게 영어의 발음 교육을 해야 하는지를 검토하게 된다. 발음 교육이 이전처럼 개별 단어의 발음만을 정확하게 할 수 있도록 하는데 초점을 맞춰서는 화자가 의도하는 의미 전달이 간과될 수 있으므로 단어 보다 더 큰 문장과 대화를 통해 언어의 형식과 의미가 자연스럽게 전달될 수 있도록 하자는 것이다.

좀 더 구체적으로 제1장에서 영어음성음운론의 개념, 이론적 배경, 내용 체계에 대한 이해와 영어 발음 교육에 대한 역사적 개관이 끝나면, 제2장은 영어의 자음과 모음의 생성 과정과 자모음 체계를 기술하는 방법 및 그 발성 장소와 방법을 다루게 된다. 영어 학습자들에게 영어음의 정확한 발성을 하도록 지도하기 위한 기본 과정이기 때문이다.

제 3장에서는 영어 분절음이 연결되어 단어나 구 및 문장을 형성할 때 나타나는 음의 변화 과정을 살펴본다. 개별 음의 발음은 그 이웃하는 다른 음의 영향을 받아 언제든지 변화할 수 있으므로 영어의 음성 또는 음운 현상을 명확히 이해하는 것은 영어 학습자의 발음상의 자연성을 기하는데 많은 도움이 될 수 있다.

제4장에서는 영어와 한국어의 음성 음운 대조 분석을 통한 발음 교육의 문제를 고찰한다. 영어를 목표어로 하는 한국인 영어 학습자들이 두 언어의 어떤 차이 때문에 학습상의 문제점을 보이는지 예측해 보고 그것을 극복하는 방법을 찾아본다.

제5장에서는 영어의 초분절음들 중 하나인 강세 지도에 관한 것이다. 강세의 개념에 이어 단어 강세, 구 강세, 문장 강세에 대해 알아보고 강세를 효과적으로 지도하기 위해 강세 현상을 어떻게 예측하고 일반화 시킬 수 있는지를 보인 후 강세 원리에 대해 검토한다.

제6장은 영어의 리듬 교육론이다. 여기서는 영어 리듬의 본질과 단어, 구, 문장에 나타난 리듬의 성격 및 리듬 규칙에 대해 검토하고 효

과적인 영어 리듬 지도 방안으로서 강세음절과 비강세음절의 지도법과 문학 작품을 활용한 지도 방안을 제시한다.

제7장은 영어의 또 다른 초분절음인 억양과 그 지도에 대한 내용이다. 억양의 개념과 억양의 구조를 먼저 파악하고 억양의 여러 형태와 억양의 다양한 기능을 발음 교육과 관련시켜 설명한다. 특히, 영어 문장의 억양구 경계와 성조 할당에 대해 다양한 통사 단위의 예들을 통해 점검한다.

제8장은 영어 발음 지도의 과거와 현재를 다룬다. 전통적인 발음 교육의 특징과 문제점을 검토하고, 오늘날의 의사소통 중심 발음 지도의 과정을 정확성에 초점을 둔 발음 지도 활동과 유창성에 초점을 둔 발음 지도 활동으로 나누어 살핀 후 효과적인 발음 교육의 방향을 제시한다.

제9장은 의사소통 활동 중심의 발음 지도법을 제시한다. 학습자가 일상생활에서 직접 듣고, 보고, 느낄 수 있도록 하는 감각놀이와 역할놀이 및 게임을 통한 발음 지도법에 이어 챈트와 노래를 통한 발음 지도법을 소개 한다.

제10장에서는 영어 발음 평가 방법을 고찰한다. 영어 발음 평가의 종류와 발음 평가 방법에 대해서 알아보고 영어 학습자의 발음 능력을 어떤 기준에 따라 측정할 수 있는지를 검토한 후 학자들의 발음 평가 기준을 제시한다.

제11장은 언어 교사의 인식이란 무엇이며 언어 교사 인식 형성과 발전 및 변화에 영향을 주는 요인을 이해하고 언어 교사 인식 연구의 여러 주제들을 탐색한다. 이어서 영어 발음 교육에 대한 교사의 인식 관련 주제들이 ESL 상황과 EFL 환경에서 어떻게 논의되고 있는지를 지적한다.

제12장은 언어 학습 전략 이론을 바탕으로 영어 발음 학습 전략의

이론과 실제에 대해 검토한다. 언어 학습 전략의 정의와 중요성, 언어 학습 전략 분류와 언어 학습 전략 선택에 영향을 미치는 요인들을 다루고, 영어 발음 학습 전략의 개념과 중요성, 발음 학습 전략 분류와 발음 학습 전략 선택에서의 변인들을 알아보고 영어 교실에서 발음 학습 전략을 어떻게 활용하면 좋은지를 생각해 보기로 한다.

1.4 영어 교수법과 음성 음운 교육

영어 교육의 역사를 보면 시대마다 발음 지도에 어떤 의미를 부여했는지 또 발음을 지도한 방법이 무엇인지에 대해 오랫동안 견해가 서로 달랐음을 알 수 있다. 여기서는 영어 교수법에서 시도된 영어 발음 지도에 관한 학자들의 견해를 살펴봄으로써 발음 교육도 다양한 관점에서 수행될 수 있음을 시사하고자 한다.

1.4.1 직접식 교수법

우선 문법 번역식 교수법(Grammar Translation Method)은 문법 규칙과 어휘를 학습하고 이에 입각하여 목표어를 학습자의 모국어로 번역하고 더 나아가 모국어를 목표어로 번역하는데 치중하였으므로 발음 교육에 별다른 관심을 보이지 않았다. 목표어를 사용하여 구두 의사소통을 하는 것이 교육의 주된 목표가 아니었으므로 자연히 발음 교육은 등한시 될 수밖에 없었다,

그러나 1800년대 후반에서 1900년대 초반에 인기를 끌었던 직접식 교수법(Direct Method) 은 목표어와 직접적인 접촉을 통해 외국어를 배워야 한다고 생각했으므로 구어 사용이 강조되고 음성 훈련도

중요하게 실시되었다. 학생들은 모국어 화자와 거의 비슷한 수준에 있는 교사의 시범 발음을 계속 듣고 반복함(listen and repeat)으로써 모방을 통해 그와 비슷한 발음을 할 수 있도록 하는데 최선을 다하였다. 이 지도법의 원리를 계승한 것으로 자연식 교수 방법들(naturalistic methods)이 있는데, 여기에는 말하기가 허용되기 전에 일정 기간 듣기에 치중한다는 원칙을 세운 이해 중심 교수법이 포함되어 있다. 이를테면 Asher(1977)의 전신 반응 교수법(Total Physical Response)과 Krashenr과 Terrell(1983)의 자연 교수법(Natural Approach)의 원리가 바로 듣기 우선 교육을 실시하는 것이라 할 수 있다.

1.4.2 국제 음성 협회

그런데 발음 교육에 대해 사실상 언어학적이며 분석적인 접근을 시도한 사람들로는 1890년대 주로 활약한 Henry Sweet, Wilhelem Vietor, Paul Passey 등의 음성학자를 들 수 있다. 그들은 1886년 국제 음성 협회(International Phonetic Association)를 조직하여 1888년에 국제 음성 기호(International Phonetic Alphabet)를 제정하였다. 국제 음성 기호는 전 세계 모든 언어에서 사용되는 소리를 올바로 배우고 정확히 표기할 수 있도록 제정된 임의적 음성 기호이다. 이 음성 기호는 부호와 발음 간에 항상 일 대 일 관계를 유지하여, 하나의 문자가 단 하나의 소리만을 정확히 표시하는데 이용되었다. 이 국제 기구에 관여한 음성학자들은 여러 외국어들을 가르친 경험이 있었던 바, 특히 발음 지도와 관련하여 다음과 같은 개념과 원리를 중요하게 내세웠다.

첫째, 언어는 문어보다 보다 구어(spoken form)가 중요하므로 구어를 먼저 가르쳐야 한다.

둘째, 음성학에서 발견된 이론이 언어 교육에 응용되어야 한다.

셋째, 교사들은 음성학에 철저히 훈련되어 있어야 한다.

넷째, 학습자들은 좋은 말의 습관을 갖기 위해 음성 훈련을 받아야 한다.

1.4.3 청화식 교수법

1940-1950년대 미국의 청화식 교수법(Audio-lingual Method)과 영국의 구두 교수법(Oral Approach)에서는 발음을 매우 중요하게 고려하여 수업의 처음 시기부터 명시적으로 가르쳤다. 앞에서 본 직접식 교수법에서처럼 교사나 녹음기가 발음, 단어, 문장을 시범적으로 말하면, 학생들이 교사나 녹음된 소리를 모방하거나 반복하는 방법으로 발음을 지도하였다. 물론 교사는 음성학의 정보를 이용하여 발음을 가르쳤는데 이를테면 시각적으로 음성을 표기한 체계나 여러 음들의 조음을 보여 주는 차트 등을 이용하였다.

특히 이 교수법에서 교사들은 당시 구조주의 언어학에서 활발히 거론되던 개념의 하나인 대조(contrast)란 말을 교실에 도입하여 발음을 지도하는데 활용하였는데 소위 최소 대립(minimal pair)을 통한 발음 지도가 대표적인 것이었다. 물론 여기서 최소 대립이란 pin과 bin에서 보듯이, 두 단어가 어느 한 음만 다르고 나머지는 동일한 경우를 가리킨다.

그런데 이 교수법에서 최소 대립을 이용한 발음 지도는 단어 속에 나타난 최소 대립 음과 문장 속에 나타난 최소 대립 음을 훈련하는 과정이 포함되어 있다. 즉, 두 개별 단어에서 최소 대립을 이루는 음의 발성법을 비롯하여 한 문장 내에서 대립을 이루는 음들은 물론, 두 문장을 넘어 나타나는 대립 음을 훈련시키는 것이다. 예를 들면 다음과 같다.

(1) Word Drills

A	B
/i/	/ɪ/
sheep	ship
feel	fill
least	list
meal	mill
deed	did
/r/	/l/
read	lead
red	led
rap	lap
row	low
road	load

(2) Sentence Drills

a. Syntagmatic drills(contrast within a sentence)

Please <u>sit</u> in this <u>seat</u>.
They <u>ship</u> <u>sheep</u>.

There is a <u>light</u> on the <u>right.</u>

b. Paradigmatic drills(contrast across two sentences)

Did you <u>feel</u> the glass?
Did you <u>fill</u> the glass?.

Is that a black <u>sheep</u>?
Is that a black <u>ship</u>?
It is a high <u>road.</u>
It is a high <u>load.</u>

물론 이 발음 지도 과정은 Nilsen과 Nilsen(1971: 1)에도 잘 나타나 있다. 그들은 두 개별 단어 속에서 최소 대립을 이루는 발음 지도에 덧붙여 문장 속에서 최소 대립이 되는 두 음을 연습하도록 하고 있다. 예를 들어 기본적으로 bead와 bid에서처럼 두 단어 속에 차이가 나는 최소 대립 음을 연습시키고, "Those BINS are BEANS."와 같은 문맥 단서가 있는 문장(sentences with contextual clues)을 제시하여 자연스러운 상황에서 대립되는 음들을 듣고 발음하도록 훈련하는가 하면, "This WEEK/WICK seems very long."에서 보듯이, 서로 다른 하나의 음 때문에 문장의 전체 의미가 달라지는 최소 대립 문장(minimal sentences)을 통해 발음 교육을 하고 있다.

청화식 교수법에서 이 최소 대립이란 개념을 발음 지도에 끌어들인 것은 학생들에게 듣기 기능을 강화시키기 위한 것이었다. 가령 교사는 sheep, sheep 또는 sheep, ship이라 발음한 후 학생들에게 동일하게(same) 들리는지 아니면 다르게(different) 들리는지를 확인하도록 하였다. 아울러 교사가 위 (1)의 단어 목록 A에 들어있는 단어나 단어 목록 B에 들어있는 단어를 읽은 후 학생들에게 어떤 음으로 들리는지 확인하도록 하였다.

(3) Listening
You will hear a pair of words. Circle if they are the same or different.

1. Same or different?(sheep, sheep; ship, sheep)
2. A or B?(ship; ship; sheep)

이 과정이 끝나면 교사가 유도하는 구두 발성(guided oral production) 연습이 뒤따랐는데, 교사의 시범을 따라 학생들은 단어 목록 A 속에 제시된 단어들과 단어 목록 B 속의 단어들을 발성하는 연습을 하였다. 이어서 학생들은 단어 목록 A와 B 속의 단어들을 번갈아 가며 읽으며 구두로 연습을 하였다.

(4) Guided Oral Production
  a. Read down column A, then column B(sheep, green, etc.).
  b. Read across the columns(sheep, ship, etc.).

마지막으로 교사가 개별 학생들에게 교사의 그들 스스로 단어들을 연습하도록 하였다.

1.4.4 인지주의 접근법

변형 생성 문법의 영향을 받은 1960년대 인지주의 교수법(Cognitive Approaches)에서는 언어를 습관 형성에 두기보다는 규칙이 지배하는 행위로 보았다. 인지주의 교수법에서는 발음 보다 문법과 어휘를 중요하게 다루었다. 이 교수법에서는 모국인과 동일한 발음을 하는 것은 달성하기 불가능한 비현실적 목표이기 때문에, 그 보다 더 잘 배울 수 있는 항목인 문법 구조와 단어 교육에 시간을 보내는 것이 바람직하다는 입장이었다. 따라서 인지주의 교수법에서는 발음 지도에 별다른 관심을 보이지 않았다고 말할 수 있다.

1.4.5 침묵식 교수법

1970년대 침묵식 교수법(The Silent Way)에서는 청화식 교수법에서 처럼 교육의 초기 단계부터 목표어의 음과 구문의 정확한 생성에 관심을 기울였다. 이 교수법에서는 첫 날부터 개별 음 학습을 강조하였을 뿐만 아니라 단어들이 어떻게 결합되어 구가 되며, 어떻게 강세와 억양이 발화의 생성을 구체화하는지에 관심을 보였다. 그러나 청화식 교수법과 다른 점이 있다면 침묵식 교수법에서는 음성 기호를 배울 필요가 없이 음운 체계에 학습자의 주의가 집중된 점을 들 수 있다.

침묵식 교수법은 그 이름이 암시하듯이, 교사가 가능한 한 말을 적게 하고 학생들이 해야 할 바를 제스처로 보여 주는 시도를 한다. 교사는 지시봉을 사용하여 영어의 리듬 유형을 지도하였으며, 손가락을 사용하여 한 단어내의 음절수나 강세 받는 곳을 가르쳤음은 물론, 학생들의 입술, 이빨, 턱을 가리키며, 조음자의 적절한 위치를 교육했다. 교사들은 또한 음색 도표(sound-color chart), 피델 도표(Fidel chart), 색깔 막대(colored rods)를 사용하여 발음을 지도했다.

음색 도표는 목표어의 음들을 각기 서로 다른 색으로 표시한 직사각형들의 무리를 나타낸다. 각각의 영어 음은 색깔이 서로 다른 직사각형 안에 들어 있는데, 도표의 반 위쪽에는 모음이 들어간 직사각형들이, 그리고 아래쪽에는 자음이 들어간 직사각형들이 위치해 있다. 교사는 아무 말 하지 않고 지휘봉으로 5개의 직사각형을 여러 번 하나씩 짚어 가다가 하나의 직사각형을 가리키며, /a/라고 발음한다. 교사가 다른 4개의 직사각형을 가리키자 일부 학생들이 /e/, /i/, /o/, /u/라고 발음한다. 교사가 다시 시범을 보이자 이번에는 학생 전체가 /a/, /e/, /i/, /o/, /u/라고 따라 말한다. 그 후 학생들은 개별적으로 발음을 소리 내어 발화하는 기회를 갖게 된다. 피델 도표는 철자와 발음을 연결시켜 발음을 가르치는 도표라 할 수 있다. 이것은 언어의 각 음에 대해 모든 가능한 철자의 유형을 포함하는 것으로 각 철자나 철자의 결합은 색깔로 부호화 되어 있다. 비슷하게 발음되는 음들은 색깔이 서로 비슷하게 되어 있다.

침묵식 교수법에서 주목할 것은 여러 색깔의 막대를 사용하여 발음 또는 말하기 지도를 한다는 점이다. 먼저 교사가 학습자에게 rod를 보여주며 rod라고 말하면 학생들은 따라 말하게 된다. 교사가 /a/가 들어있는 직사각형을 가리키면 이번에는 학생들이 직사각형과 색깔 막대를 연결시켜 a rod라 표현하게 된다. 교사가 특정 색깔이 있는 막대, 이를테면 파란 색깔의 막대를 가리키며, a blue rod 라고 하면 학생들은 같은 말을 따라 한다. 이와 비슷한 방법으로 a green rod, a pink rod를 훈련시킨다. 그 후 교사는 take a blue rod, take a green rod를 직접 행동으로 보이며 학생들에게 해당 색깔의 막대기를 들게 하며 발음을 지도한다. 이어서 "Take a blue rod and take a green rod."를 포함하여, "Take a blue rod and give it to me."와 같은 점차 복잡한 표현을 사용하며 발음을 연습시킨다.

1.4.6 상담식 교수법

학습자들은 녹음기가 놓인 테이블을 중심으로 원형으로 둘러앉는다. 상담자로서 교사는 학생들의 뒤에서 어깨 위에 손을 얹고 서 있게 된다. 학습자가 자신의 모국어로 하고 싶은 말을 하면 상담자는 학습자에게 그 말을 부드럽고 작은 목소리로 외국어로 번역해 주고 학습자에게 모방 반복하도록 한다. 이 과정을 상담자는 녹음해 두었다가 테이프를 다시 들려주면서 반복하여 듣게 한다.

이 상담식 교수법(Community Language Learning)에서 상담자는 학습자에게 아무런 긴장감이나 부담감을 주지 않고 학습자가 하고 싶은 말을 외국어로 번역하여 실제로 그 외국어를 잘 모방, 반복하게끔 하는 역할을 하게 된다. 학습자가 원할 때 편안하게 응하는 일종의 인간 컴퓨터(human computer)로서의 역할을 수행한다.

따라서 인간 컴퓨터는 학생의 의지대로 켜지거나 꺼지게 되어 주어진 구나 문장의 올바른 발음이 무엇인지 얼마든지 물을 수 있다. 발음에 만족할 때까지 학생들은 인간 컴퓨터를 언제나 모방하고 반복함으로써 발음을 습득하게 된다. 학생의 잘못된 발음은 어떠한 방법으로도 수정이 되지 않는다.

> A student chooses some part of the transcript to practice pronouncing. She is "in control" of the teacher when she tries to say the word or phrase. The teacher, following the student's lead, repeats the phrase as often as the student wants to practice it. The teacher does not correct the student's mispronunciation in any way. it is through the teacher's consistent manner of repeating the word or phrase clearly that the student self-corrects as he tries to imitate the teacher's model.(Larsen-Freeman, 1986: 105)

이 교수법에서 녹음기는 학생이 발화할 때 무엇을 말했는지 잘 포착할 수 있을 뿐만 아니라 상담자가 말한 것과 비교해서 얼마나 차이가 나는지를 잘 확인하게 해 준다. 인간 컴퓨터로서 상담자는 학습자들이 잘 발음하지 못한 것을 곧바로 명확히 고치려 하지 않고 학습자들이 필요한 항목을 스스로 선택하여 반복하게 함으로써 발음 연습을 도와준다. 상담자의 도움으로 학습자들은 그들이 바라는 정도까지 목표어의 발음과 유사해질 수 있다는 것이 발음 지도에 관한 이 교수법의 입장이다.

1.4.7 의사소통 중심 교수법

오늘날 언어 교육의 최근 흐름의 하나인 의사소통 중심 교수법에서는 언어의 일차적 목적은 의사소통(communication)이라 간주한다. 그러므로 교실에서 언어를 교육할 때에도 의사소통을 위해 어떻게 언어를 사용하느냐 하는 것이 중심이 되어야 한다는 입장이다. 이처럼 의사소통의 수단으로서 언어 사용이 강조됨으로써 구두 의사소통의 중요한 부분을 이루는 발음에 대한 관심은 더 높아지게 되었다. 이 의사소통 중심 교수법(Communicative Approaches)에서는 영어를 모국어로 하지 않는 화자들에게는 넘어야 할 발음의 문지방(threshold)과 같은 입문 단계가 있는데, 이 단계 밑으로 떨어지게 되면 아무리 영어의 문법과 어휘를 훌륭하고 광범위하게 구사한다 해도 구두 의사소통에 문제가 된다고 지적하고 있다.

> This focus on language as communication brings renewed urgency to the teaching of pronunciation, since both empirical and anecdotal evidence indicates that there is a threshold level of pronunciation for nonnative speakers of English; if they fall below this threshold level, they will have oral communication problems no matter how excellent and extensive their control of English grammar and vocabulary might be.(Celce-Murcia et al. 1996: 7)

물론 이 교수법에서는 학습자의 발음이 모국어 화자의 발음과 꼭 같게 되도록 가르치는 것을 목표로 하지 않는다. 선천적으로 재능 있고 동기 유발이 잘된 극소수 학습자들을 제외하고 그러한 목표는 전혀 달성할 수 없음으로, 상대방과 의사소통할 수 있는 능력이 유지될 수 있는 범위 내에서 입문 단계를 거쳐 갈 수 있도록 도와주자는 것이다. 소위 의사소통 과정에서 상대방과 이해 가능한 발음(intelligible pronunciation)으로 대화할 수 있도록 유도하자는 것이다.

이를 위해 의사소통 중심 발음 교수법은 발음을 지도할 때 다음과 같은 전략을 활용한다.

1) Identify sounds or contrasts that are problematic for the students

in a given class.
2) Look for contexts that offer naturally—not artificially—an abundance of lexical items with these target sounds.
3) Develop communication-oriented tasks that require the use of these words—tasks such as games, problem-solving activities, information grids, dialogs or role-playing situations.
4) Develop several exercises for each problem area (at least three) so that any given teaching point can be periodically re-cycled with new contexts and new words, and then practiced as often as needed(Celce-Murcia, 1983: 14-15).

위 전략은 첫째, 가르칠 반에서 학생들을 위해 문제가 되는 음들이나 음 대립을 확인하는 것을 시작으로, 둘째, 가르칠 목표음들이 들어있는 많은 어휘 항목들을 인위적이 아니라 자연스럽게 제공하는 상황을 찾고, 셋째, 그런 어휘들의 사용을 요구하는 의사소통 지향 과제들인 게임, 문제 해결 활동, 정보 차 활동, 대화나 역할극 과제들을 개발하며, 넷째, 문제 영역에 대한 여러 활동들(최소 3개)을 개발하여 가르치는 요점이 새로운 상황과 새로운 단어에 규칙적으로 적용되고 가능한 한 자주 연습이 될 수 있도록 한다는 것이다. 의사소통 중심 발음 교육은 다음 다섯 가지 원리를 기본으로 삼고 있다.

1) meaningful practice beyond the word level
2) task orientation of classroom activities
3) development of strategies for learning beyond the classroom
4) peer correction and group work
5) student-centered classroom(Naiman, 1992: 165)

이것은 근본적으로 의사소통 중심 교수법에서 제시된 원리가 발음 교육에 그대로 응용된 것이라 할 수 있는데 그 원리가 뜻하는 바를 차례대로 간략히 언급하면 아래와 같다.

첫째, 의사소통 중심 발음 교육은 단어 계층을 넘어 보다 광범위한 상황 속에서 유의적 발음 연습을 실시한다. 고립된 단어 속의 개별 분절음을 정확히 발성하도록 지도하는 것 보다 단어 보다 상위 계층인 문장이나 대화 및 담화 속에서 교사와 학습자 또는 학습자와 학습자간의 상호 작용을 통해 발음을 지도한다.

둘째, 의사소통 중심 발음 교육은 의사소통 중심 교수법이 그러했듯이 과제를 수행하도록 하는 여러 교실 활동을 통해 발음을 지도한다. 영어의 네 가지 기능을 신장시키기 위해 여러 가지 과제를 제시하여 풀도록 하듯이 발음 지도도 분절음과 초분절음을 자연스럽게 익히는 다양한 활동을 통해 구두 의사소통 능력을 향상시키려 한다.

셋째, 의사소통 중심 발음 교육은 교실 밖 일상생활에서 발음을 학습할 수 있는 전략 개발에 관심을 기울인다. 비록 발음 지도는 교실에서 수행되지만 발음은 결국 교실 밖 일상생활에서 영어를 사용하는 것과 관계된 것임으로 사실적 자료 활용과 역할극과 같은 기법을 발음 교육에 도입함으로써 가급적 실생활에서도 발음을 학습하는 전략을 신장시키는데 도움이 된다.

넷째, 의사소통 중심 발음 지도는 의사소통 중심 교수법에서처럼 그룹 활동(group work)이나 조별 활동(pair work)을 통해 발음 연습을 하도록 하고 있다. 아울러 발음 연습 시 학생이 저지르는 오류는 즉각 수정을 피하고 동료 교정(peer correction)을 통해 자연스럽게 올바른 발음을 익히도록 하고 있다.

다섯째, 의사소통 중심 발음 교육은 학습자 중심 교실 활동을 강조한다. 종전처럼 교사가 시범적으로 문제되는 음을 발음하고 따라 하도록 하는 대신에 학습자들이 상호 작용(interaction)에 적극 참여함으로써 학습자와 함께 하며 학습자를 위한 발음 교육을 실시한다.

지금까지 고찰한 발음 교육의 역사를 Celce-Murcia 등(1996: 326-327)을 따라 도표로 간추리면 다음과 같다.

〈표 1.1〉 발음 교육의 방법론적 역사

교수법	초점	발음 오류 용인 정도	사용 기법	요약
문법 번역식 교수법	없음	비교적 관대함	교사 강의와 설명을 통한 교정	발음에 거의 또는 아무런 관심을 기울이지 않음.
직접식 교수법	정확성	비교적 관대하지 않음	교사의 교정과 반복	학생들은 단어나 구에 대한 교사의 시범을 듣고 반복함으로써 발음을 배움.
청화식 교수법	정확성	비교적 관대하지 않음	교사의 교정과 반복 훈련 및 언어실습실에서 연습. 최소 대립 훈련	처음부터 발음이 강조되고 가르쳐짐.
침묵식 교수법	정확성 우선, 그 이후 유창성	관대하지 않음	발음/색깔 차트와 피델 차트에 의한 교사의 교정; 제스처와 얼굴 표정 활용	발성의 정확성을 아주 강조함; 단어와 구의 발음을 거의 모국인 같도록 반복함.
상담식 교수법	유창성, 그 후 정확성	다소 관대함	반복을 통한 교사의 교정	학습자들은 목표로 하는 발음에서 어느 정도 정확성을 기해야 할지 결정함.
전신 반응 교수법과 자연교수법	없음	매우 관대함	모국어 화자의 입력	학습자들이 말하기를 배우는 것이 준비될 때까지 발성을 늦춤. 그렇게 하는 것이 학습자들에게 새로운 언어의 음들을 내재화할 시간을 주는 것이 되며, 그렇게 되면 좋은 발음이 자연스럽게 나온다고 가정함.

의사소통 교수법	유창성은 필수, 정확성은 선택	비교적 관대함	학습자들이 사실적 듣기 및 말하기 과제에 참여함	의사소통적으로 적절한 발음은 일반적으로 충분한 기간에 걸쳐 적절히 연습한 결과 나타나는 것임.
연상식 교수법	유창성	비교적 관대함	주변 학습; 대화 연극화	음악, 시각화, 편안한 배경, 낮은 조명과 새로운 이름들이 학습자의 억제심을 낮추기 위해 사용됨. 교사가 긴 대화를 음악의 리듬과 고저에 맞게 낭독하고 나서 학습자들이 같은 행동을 수행함.

제 2 장

영어의 자음 모음 발성 지도

영어 발음을 효과적으로 교육하기 위해 교사가 알아야 할 가장 기본적인 것은 영어의 음들이 어떻게 발성되는지를 이해하는 일이다. 영어의 음에 관한 올바른 발성법을 알아야 왜 학생들이 영어음을 제대로 발음하지 못해 외국식 말투(foreign accent)를 보이는지, 또 어떤 음을 발음하는데 어려워하는지에 대한 진단이 가능하며, 그에 대한 정확한 처방도 가능하다. 이는 곧 영어음성학에 대한 기본 지식이 있어야 교사로서 학생이 영어음을 정확하게 발성하도록 지도할 수 있다는 뜻이다.

2.1 음성학의 정의

음성학은 인간이 사용하는 언어음을 연구하는 언어학의 한 분야이다. 인간이 의사소통을 하기 위해서 언어음은 화자에게서 어떻게 발성 또는 조음되는지, 발화된 음은 어떻게 청자에게까지 전달 또는 전이되는지, 그리고 청자의 귀에 도달한 음파는 어떻게 감각 신경을 통해 두뇌까지 들어가 그 소리를 식별해 내는지를 다루는 것으로 이해하면 된다. 이렇게 다루는 분야를 각각 조음 음성학(articulatory phonetics), 음향 음성학

(acoustic phonetics), 청음 음성학(auditory phonetics)이라 한다.

좀 더 구체적으로 말해서 조음 음성학은 발음 기관에 의해 언어음이 어떻게 생성되고 조음되는지를 취급한다. 언어의 음을 만들어 내기 위해 어떤 조음 기관이 작용하고 관여하는지를 다룬다. 입술, 턱, 혀, 연구개, 성대 등이 어떻게 움직여 소리가 발성되는지에 관심이 있다. 예를 들어 영어의 /p/라는 음을 발음할 때는 두 입술을 맞부딪쳐 약간의 폐쇄 상태를 유지하다가 파열을 시키되 성대의 진동없이 발음된다고 함으로써 언어음의 물리적 특성을 밝히는데 중점을 둔다.

음향 음성학은 화자로부터 나온 언어음이 어떤 과정으로 청자에게 전달되는지를 다룬다. 언어음이 화자에게서부터 청자에게 전달될 때 음파의 음향적 성질을 분석하는 것이다. 공기 중의 음파에 대한 성격이나 시간, 주파수(frequency), 에너지의 세기에 따른 음성 분석을 포함하여 스펙트로그램(spectrogram)에 나타난 음에 대한 분석을 하여 언어음의 음향적 속성을 밝히는데 관심을 두고 있다. 예컨대 영어의 모음 [i]는 스펙트로그램상에 제1 형성음(formant)의 주파수가 280을 보이며, 제2 형성음의 주파수는 2250이고, 제3 형성음 주파수는 2890인 반면, [æ]의 제1 형성음 주파수는 690, 제2 형성음 주파수는 1660이고, 제3 형성음 주파수는 2490을 보이고 있어(Ladefoged, 2001), 모음의 성질이 서로 다름을 알 수 있도록 해준다.

청음 음성학은 언어음의 청자의 청음 기관(organs of hearing)에 미치는 물리적 효과를 다루는 분야이다. 소리의 지각에서 중요한 역할을 하는 귀의 구조와 기능을 다루며 청취 테스트나 말소리 합성을 통해 스펙트로그램상의 특정한 음향적 특성이 우리의 귀에 어떤 영향을 미치는지를 연구할 뿐만 아니라 물리적으로 발성된 음이 심리적으로 어떤 차이를 보이는지에 관심이 있다. 예를 들어 물리적으로는 같은 마찰음이라도 [s]와 [ʃ]는 다른 마찰음들에 비해 훨씬 강도가 강하다는 사실을 청음 음성학은 밝혀낸다.

앞에서 언어음의 물리적, 음향적, 청음적 속성을 밝힘으로써 소리를 연구하는 음성학의 세 분야를 살펴보았거니와 이 세 가지 중에서 아무래도 음향 분석기 등 기계의 힘에 덜 의존하거나 실험 기자재 등이 그리 필요하지 않은 조음 음성학에 대한 이해가 발음 지도에 용이하게 활용될 수 있다.

2.2 발음 기관과 그 작용

전 절에서 음성학은 사람이 생성하는 음에 대한 연구라 했는데 허파에서부터 공기가 올라와 언어음이 만들어져 입 밖으로 나가기까지의 과정을 3단계로 나눌 수 있다. 허파에서의 기류의 시동 과정에 해당하는 호흡 체계(respiratory system), 성대의 작용을 통한 후두에서의 발성 체계(phonatory system), 그리고 구강에서 주로 혀에 의한 기류의 조음 과정인 조음 체계(articulatory system)가 바로 그것이다. 이제 이들의 체계가 어떻게 작용하는지를 간단히 알 필요가 있다.

2.2.1 호흡 작용

대부분의 소리는 숨을 내쉴 때 허파로부터 나가는 공기에 의해 만들어지며, 공기는 두개의 기관지를 거쳐 기관(trachea)에서 합쳐진 후 입과 코를 통해 나간다. 숨 쉬는 동안 횡경막(diaphragm)은 움직임을 계속하여 흉곽의 체적에 변화를 야기하게 된다.

호흡은 발성에 필요한 힘인 기류를 만들어 내기 때문에 음성적으로 중요하다. 영어에서는 모든 음을 만들어 내기 위해 주로 폐장 기류(pulmonic airstream)를 이용한다. 더욱이 영어에서 발화를 위해 사용되는 기류는 항상 배기적(egressive)이므로 허파에서부터 기류가 기관 위로 이동하게 된다.

2.2.2 발성 작용

허파에서 올라온 공기는 기관의 상단에 있는 연골 조직인 후두(larynx)를 통과하게 된다. 이 후두 속에는 발음에 중요한 영향을 미치는 가운데가 갈라진 탄력성 있는 막인 성대(vocal cords)가 있다. 성대는 보통 숨 쉴 때는 그 문(glottis)이 넓게 열려져 있지만 소리가 만들어질 때는 약간 좁아지거나 막히는 경우가 있다.

성문이 매우 좁을 때(narrow glottis)는 공기가 빠져나가는 압력 때문에 성대가 떨리게 되는데 이처럼 성대가 떨리며 나는 소리가 유성음(voiced sounds)이다. 반면에 성대가 옆으로 퍼지고 성문이 넓어져(open glottis) 기류가 방해 없이 통과하여 생기는 소리는 무성음(voiceless sounds)이다. 이와는 달리 성대가 닫히고(closed glottis) 그 결과 공기가 그 사이를 전혀 통과하지 못하게 된 후에 방출되며 만들어지는 음은 성문 폐쇄음(glottal stop)이 된다.

2.2.3 조음 작용

성대를 통과한 공기가 인두(pharynx)를 지나 구강(oral cavity)이나 비강(nasal cavity)을 빠져 나가며 다양한 소리를 만들어 내는 과정을 조음 작용이라 한다. 인두는 통로 및 울림통의 기능을 맡고 있는 관으로써 위로는 구강과 비강을 통하고 아래로는 식도(esophagus)와 기관을 연결하고 있다.

구강은 인두가 끝나는 목젖(uvula)에서부터 입술까지를 나타내는 것으로 움직임이나 모양의 변화가 비교적 자유로운 능동적 조음 기관

(active articulator)과 그렇지 못한 수동적 조음 기관(passive articulator)으로 이루어져 있다. 전자에는 자유자재로 움직일 수 있는 혀와 여러 가지 모양을 하는 입술이 포함되며 후자에는 움직임이 별로 자유롭지 않으나 혀와 더불어 여러 가지 음을 내는데 관여하는 입천정(roof of the mouth)이 내포되어 있다.

입천정은 윗니 뒤에 있는 좀 딱딱한 융기 부분인 치경 돌기(alveolar ridge)와 그 끝에서 혀를 대어 감아 올리면 느낄 수 있는 딱딱한 뼈 조직인 경구개(hard palate)를 포함하여 더 안쪽의 부드러운 부분인 연구개(soft palate)로 나누어진다.

끝으로 움직임이 매우 자유로운 혀는 혀 날에 해당하는 설단(blade)과 혀끝인 설첨(tip) 그리고 설단에서 혀의 앞부분인 전설(front), 뒷부분인 후설(back)로 분할된다.

결국 언어음의 생성은 허파에서 시작하여 기관을 거쳐 후두를 통과한 후 구강이나 비강을 통해 위로 밀려 올라가는 기류에 의해 만들어진다. 그 기류는 이동하면서 여러 조음 기관에 의해 영향을 받아 다양한 언어음을 만드는데 관여하게 된다. 언어음의 생성 과정을 그림으로 나타내면 다음과 같다(Giegerich, 1992: 2, 8).

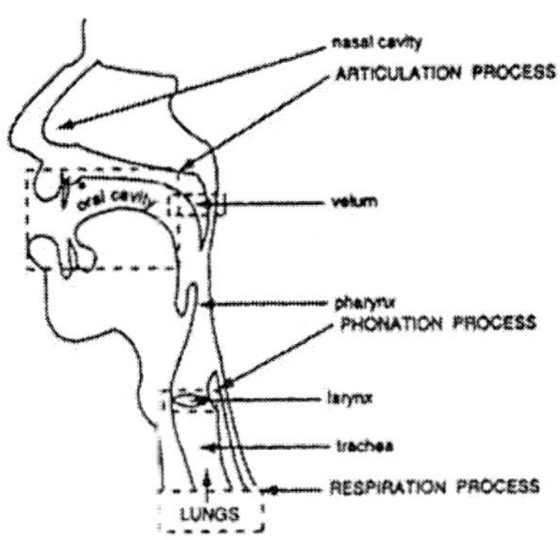

〈그림 2.1〉 발성 기관

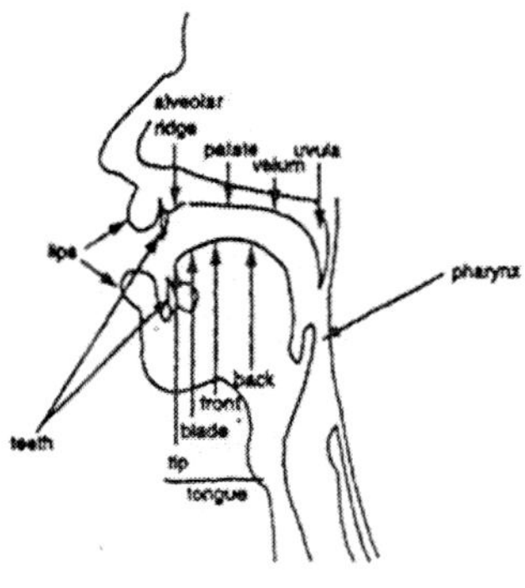

〈그림 2.2〉 구강의 주 조음 기관

2.3 자음의 분류와 조음법

모든 언어에서 기본이 되는 음의 단위는 자음(consonant)과 모음(vowel)이다. 자음은 허파에서 올라오는 공기가 발성 기관의 어딘가에서 어떤 형태로든 장애를 받고 생기는 음이며, 모음은 발성 시 아무런 장애 없이 조음되는 음이다. 여기서는 영어의 자음의 분류 기준과 발성법부터 간략히 알아보기로 하겠다.

2.3.1 분류 기준

영어 자음을 기술할 때는 세 가지 기준에 따른다. 즉, 성대 진동의 유무(voicing vs. nonvoicing), 조음 위치(place of articulation) 및 조음 방법(manner of articulation)의 세 가지 기준으로 분류한다.

성대 진동의 유무란 영어의 어떤 음을 발음할 때 성대가 울리느냐 여부에 대한 것으로 가령 /p/를 발음할 때는 성대가 진동하지 않으므로 무성음이라 하고 /b/를 발음할 때는 성대가 진동하므로 유성음이라 기술한다.

조음 위치는 음이 발성되는 장소의 문제로 조음 기관의 어디에서 음이 생성되느냐 하는 것이다. 먼저 양순음(bilabial)은 양 입술, 즉 아랫입술과 윗입술에 의해 조음되는 음으로 [p], [b], [m], [w]가 이에 속한다. 이어 순치음(labiodental)은 아랫입술과 윗니에 의해 발음되며, [f], [v]가 여기에 해당한다. 치음(dental)은 혀끝, 즉 설첨을 윗 앞니에 대던지 또는 설첨을 윗니와 아랫니 사이로 내밀어 발음하면 되는데 [θ] [ð]를 들 수 있다. 치경음(alveolar)은 설첨 또는 설단을 윗니 뿌리 바로 뒤 울퉁불퉁한 치경 돌기(alveolar ridge)에 접촉시켜 조음되는 음으로 [t], [d], [s], [z], [n], [l], [r]이 여기에 들어간다. 치경경구개음(alveo-palatal)은 혀의 앞 부분이 치경에서 경구개에 이르는 부분에서 발음되는 소리로 [ʃ], [ʒ], [č], [ǰ]가 속한다. 경구개음(palatal)은 전설과 경구개에 의해 조음되며, you의 첫 음 /y/를 발음할 때 [j]로 나는 음이다.

이와 반면에 연구개음(velar)은 후설을 연구개에 대고 발음하며, [k], [g], [ŋ]이 그 예이다. 그런데 [w]를 발음할 때는 후설과 연구개가 접촉함은 물론 입술이 동그랗게 되므로 양순음 대신에 연구개음으로 분류하는 경우도 있다. 마지막으로 성문음(glottal)은 두 성대가 아주 접근하거나 꽉 닫힐 때 조음되는 음으로 [h]가 여기에 속한다.

한편 조음 방법은 허파에서 올라오는 공기가 어떻게 방해를 받아 음이 생성되는지, 그 방해의 방식에 관한 것이다. 조음 방법에 따라 영어의 자음은 폐쇄음(stops), 마찰음(fricatives), 파찰음(affricates), 비음(nasals), 설측음(laterals), 전이음(glides)으로 분류된다.

폐쇄음은 입을 통해 공기가 빠져나가지 못하도록 조음 기관 사이를 완전히 막았다가 터뜨리며 내는 소리를 말하는데 구강 폐쇄음(oral stop)과 비강 폐쇄음(nasal stop)의 두 가지 유형이 있다.

구강 폐쇄음은 구강이 폐쇄되는 것에 덧붙여 연구개를 들어 올려 비강 통로가 막히게 되면 공기의 흐름은 완전히 차단되는데 이때 입 안에서의 압력을 높였다가 구강의 폐쇄를 파열시키며 내는 음을 말한다. 구강 폐쇄음은 [p], [b]와 같은 양순 폐쇄음(bilabial stops), [t], [d]와 같은 치경 폐쇄음(alveolar stops), [k], [g]와 같은 연구개 폐쇄음(velar stops)으로 나눌 수 있다.

비강 폐쇄음은 구강에서 공기가 차단되고 연구개가 내려와 공기가 코를 통해 밖으로 빠져 나갈 수 있게 된 상태에서 조음되는 음이다. 여기에는 양순 비강 폐쇄음(bilabial nasal stop) /m/과 치경 비강 폐쇄음(alveolar nasal stop)인 [n]과 연구개 비강 폐쇄음 /ŋ/(velar nasal stop)이 속한다.

마찰음은 주 조음자가 가깝게 접근해 있어 그 사이를 빠져나가는 기류가 방해를 받아 마찰을 일으키며 생기는 소리다. 여기에는 [f]와 [v]와 같은 순치 마찰음(labiodental fricatives), [θ], [ð]와 같은 치음 마찰음(dental fricatives), [s], [z]와 같은 치경 마찰음(alveolar fricatives), [ʃ], [ʒ]와 같은 치경 경구개 마찰음(palato-alveolar fricatives)이 포함된다. 이 중에서 보다 많은 음향 에너지를 가져 더 큰 소리로 또는 더 높은 피치로 들리는 음들인 [s, z, ʃ, ʒ]를 치찰음(sibilants)이라 하며, 그렇지 않은 [f, v, θ, ð]를 비치찰음(nonsibilants)이라 한다. 전자가 58-68 데시벨의 소음을 보이는 반면에 후자는 46-52 데시벨의 소음을 보인다(Yavas, 2006).

파찰음은 폐쇄음과 마찰음이 결합된 것으로 [ʧ]와 [ʤ]가 있다. 이 두음은 처음에는 혀끝을 치경 돌기에 대고 공기의 흐름을 폐쇄시켰다가 파열하는 순간 약간의 간극을 만들어 같은 위치에서 마찰을 일으키며 나는 음이다.

비음은 구강을 봉쇄시키고 연구개를 내림으로써 공기가 비강으로만 빠져나갈 때 생기는 음을 말한다. 여기에는 [m], [n], [ŋ]이 속한다.

설측음은 구강의 중앙을 따라 어느 지점에서는 공기의 흐름이 막히지만 혀의 한쪽 또는 양쪽 측면과 입천정 사이에는 완전히 막히지 않아 공기가 빠져나가면서 생기는 소리다. 설측음은 발음 시 성대의 진동이 없는 유성음이다. 보통 모든 자음 중에서 [l]만이 설측음이지만 학자에 따라 [r]이 포함되는 경우가 있다.

전이음은 반모음(semi-vowel) 또는 이동음 혹은 활음이라 한다. 음성적으로는 한 조음 기관이 다른 조음 기관에 근접(approximant)하기는 하지만 마찰을 받을 수 있을 정도로 근접하지는 않고 약간 떨어져 있는 상태에서 발음되며, 음운적으로는 음절의 핵이 되지 못하여 밖으로 미끄러져 이동하면서 조음되는 음이다. 일반적으로 전이음은 [y]와 [w]가 해당되며 학자에 따라 [r]을 포함시키는 경우가 있다.

앞에서 살펴 본 영어 자음을 도표로 나타내면 다음과 같다. 발음 교육을 해야 할 영어 교사로서 아래 도표는 꼭 기억하고 있어야 한다.

〈표 2.1〉 영어의 자음 체계

조음위치 / 조음방법	Bilabial	Labio -dental	(Inter) Dental	Alveolar	Alveo-palatal	Palatal	Velar	Glottal
Stops	p b			t d			k g	
Fricatives		f v	θ ð	s z	ʃ ʒ			h
Affricates					ʧ ʤ			
Nasals	m			n			ŋ	
Lateral				l				
Glides	(w)			r		y	w	

2.3.2 자음의 분포

위 자음의 분포 관계를 단어 속에서 보이면 다음과 같다. 음성 기호의 이름을 아는 것이 발음 교육에 도움이 된다고 보아 그 옆에 자음 기호의 이름도 같이 적어 보았다.

〈표 2.2〉 자음 음소 기호 명칭

Phoneme	Names of Symbols	Examples
p	lower-case p	pen, ripping, lop
b	lower-case b	boy, hobby, cab
t	lower-case t	try, utter, cat
d	lower-case d	dog, gardner, bed
k	lower-case k	kid, bookcase, back

Phoneme	Names of Symbols	Examples
g	lower-case g	get, again, bag
f	lower-case f	fan, office, laugh
v	lower-case v	very, over, five
θ	theta	think, ethic, bath
ð	eth	that, rather, bathe
s	lower-case s	sun, outside, house
z	lower-case z	zoo, amazing, does
ʃ(š)	esh(s wedge)	show, special, push
ʒ(ž)	yogh(z wedge)	leisure, garage
h	lower-case h	heat, behave
ʧ(č)	t-esh ligature(c wedge)	chair, teacher, March
ʤ(ǰ)	d-yogh ligature(j wedge)	job, agent, village
m	lower-case m	man, among, come
n	lower-case n	nose, sunny, gun
ŋ	engma or eng	singer, rang
l	lower-case l	look, help, fall
y	lower-case y	year, beyond
r	lower-case r	right, very, four
w	lower-case w	win, tower

2.3.3 발성 지도

끝으로 교사는 영어의 자음이 정확히 어디에서 어떻게 발음되는지를 보여주는 조음 도표를 익혀 발음 교육에 활용할 수 있어야 한다. 영어를 구사할 때 분절음을 정확히 발성하도록 하는 것은 효과적인 의사전달을 위한 기본이 되기 때문이다. Baker(1993: 74-160)의 다음 조음도가 유익하게 사용될 수 있다.

/p/

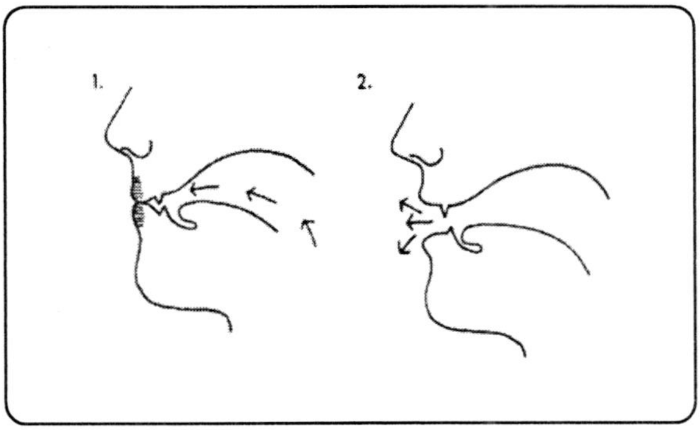

〈그림 2.3 /p/의 조음〉

1. 양 입술을 다물어 허파에서 올라오는 공기의 흐름을 막는다.
2. 약간의 폐쇄 기간이 지난 뒤 양 입술을 빨리 떼면서 파열시킨다.

/b/

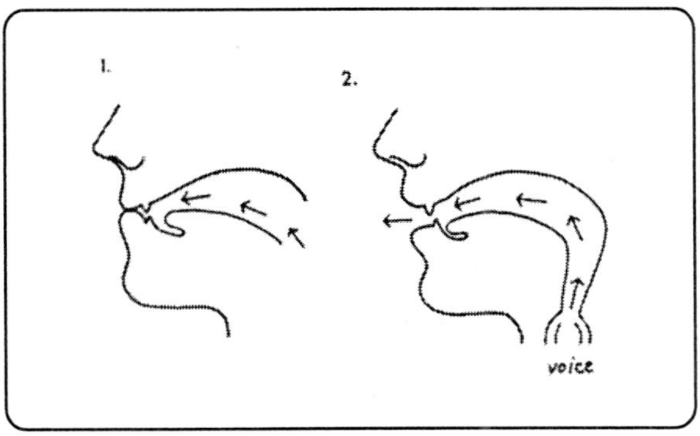

〈그림 2.4 /b/의 조음〉

1. /p/와 한 가지 특성만을 제외하고 똑같이 발성되므로 먼저 /p/를 연습하도록 한다.
2. 다만 /b/를 발성할 때는 성대가 진동한다는 점에 유의하여 /p/ 보다 약하게 발음하도록 해야 한다.

/t/

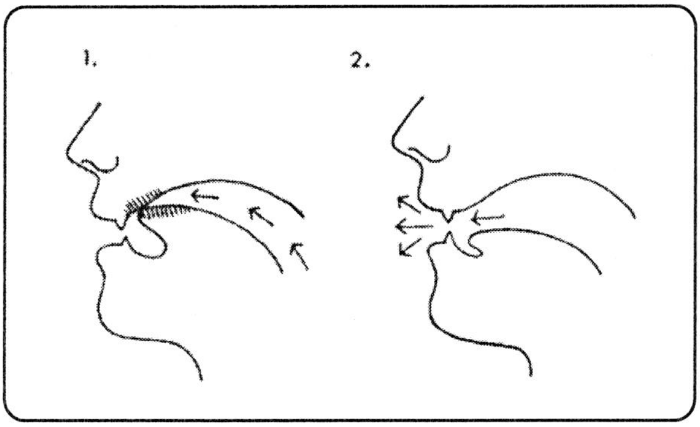

〈그림 2.5 /t/의 조음〉

1. 혀끝을 윗니 바로 안쪽 치경에 접촉시켜 공기의 흐름을 막는다.
2. 약간의 폐쇄 기간이 지난 후 혀끝을 갑자기 떼어 공기가 밖으로 파열되게 한다.

/d/

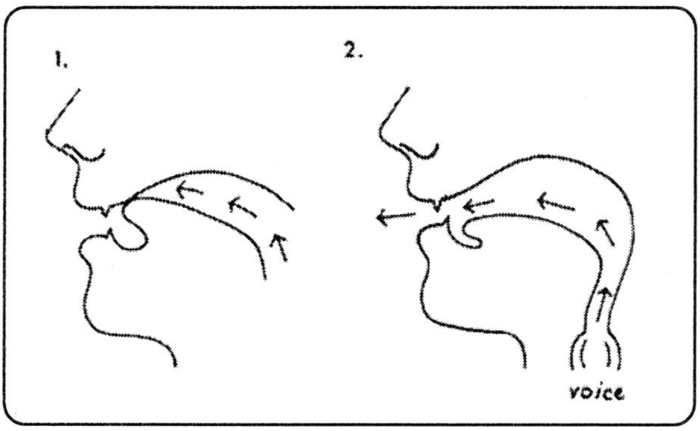

〈그림 2.6 /d/의 조음〉

1. /t/와 한 가지 특성만을 제외하고 똑 같이 발성되므로 먼저 /t/를 연습하도록 한다.
2. 다만 /d/를 발성할 때는 유성음이란 점에 유의하여 약하게 발음하도록 해야 한다.

/k/

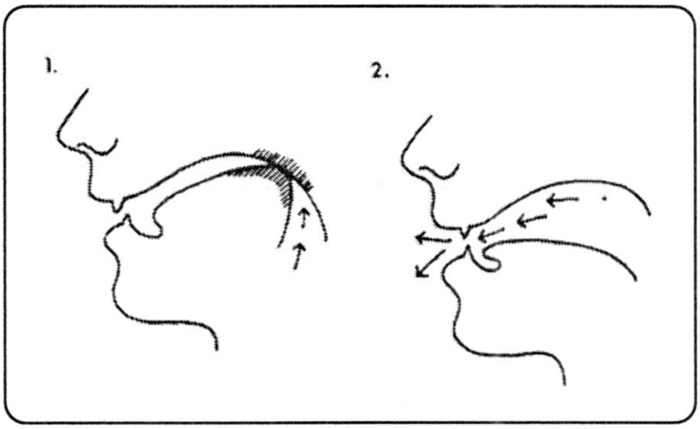

〈그림 2.7 /k/의 조음〉

1. 후설을 입천정 뒤 연구개에 접촉시켜 공기의 흐름을 차단한다.
2. 일정 폐쇄 기간이 지난 뒤 후설을 떼어 공기가 파열되게 한다.

/g/

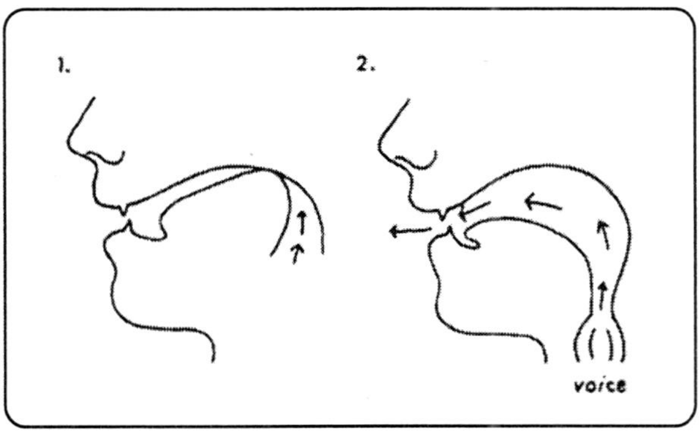

〈그림 2.8 /g/의 조음〉

1. /k/와 한 가지 특성만을 제외하고 똑 같이 발성되므로 먼저 /k/를 연습하도록 한다.
2. 다만 /g/를 발성할 때는 성대가 진동하므로 약하게 발음하도록 연습해야 한다.

/s/

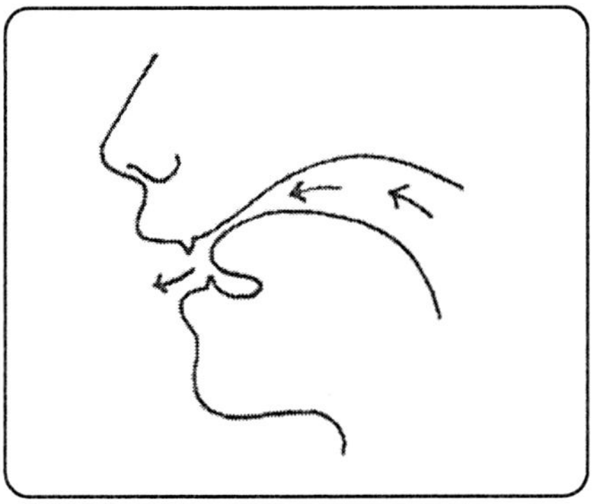

〈그림 2.9 /s/의 조음〉

1. 혀끝이나 설단을 치경에 접근키고 전설은 경구개 쪽으로 약한 올리도록 한다.
2. 혀의 양쪽 가장자리를 약간 위로 하여 중앙에 좁은 홈이 생기게 하고 그 홈을 통해 나가는 공기가 윗니에 쓸리도록 한다.

/z/

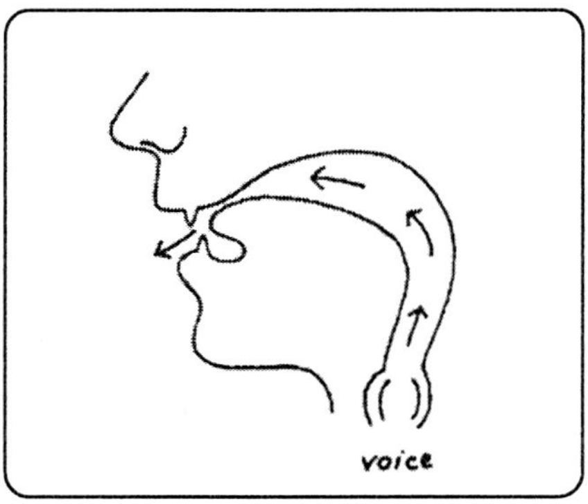

〈그림 2.10 /z/의 조음〉

1. /s/와 한 가지 특성만을 제외하고 똑 같이 발성되므로 먼저 /s/를 연습하도록 한다.
2. 다만 /z/를 발성할 때는 성대가 진동하는 유성음임에 주의하도록 한다.

/ʃ/

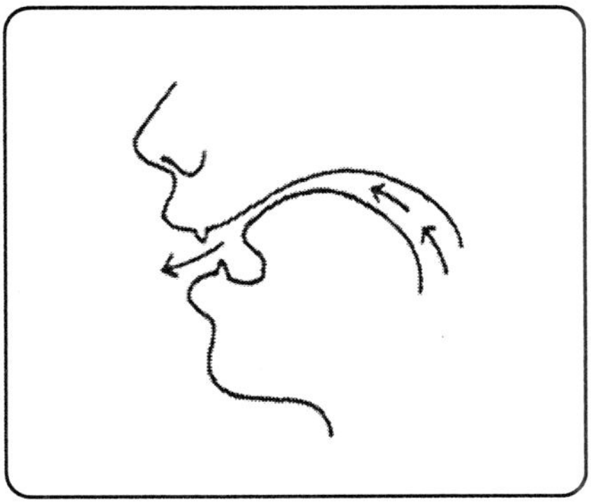

〈그림 2.11 /ʃ/의 조음〉

1. 혀끝과 설단을 치경에 대고 전설은 경구개 가까이 댄다.
2. 혀의 양쪽 가장자리를 윗니의 좌우에 대고 혀의 중앙을 따라 생긴 홈을 통해 공기가 분출되도록 하는데 분출된 공기가 치경에 부딪치게 한다.

/ʒ/

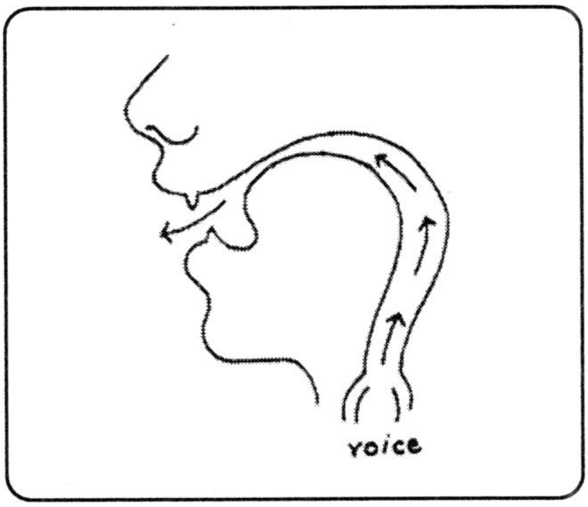

〈그림 2.12 /ʒ/의 조음〉

1. /ʃ/와 한 가지 특성만을 제외하고 똑 같이 발성되므로 먼저 /ʃ/를 연습하도록 한다.
2. 다만 /ʒ/를 발성할 때는 성대가 진동하고 연음인 점에 유의하도록 한다.

/ʧ/

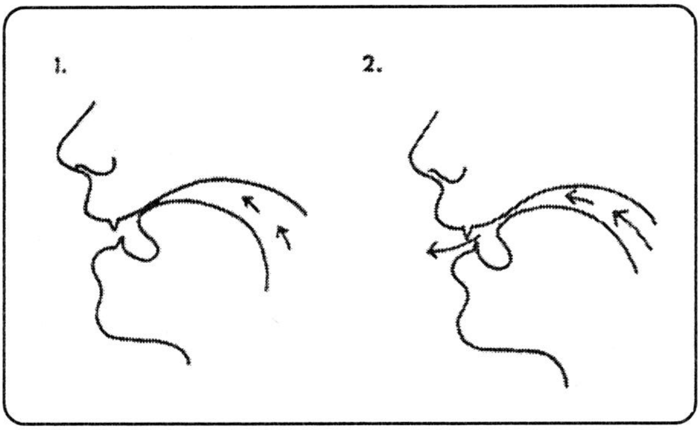

〈그림 2.13 /ʧ/의 조음〉

1. 혀끝과 설단을 치경 경구개에 대어 허파에서 올라오는 공기의 흐름을 막는다.
2. 약간의 폐쇄 기간을 두어 마찰을 일으키면서 서서히 개방되도록 한다.

/ʤ/

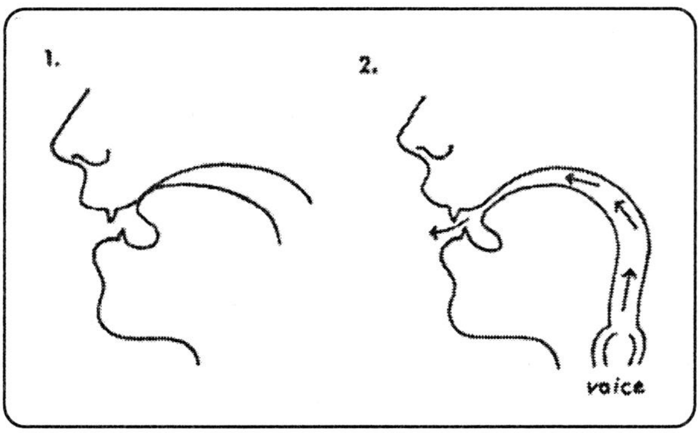

〈그림 2.14 /ʤ/의 조음〉

1. /ʧ/와 꼭 같은 요령으로 발성하도록 한다.
2. 다만 /ʤ/를 발성할 때는 유성음이면서 연음임에 유의하도록 한다.

/f/

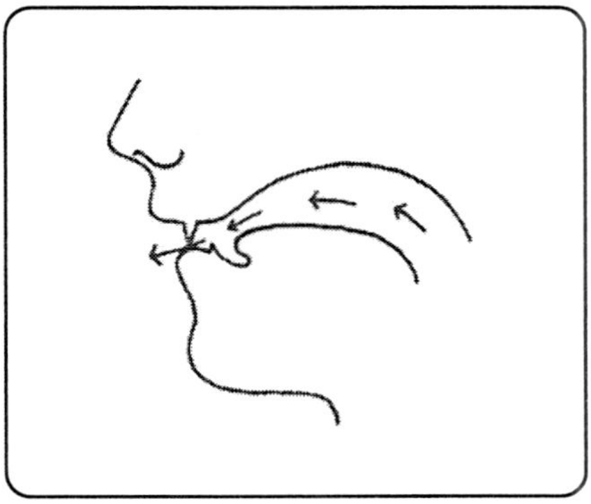

〈그림 2.15 /f/의 조음〉

1. 윗니를 아랫입술에 가볍게 대도록 한다.
2. 윗니와 아랫입술 사이로 공기를 약간 세게 불어 마찰을 일으키게 한다.

/v/

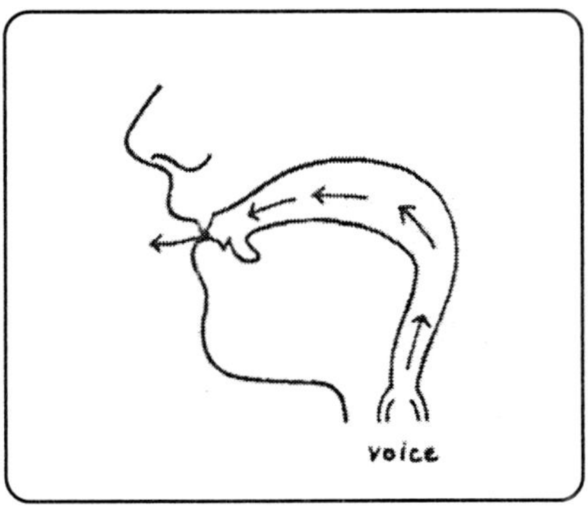

〈그림 2.16 /v/의 조음〉

1. 한 가지 특성만을 제외하고 /f/와 같은 요령으로 발음되므로 먼저 /f/를 연습하도록 한다.
2. 다만 /v/를 발성할 때는 유성음으로 약하게 발음하도록 지도한다.

/w/

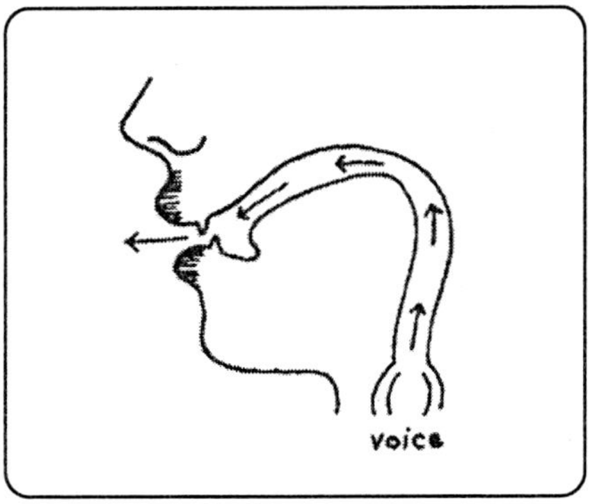

〈그림 2.17 /w/의 조음〉

1. /u/의 조음 위치에 있다가 다음 모음의 조음 위치로 신속히 이동하는 음이므로 먼저 /u/를 연습하도록 한다.
2. 입술을 둥글게 하고 후설을 연구개 쪽으로 올리도록 한다.

/j/

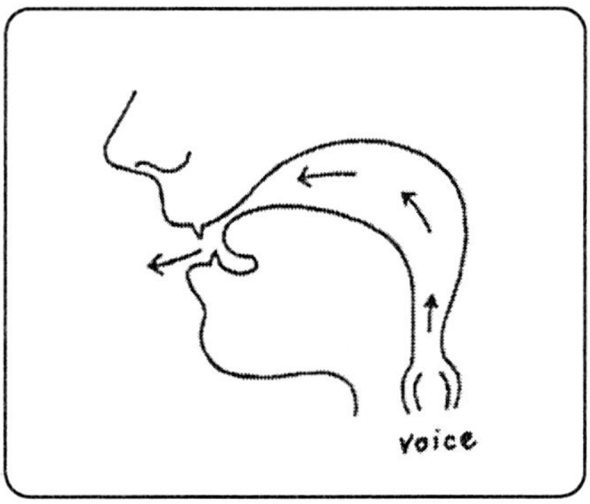

〈그림 2.18 /j/의 조음〉

1. 보통 전설 고모음 /i/에서 출발하여 다음에 오는 모음의 위치로 신속히 이동하는 음이므로 먼저 /i/를 연습하도록 한다.
2. 혀끝을 윗니를 향하게 하거나 아랫니에 접촉하도록 하고 혀의 좌우는 윗 어금니와 앞 어금니에 꽉 붙이도록 하며 전설은 경구개

앞부분에 가까이 댄다.

/h/

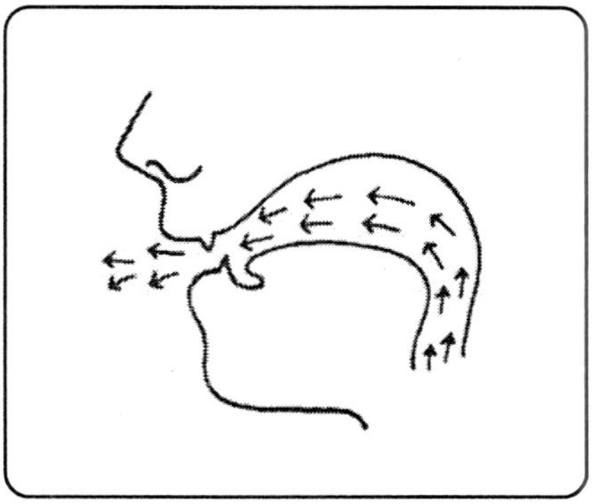

〈그림 2.19 /h/의 조음〉

1. 성문을 약간 열어 그 곳으로 공기가 빨리 통과하면서 마찰을 내게 한다.

/θ/

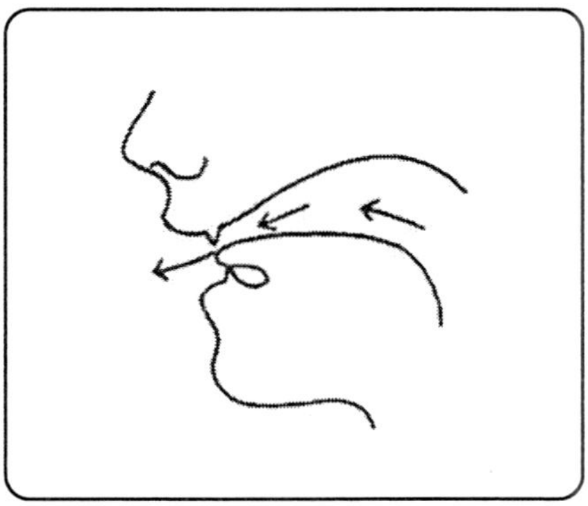

〈그림 2.20 /θ/의 조음〉

1. 혀끝을 윗니 끝에 갖다 대거나 혀끝을 윗니와 아랫니 사이에 오게 한다.
2. 혀끝과 윗니 좁은 통로 사이로 공기를 불어 내어 마찰을 일으키도

록 한다.

/ ð /

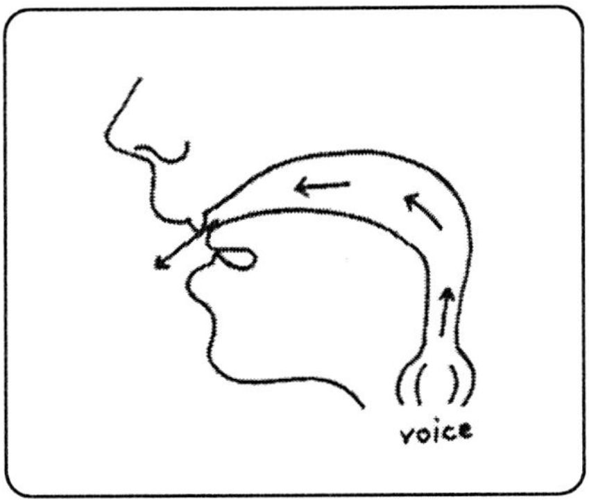

〈그림 2.21 /ð/의 조음〉

1. /θ/와 동일한 방식으로 발성되므로 먼저 /θ/를 연습하도록 한다.
2. 다만 / ð /를 발성할 때는 성대를 진동시키며 약하게 발음하도록 해야 한다.

/m/

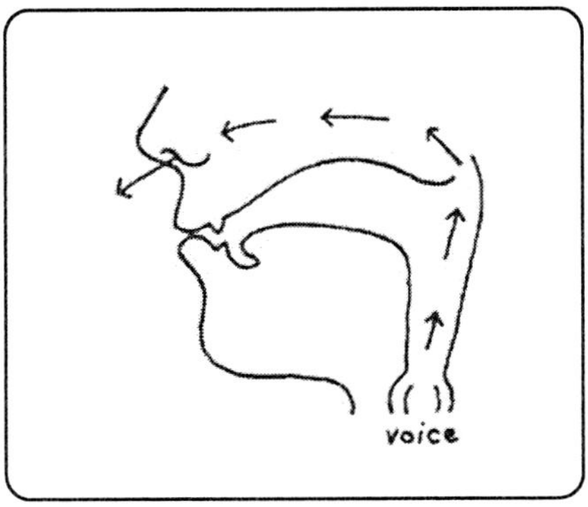

〈그림 2.22 /m/의 조음〉

1. 양 입술로 공기의 흐름을 막는다.
2. 연구개를 내려 성대를 진동시켜 공기를 비강으로 내보낸다.

/n/

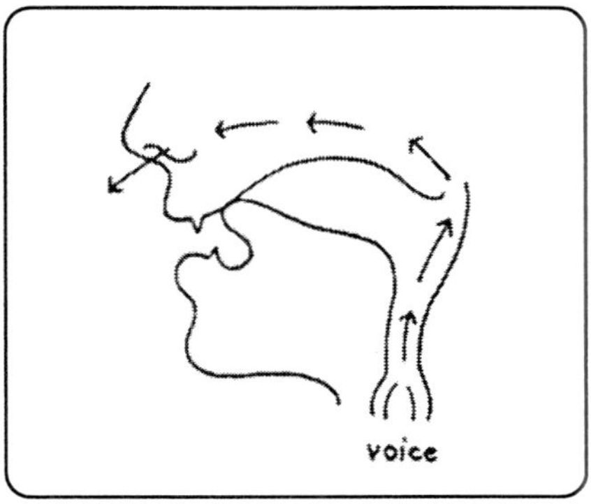

〈그림 2.23 /n/의 조음〉

1. 혀끝을 치경에 대여 허파에서 올라오는 공기의 흐름을 막는다.
2. 연구개를 내려 공기를 코로 빠져 나가게 한다.

/ŋ/

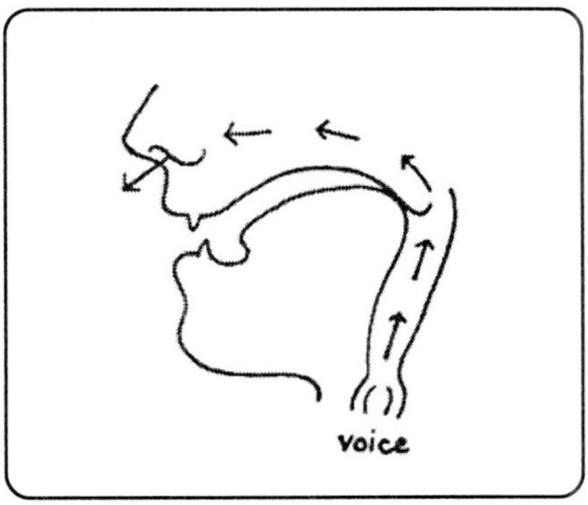

〈그림 2.24 /ŋ/의 조음〉

1. 후설을 연구개에 대어 허파에서 올라오는 공기를 막는다.
2. 연구개를 내려 성대를 진동시키며 공기가 코로 나가게 한다.

/l/ (1)

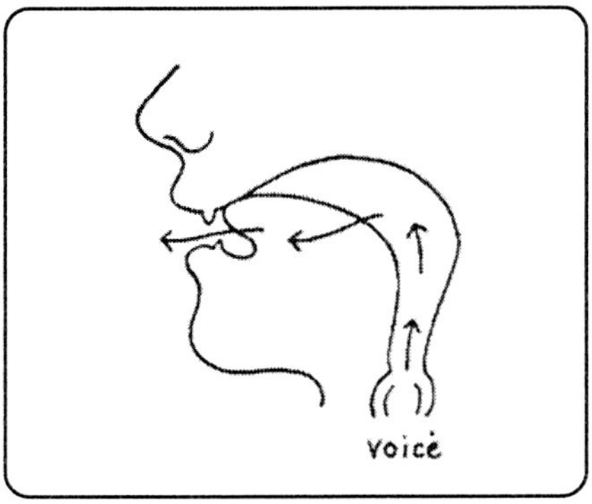

〈그림 2.25 /l/의 조음〉

1. 혀끝을 치경에 대고 전설을 경구개 가까이에 위치시킨다.
2. 혀의 좌우로 공기가 빠져 나가게 한다.
3. /l/이 음절 초에 올 때나, 음절 초에 자음이 오고 그 뒤에 /l/ 이 오던지, /l/ 뒤에 /y/가 오고 그 뒤에 모음이 올 경우로 이른바 밝은(clear) /l/ 음이 여기에 해당한다. 예를 들면 letter, slow, value를 발음할 때이다.

/l/ (2)

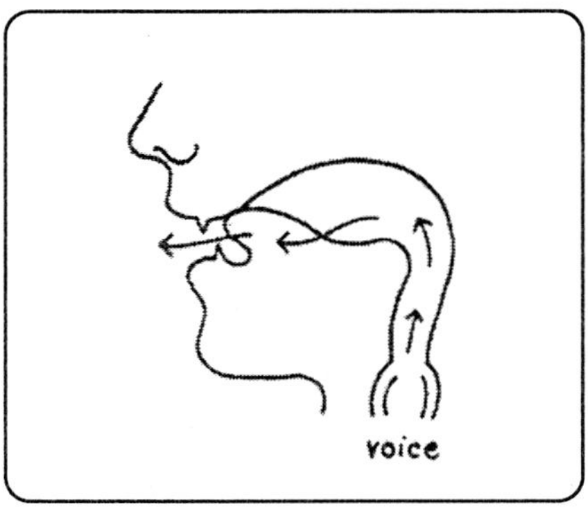

〈그림 2.26 /l/의 조음〉

1. 혀끝을 치경에 대고 전설은 밑으로 내려오도록 한다.

2. 후설 부분에서 혀를 올려 올라가 연구개 쪽을 향하게 하고 중설 부부분을 움푹 내려앉도록 한다.
3. /l/이 tell처럼 음절 말에 오던지, help처럼 /l/ 뒤에 음절 말 자음이 위치하든지, little처럼 /l/이 음절 말에서 음절성(syllabic)을 보이는 이른바 어두운(dark) /l/ 음을 발음할 경우이다.

/r/

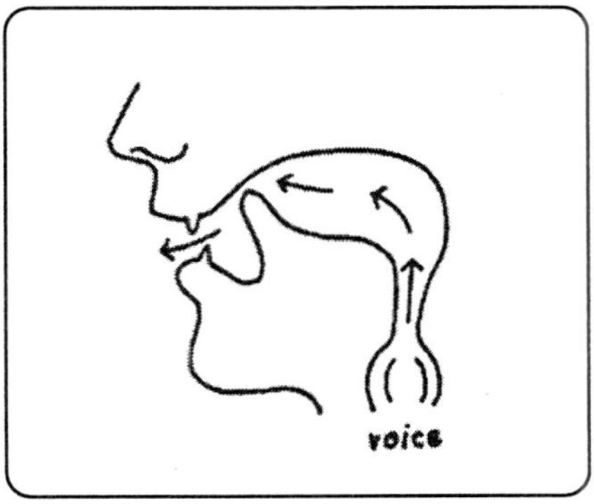

〈그림 2.27 /r/의 조음〉

1. 혀끝과 설단을 치경에 가까이 대지만 닿지 않도록 한다.
2. 이어서 혀끝을 경구개 가까이 올려 안쪽으로 약간 굽히도록 한다.
3. 전설과 중설 부분을 낮게 하여 혀의 가운데를 움푹 들어가게 한다.

2.4 모음의 분류와 조음법

2.4.1 분류 기준

영어의 모음은 네 가지 기준에 의해 구분된다. 첫째는 혀의 높이(tongue height), 둘째는 혀의 전후 위치(tongue position), 셋째는 입술의 모양(lip rounding), 넷째는 긴장성(tenseness)의 유무이다.

먼저 조음시 혀가 입천정 쪽으로 어느 정도 높이 올라가느냐에 따라 고모음(high vowel), 중모음(mid vowel), 저모음(low vowel)으로 분류된다. 또한 조음시 혀를 앞으로 뻗느냐 뒤로 잡아당기느냐에 따라 전설 모음(front vowel), 중설 모음(central vowel), 후설 모음(back vowel)으로 구분된다. 또 발음할 때 입술을 둥글게 오므려 발음하는지 여부에 의해 원순 모음(rounded vowel)과 비원순 모음(unrounded vowel)으로 나누어진다. 후설 모음 중에서 /ɑ/를 제외한 나머지 모음이 원순 모음이며 그 밖의 모음들이 비원순 모음에 해당한다. 모음은 또 발음 시 혀의 근육과 입술이 긴장하느냐 또는 그렇지 않으냐에 따라 긴장 모음(tense vowel)과 이완 모음(lax vowel)로 분류된다. 이중 모음이나 장모음을 발성할 때는 더 많은 근육의 긴장이 일어난다. 긴장 모음으로는 /i, e, a, ɑ, ɔ, o, u/를 들 수 있으며 이완 모음에는 /ɪ, ɛ, æ, ə, ʌ, ʊ/가 속한다.

그러나 이러한 기준에 의해 영어의 모음을 기술하기 위해서는 몇 가지 고려해야 할 문제가 있다. 우선 같은 고모음이라 하더라도 전설 모음이냐 후설 모음이냐에 따라 혀의 높이가 다르게 나타나고 있다. 예컨대 같은 전설 모음이라도 hid의 전설 이완 모음 [ɪ]는 중설 모음과 가까운 위치에 놓여있다.

또 같은 후설 모음이라 하더라도 후설성의 정도에 있어 심한 차이가 발견되고 있으며 혀의 정확한 위치를 밝히는 것도 그리 쉬운 일이 되지 못하고 있다. 특히 자음처럼 뚜렷한 경계선이 있으면 모르지만 혀가 구강 내에서 차지할 수 있는 위치가 상당히 많으므로 두개의 모음사이에 얼마든지 다른 모음이 존재할 수 있음을 유의해야 한다.

이런 점 때문에 영어 모음이 몇 개인가에 대해서는 자음처럼 24개로 동일하지 않고 학자들마다 다르게 나타나고 있다. 예를 들어 Trager와 Smith(1957)는 /i, e, æ/, /ɨ, ə, a/, /u, o, ɔ/의 9 모음 체계를 제시하고 있으며 Gleanson(1961)도 같은 입장을 보이고 있다. Prator와 Robinett(1985)는 /iy, i, ey, ɛ, æ/, /ə, a/, /uw, u, ow, ɔ/의 11 모음 체계를 제안하고 있으며 Ladefoged(2001: 36)는 다음과 같은 단모음 체계를 설정하고 있다.

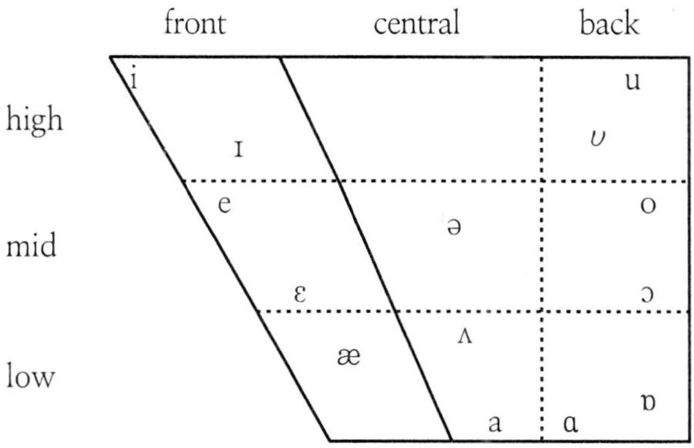

〈그림 2.28 영어의 모음 체계〉

2.4.2 모음의 분포

위 모음의 분포 상황을 단어 속에서 알아보면 다음과 같다. 자음의 경우와 마찬가지로 모음 기호의 이름을 옆에 적어 보았다.

〈표 2.3〉 모음 음소 기호의 명칭

Phoneme	Names of Symbols	Examples
i	lower-case *i*	eat, meat, see
ɪ	small capital *ɪ*	in, sit
e	lower-case *e*	apron, say, may
ɛ	epsilon	any, yes
æ	ash	apt, hat
ə	schwa	again, actor, agama
ʌ	inverted *ʌ*	up, cup

Phoneme	Names of Symbols	Examples
a	lower-case *a*	out, house, bow
u	lower-case *u*	food, you
ʊ	small capital *ʊ*	foot, do
o	lower-case *o*	open, boat, low
ɔ	open *o*	all, ball, law
ɒ	turned script *a*	cot, stop, ma
ɑ	script *a*	ah, father, pot

2.4.3 발성 지도

마지막으로 교사는 위에서 다룬 내용을 바탕으로 모음의 조음도(Bauer, Dienhart, Hartvigson & Jakobsen, 1980: 104-140)를 적극 활용하여 모음을 정확히 조음할 수 있도록 지도해야 한다.

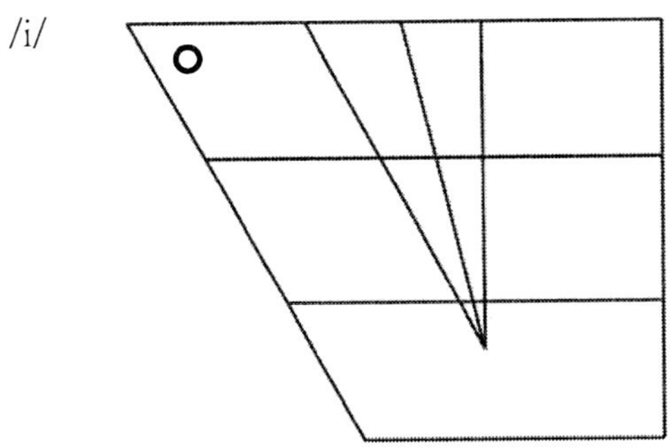

〈그림 2.29 /i/의 조음〉

1. seat에 나타나는 음으로 혀의 양쪽 가장자리를 윗 어금니와 경구개 일부에 강하게 밀착시킨다.
2. 혀끝은 아래 앞니 뒤에 두고 아래 턱은 뒤로 물러서게 한다.
3. 아랫니와 윗니는 거의 맞닿을 정도로 가까이 한다.
4. 공기는 설단과 치경 돌기 사이의 좁은 공간으로 빠져나가도록 한다.

/ɪ/

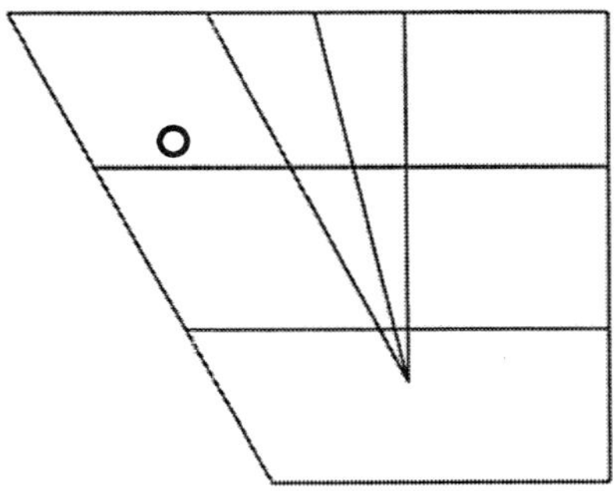

〈그림 2.30 /ɪ/의 조음〉

1. sit에 나타나는 음으로 혀의 양쪽 가장자리를 /i/ 때 만큼 윗 어금니에 강하게 밀착시키지 않는다.
2. 혀끝은 아래 앞니 뒤에 두고 턱은 /i/보다 약간 내려오게 한다.
3. 혀의 근육이 덜 긴장되고 입을 벌린 상태에서 발음하도록 한다.
4. 공기는 /i/보다 더 많이 빠져 나오게 한다.

/e/

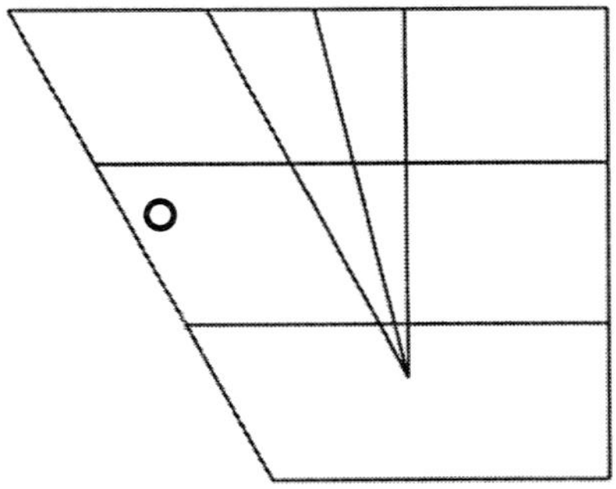

〈그림 2.31 /e/의 조음〉

1. take에 나타나는 음으로 혀의 양쪽 가장자리를 윗 어금니에 약간 힘주어 접촉시킨다.
2. 혀끝은 아래 앞니 잇몸 뒤에 두고 아래 턱은 /i/ 때 보다 좀 더 내려오도록 한다.

3. 강세를 받거나, 어말에 위치할 때 /e/는 이중모음화 하는 경향이 있다.
4. 특히 이 경향은 영국 영어 화자들에게서 많이 찾을 수 있는데 그래서 음성학자들은 이를 아예 완전한 이중 모음 /ey/로 다룰 정도이다.

/ɛ/

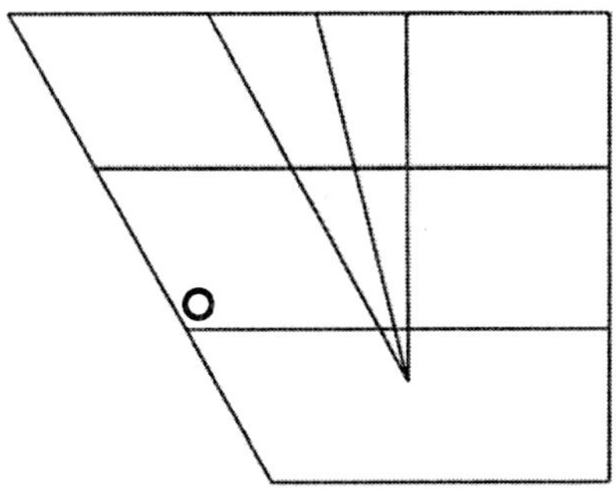

〈그림 2.32 /ɛ/의 조음〉

1. bell에 나타나는 음으로 혀의 양쪽 가장자리를 윗 어금니 끝에 가볍게 닿게 하여 압력을 주지 않도록 한다 .
2. 혀끝은 아래 앞니 잇몸 뒤에 두도록 한다.
3. /e/의 발음에서 근육의 긴장을 풀고 입을 약간 더 벌려 발성하도록 한다.
4. 혀의 위치는 bed의 조음에서 보듯이 중립 위치이다.

/æ/

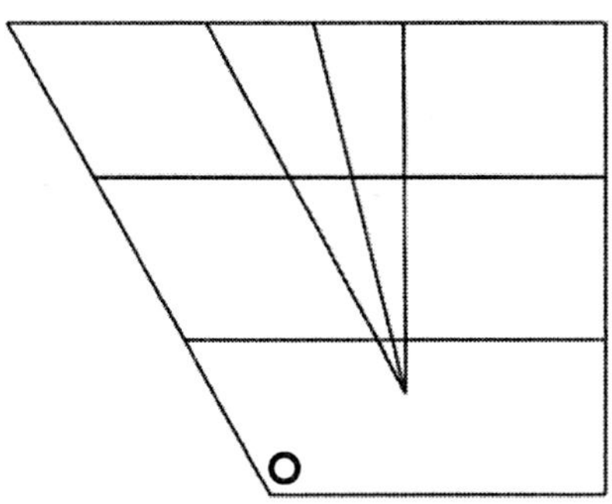

〈그림 2.33 /æ/의 조음〉

1. bag에 나타나는 음으로 혀의 양쪽 가장자리를 맨 끝 윗 어금니에 약간 닿도록 한다.
2. 혀끝은 아래 앞니 잇몸 뒤에 두고 아래 턱은 내려가 혀의 위치가 많이 낮아진다.
3. 입술은 열린 중립순이며 입은 벌릴 수 있는 한 많이 벌리도록 한다.
4. 입안이나 혀의 근육은 긴장하지 않으나 인두강의 근육은 긴장하여 다소 좁아진다.

/ə/

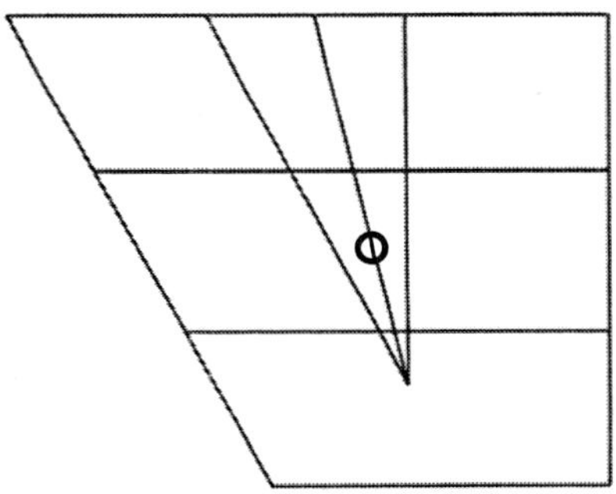

〈그림 2.34 /ə/의 조음〉

1. about의 어두 음으로 혀의 높이를 높지도 낮지도 않게 한다.
2. 혀의 위치는 전설도 후설도 아닌 중설임에 유의한다.
3. 입술 모양은 원순도 평순도 아닌 중립 위치이다.
4. 구강 내 근육이 긴장하지 않는 이완 모음이다.

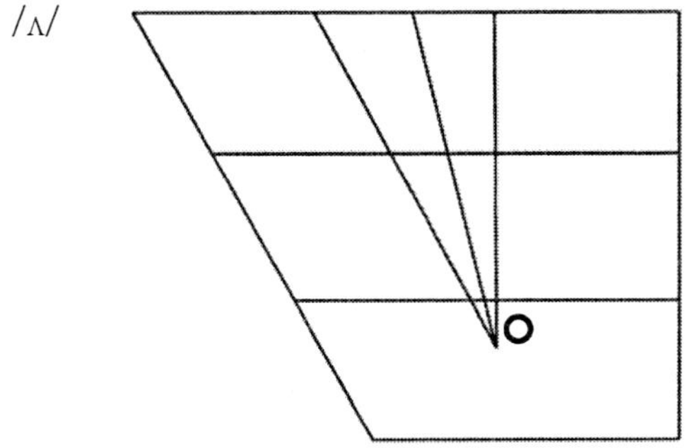

〈그림 2.35 /ʌ/의 조음〉

1. but에 나타나는 음으로 혀의 양옆을 윗 어금니에 접촉시키지 말고 턱은 어느 정도 벌리도록 한다.
2. 입술의 모양은 원순도 평순도 아닌 위치이다.
3. /ə/ 보다 혀의 높이가 좀 더 낮게 하고 약간 뒤로 가도록 한다.
4. 강세가 있는 음절에만 오며, 강세를 받지 않으면 /ə/가 된다.

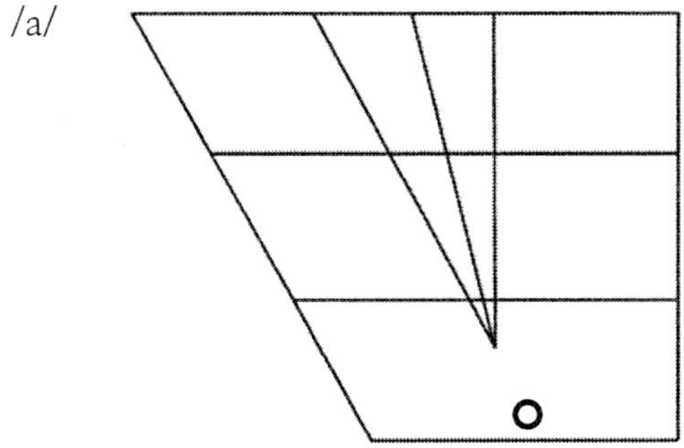

〈그림 2.36 /a/의 조음〉

1. bow에 나타나는 음으로 혀의 위치는 중설이다.
2. 입술의 모양은 원순이 아닌 평순이다.
3. 근육 내 근육이 긴장하는 긴장 모음이다.
4. 보통 이중 모음(/aɪ/, /aʊ/)의 첫 요소로 발음된다.

/ɑ/

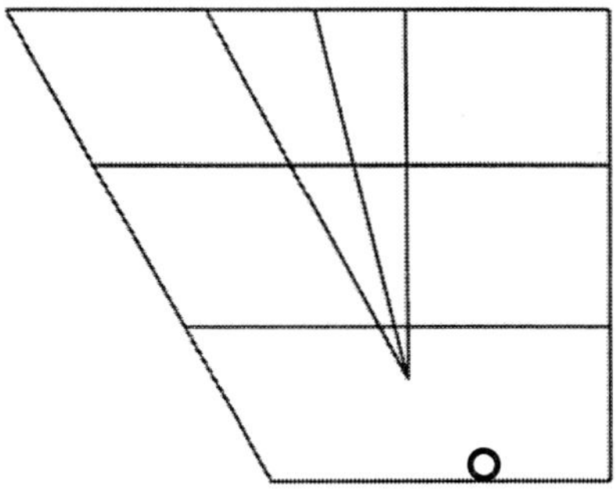

〈그림 2.37 /ɑ/의 조음〉

1. cot에 나타나는 음으로 입술을 중립순 내지 평순으로 한다.
2. 혀의 양 옆과 윗 어금니는 접촉하지 않도록 한다.
3. 입은 비교적 크게 벌리도록 한다.
4. 미국 영어에서 heart는 /ɑː/로 길게 발음되고 stop은 그 보다 짧게 발음되는데 유의하도록 한다.

/ɒ/

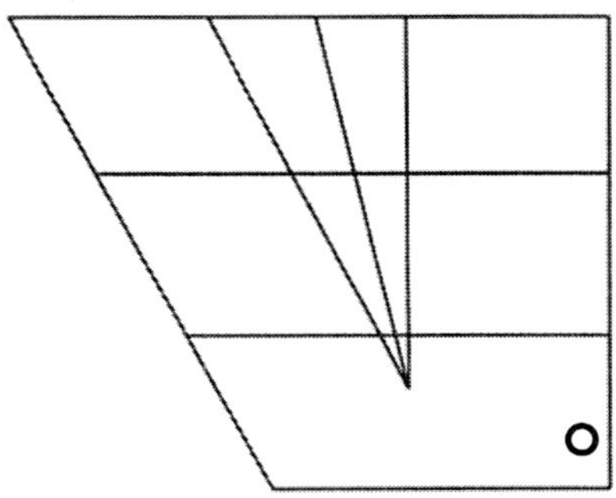

〈그림 2.38 /ɒ/의 조음〉

1. 영국영어 hot의 모음으로서 /ɑ/보다는 입술을 약간 더 둥글게 하고 /ɔ/보다는 혀에 긴장을 주지 않고 발성하도록 한다.
2. 혀의 양 옆과 윗 어금니는 접촉하지 않도록 한다.
3. 미국영어에서는 /ɑ/와 교체되거나 /ɔ/와 교체되어 사용되기도 한다.

/o/

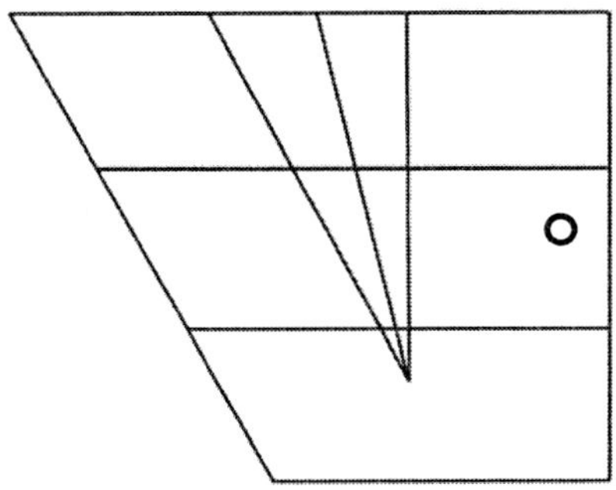

〈그림 2.39 /o/의 조음〉

1. boat에 나타나는 음으로 /ɔ/보다 입술을 더 내밀고 둥글게 한다.
2. 혀끝은 아랫니에 닿기도 하고 닿지 않기도 한다.
3. 혀와 구강 내 근육의 긴장을 일으키게 한다.
4. 영국영어에서는 대부분의 경우, 그리고 미국영어에서는 강세를 받거나 어말에 올 때 이중 모음의 첫 요소로 발음된다.

/ɔ/

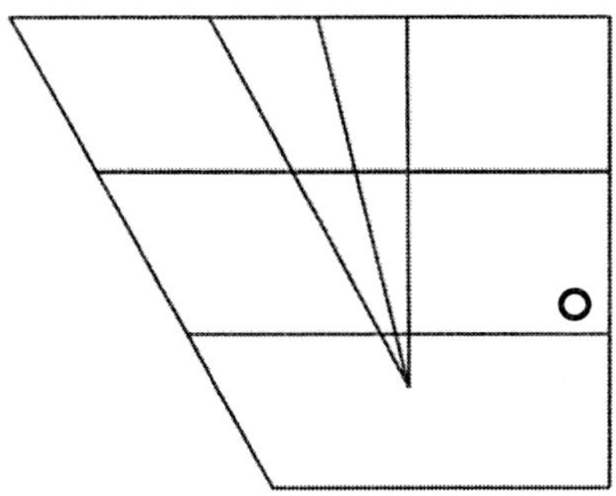

〈그림 2.40 /ɔ/의 조음〉

1. saw에 나타나는 음으로 /o/를 발음할 때 보다 입을 더 벌리게 한다.
2. 입술은 약간만 둥글게 하고 후설과 인두 부분에 약간 힘을 주도록 한다.
3. 미국영어에서는 후설 저모음의 위치에서, 영국영어에서는 후설 중

모음의 위치에서 발성된다.
4. 미국영어에서는 /ɑ/나 /ɒ/와 교체되어 사용되기도 한다.

/u/

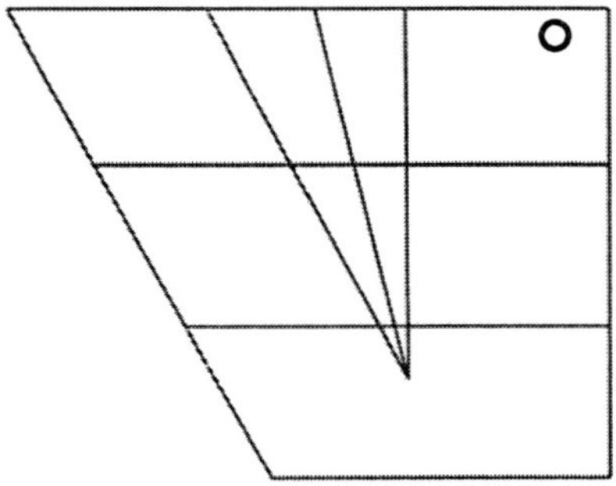

〈그림 2.41 /u/의 조음〉

1. food에 나타나는 음으로 입술을 최대한도로 앞으로 내밀고 둥글게 한다.
2. 혀의 양쪽 가장자리는 양쪽 어금니와 꽉 닿지 않도록 한다.
3. 혀끝은 안으로 들어가도록 하여 아무데도 닿지 않도록 한다.
4. 구강 내 근육을 긴장시켜 후설을 연구개 쪽으로 끌어당겨 발성하도록 한다.

/ʊ/

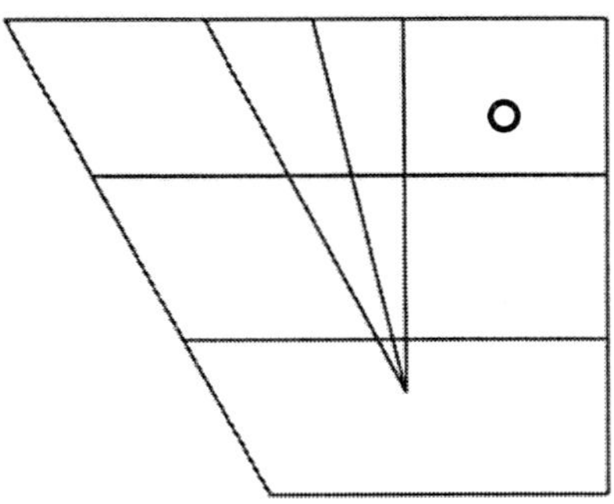

〈그림 2.42 /ʊ/의 조음〉

1. foot에 나타나는 음으로 /u/의 경우보다 입술을 덜 둥글게 한다.
2. 혀의 좌우 가장자리를 어금니에 닿지 않도록 한다.
3. 혀끝은 아래 앞니 잇몸에 닿도록 해도 되고 떨어져 있어도 된다.
4. 구강 내의 근육에 힘이 들어가지 않도록 한다.

2.5 이중 모음과 조음법

이중 모음은 하나의 음절 그리고 동일한 음절 안에 지각적으로 다른 두 모음의 연쇄체로 정의할 수 있다(Catford, 1977). 다시 말해 음절의 핵이 되는 모음 앞뒤에 전이음(glide)이 결합되는 모음을 말한다. 가령 [aɪ]는 모음 뒤에 전이음이 따르는 이중 모음으로서 발음할 때 [a]에서 출발하여 [ɪ]의 조음 위치를 향해 이동한다는 의미이다. 다시 말해 [aɪ]의 발음은 [a]에서 시작되지만 [ɪ]를 향해서 가다가 전설 중모음 [ɛ] 위치에서 끝나 버리는 셈이다(Ladefoged, 2001). 따라서 이를 지도할 때는 먼저 [a]음을 명확히 발음하여 출발하도록 하고 [ɪ]쪽을 향해 빨리 이동해야 하며, [ɪ]의 조음 위치까지 도달해서는 안 되고 중간에서 끝이 나도록 해야 한다. 영어 학습자들에게 명확히 할 것은 이중 모음은 두 개별 모음의 결합인 모음+모음이 아니라는 사실이다.

이중 모음은 전이음이 모음 앞에 오느냐 또는 뒤에 오느냐에 따라 상승 이중 모음(rising diphthongs)과 하강 이중 모음(falling diphthongs)으로 나눈다. 예를 들어 [yɑ], [yo], [wi], [we] 등은 전이음이 모음 앞에 위치하는 상승 이중 모음(on-glide diphthongs)이며 [ay], [aw], [ow] 등은 전이음이 모음 뒤에 오는 하강 이중 모음(off-glide diphthongs)이다.

그런데 영어에서 이중 모음이라 할 때에는 대체로 하강 이중 모음을 가리키는 경우가 많다. 하강 이중 모음은 전이음이 모음 [ɪ], [u], [ə] 중 어느 쪽을 향하여 움직이느냐에 따라 각각 전향 이중 모음(fronting diphthongs), 후향 이중 모음(backing diphthongs), 내향 이중 모음(centralizing diphthongs)으로 구분한다. 이를 그림으로 나타내면 다음과 같다(Wolfram & Johnson, 1982: 32).

이중 모음의 세가지 유형

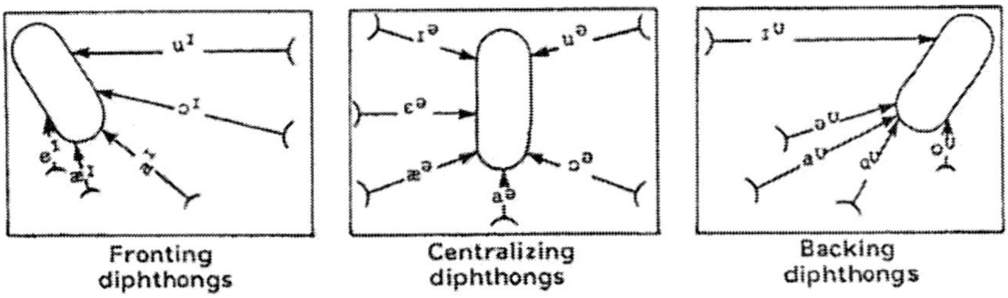

〈그림 2.43 이중 모음의 유형〉

영어에서 흔히 나타나는 이중 모음의 예를 들면 아래와 같다.

[e^{I}] late, eight	[I^{ə}]hear, beer	[æ^{ʊ}] owl,
	[ε^{ə}] air, fare	bout (dialect)
		[ə^{ʊ}] boat in R.P
[a^{I}] ride, bye		[ɑ^{ʊ}] how, now
[ɔ^{I}] boy, toy	[ɔ^{ə}] paw, caught	[o^{ʊ}] go, boat
[ə^{I}] bird	[u^{ə}] sure, pure	

위에서 본 것처럼 이중 모음은 두 개의 모음이 하나의 음절핵을 이루는 것이기 때문에 음절핵 내에서 첫 번째 음은 더 길고 강하게 발음하고 두 번째 음은 짧고 약하게 [ɪ], [ə], [ʊ]를 향해 가다가 그 음들에 도달하지 못하고 어느 지점에서 미끄러지도록 발성해야 한다.

제 3 장

영어의 음성 현상 지도

영어 발음을 지도할 때 중요한 것은 개별 분절음을 정확히 발성하도록 연습시킨 후 개별 분절음이 결합되어 단어나 문장을 이룰 때 그것을 어떻게 발음하도록 할 것인가에 있다. 영어에서 개별 음들은 그대로 있지 않고 앞뒤에 어떤 음이 위치하느냐에 따라 그 음이 변해 버린다. 쉽게 말해서 이웃하는 음의 영향을 받아 원래의 발음이 처음과는 달라져 버린다. 학습자들로서는 영어의 발음을 자연스럽게 발성하기 위해 음들이 서로 연결될 때 일어나는 변화 과정을 제대로 이해할 필요가 있다. 여기서는 연결된 말(connected speech) 속에서 음들의 변화과정, 즉, 개별 음들이 앞뒤에 인접하는 음들과 어떤 영향을 주고받아 음의 변화가 생기는지를 다루고자 한다.

3.1 연결 현상

영어를 부드럽게(smoothly) 말할 수 있는 능력에는 영어의 단어나 음절들이 서로 연결될 때 그것을 어떻게 잘 발음할 수 있는가에 있다. 소위 연결(linking) 또는 연성(liaison)에 대한 지식이 있어야 한다는 뜻인데, 일반적으로 연결이란 어떤 단어나 음절의 마지막 음이 다른 단어의 첫 음과 이어지는 것을 말한다. Avery와 Ehrlich(1992: 84-86)에 의하면 연결은 다음과 같은 유형으로 나타난다.

3.1.1 자음과 모음 연결

자음으로 끝나는 단어 다음에 모음으로 시작되는 단어가 뒤따를 때 그 마지막 자음은 다음 단어의 일부로 발음하도록 지도한다. 이 때 모음으로 시작되는 단어는 다음의 예에서처럼 기능어임을 유의하도록 한다.

(1)

C(labial)+V	C(dental)+V	C(alveolar)+V
stop it	with it	washed it
grab it	breathe it	played on
came in		run around
laugh about		pass out
leave early		carves up
		fool around
		fair enough

C(palatal)+V	C(velar)+V
cash out	back out
camouflage it	drag out
march in	sing it
rage on	

3.1.2 자음과 자음 연결

파열음으로 끝나는 단어 다음에 그 밖의 자음으로 시작되는 단어가 뒤따를 때, 그 파열음은 보통 개방되지 않고 발음하도록 지도한다. 다시 말해 혀나 입술은 파열음의 조음 위치에서 곧바로 다음 자음의 조음 위치로 옮아가도록 한다. 예를 들면 다음과 같다.

(2)	p+t	t+k	p+d	g+b
	stop trying	pet crocodile	lap dog	big boy
	t+ʧ	d+ʤ	g+k	t+d
	fat chance	bad judge	log cabin	let down
	t+l	p+s	g+z	k+ʃ
	pet lizard	keep speaking	big zoo	deck shoes

3.1.3 동일 자음 연결

단어가 자음으로 끝날 때 그 단어의 끝에 오는 자음과 그 다음 단어를 시작하는 자음이 동일한 자음으로 연결되는 경우가 있다. 이 때 두 자음은 보통 하나의 긴 자음처럼 길게 발음하도록 지도하면 된다. 예를 들면 다음과 같다.

(3)	p+p	t+t	k+k	b+b	d+d
	ripe plum	hurt Tom	black cat	grab Bill	played darts
	f+f	θ+θ	s+s	ʃ+ʃ	
	if Fred	with thanks	ice skating	push Shirley	
	g+g	r+r	l+l		
	big girls	far reached	fall leaves		

3.1.4 모음과 모음 연결

긴장 모음인 /iy/, /ey/, /uw/, /ow/로 끝나는 단어 다음에 모음으로 시작되는 단어가 뒤따라 연결되는 것을 말한다. 이 때의 발음은 긴장 모음의 전이음과 모음으로 시작되는 단어의 첫 모음을 연음시켜 발음하도록 하면 된다. 다음을 연습시키는 것이 도움이 된다.

(4)	iy + V	ey+ V	uw+ V	ow+ V
	be on time	pay up	blue angel	grow up
	he isn't here	lay it here	flew in	row over
	see it's done	way up north	stew it	blow out
	Be a sport.	Play a game.	through it all	

3.1.5 모음과 전이음 연결

긴장 모음 /iy/, /ey/, /uw/, /ow/로 끝나는 단어와 전이음으로 시작되는 단어와의 연음 현상을 말한다. 이 경우에는 동일 자음의 연결 때처럼 좀 길게 발성하도록 훈련하면 된다.

(5)	iy +y	ey+ y	uw+w	ow+ w
	be yourself	pay yourself	do we?	blow wind blow
	free union	stay wouldn't	who wouldn't	go west
	see Europe	say yes	blue water	show window

3.2 동화 현상

동화(assimilation)란 한 음이 인접하는 다른 음과 비슷해지거나 같아져 버리는 현상으로 발화시 발음을 용이하게 (ease of articulation) 하기 위해 노력을 덜 들이게 하려는 데서 비롯된다. 예를 들어 영어 명사의 복수형 발음을 cats의 경우는 [-s]로 발음하고 dogs의 경우는

[-z]로 발음하는 것은 명사의 끝 음이 각각 무성음과 유성음이므로 뒤따라오는 복수 형태소 [-s]도 조음을 편리하게 하기 위해 그와 똑같은 무성음과 유성음으로 발음하는 것이다. 이때 cat나 dog의 마지막 음처럼 동화에 영향을 주는 음을 조건 음(conditioning sound)이라 하고 그로 인해 동화되어 버리는 음을 동화 음(assimilated sound)이라 일컫는다.

3.2.1 동화의 방향

동화는 한 음이 그 음을 앞서는(precede) 음과 비슷해지느냐 아니면 뒤에 오는(follow)음과 비슷해지느냐에 따라 순행 동화(progressive assimilation)와 역행 동화(regressive assimilation)로 나눈다. 또 앞의 음이 뒤의 음과 비슷해짐과 동시에 또 뒤의 음이 앞의 음과 비슷해지는 경우를 상호 동화(reciprocal assimilation)라 한다.

가령 앞에서 본 영어 복수형 발음은 뒤에 오는 음이 선행하는 음의 영향으로 그 음과 똑같은 무성음 또는 유성음으로 발음되므로 순행 동화이다. 이와 비슷하게 영어 동사의 과거형의 발음도 동사의 현재형 끝 음이 어떤 음으로 발음되느냐에 따라 그 음과 성격이 비슷한 음들인 [t], [d], [id]가 선택되는 순행 동화이다. 또 "I can believe it."이란 문장에서 can의 [n]이 believe 란 단어의 첫 음 [b]의 영향을 받아 양순음 [m]으로 발음되는 것도 순행 동화이다.

이와 반면에 역행 동화는 news의 [z]가 newspaper에서 [s]로 발음되는 예에서 보듯이 앞에 오는 음이 뒤따라오는 [p]음과 성격이 같은 무성음으로 발음되는 현상이다. 또 "I have to go now."란 문장에서 have to가 [hæf tə]로 발음되는 것도 have의 마지막 음이 to의 첫 음에 영향을 받았기 때문에 역행 동화에 해당한다.

이 밖에 상호 동화는 인접하는 두 음이 서로에게 영향을 주는 것이다. more가 [mʷ ɔ̃ː]로 발음되는 것은 [m]이 [ɔ̃ː]로부터 순음성의 영향을 받고, [ɔː]가 [m]의 영향으로 [ɔ̃ː]가 되는 상호 동화의 예이다. 상호 동화는 "I miss you."란 문장의 [mɪsju]가 [mɪšu]로 변하는 데서도 발견되고 있다. 이때 [s]는 그 뒤 구개음 [y]의 영향으로 [š]가 되고, [y]는 그 앞 [š]의 영향으로 탈락함으로써 역행 동화와 순행 동화가 동시에 일어나고 있다.

3.2.2 동화 현상 유형

영어의 음운 현상에서 알아야 할 동화 현상에는 구개음화(palatalization), 원순음화(labialization), 유무성 일치 동화(voice assimilation), 조음 위치 동화(place of articulation assimilation), 조음 방법 동화(manner of articulation assimilation), 비음화(nasalization) 등이 있다. 이제 그 현상들을 차례대로 제시하기로 한다.

3.2.2.1 구개음화

구개음화란 구개음이 아닌 자음들이 전설 모음이나 전이음 /y/가 뒤따라 올 때 구개음의 성질을 갖게 되는 현상을 말한다. 예를 들어, pure, mule, cute, few에서 첫 자음은 뒤에 오는 전이음의 영향을 받아 각각 [pʸ], [mʸ], [kʸ], [fʸ]로 발음된다.

이를 토대로 다음 영어 구들(phrases)의 발음을 어떻게 지도하면 좋은지를 보자.

(6)	car	keys	[kɑ kiz]
	keep	calm	[kip kɑm]
	get	garlic	[get gɑlɪk]

give guns [gɪv gʌnz]

위 단어들을 검토해 보면 연구개음인 /k/나 /g/ 다음에 전설 모음이 나오는 것과 나오지 않은 두 형태로 나타나고 있다. 연구개음 다음에 전설 모음이 따라오게 되면 전설 모음의 영향으로 혀 앞부분을 연구개 보다 앞에 있는 경구개 쪽을 향하여 높이 올림으로써 조음하도록 지도하면 된다. 구개음화(palatalization)가 일어나고 있기 때문이다.

위를 변별적 자질을 포함한 음운 규칙으로 나타내면 다음과 같다.

(7) $\underset{C}{[+back]} \rightarrow [-back] \;/\; \_\_\_\_ \; \underset{V}{[-back]}$

그런데 이러한 구개음화는 연구개음에만 국한되어 일어나지 않고 다른 자음에서도 쉽게 나타나는 것을 이해시킬 필요가 있다. 예를 들어 다음과 같은 자료를 보자.

(8) his shoes [his ʃuz] → [hiʒ ʃuz]
nice shirt [naɪs ʃərt] → [naɪʃ ʃərt]
Miss Ure [mɪs juə] → [mɪʃ juə]
John's shorts [dʒɒnz ʃɔts] → [dʒɒnʒ ʃɔts]

위 현상을 음운 규칙으로 표시하면 다음과 같다.

(9) $\begin{bmatrix} +\text{anterior} \\ -\text{high} \end{bmatrix} \rightarrow \begin{bmatrix} -\text{anterior} \\ +\text{high} \end{bmatrix} / \_\_ \begin{bmatrix} -\text{anterior} \\ +\text{high} \end{bmatrix}$

위 예들에서는 첫 번째 단어의 끝 자음이 그 뒤에 나오는 음의 영향으로 뒤따라오는 음과 성격이 같아지고 있다. 즉, 첫 번째 단어의 끝음인 치경음(alveolars)이 단어 끝에 위치하고 그 뒤에 치경 경구개음(alveo-palatals)이 뒤따라 올 때 치경음이 구개음화 된다는 뜻이다.

이번에는 다음과 같은 예들을 보자.

(10) We miss your sweet smile. → [mɪš (y)uə]
Where's your fork? → [ž (y)u]
I'd like to meet your sister. → [mič (y)uə]
Where did you go? → [dɪǰ (y)u]

위 문장들에서 [s, z, t, d]는 강세 받지 않는 음절에서 /y/가 뒤따라 올 때 각각 [š, ž, č, ǰ]로 변하고 있음을 나타내고 있다. 이 역시 치경음이 경구개음으로 변하는 구개음화 현상이다. 그러나 이 현상은 화자들이 빨리 발음하는 경우에만 일어나고 느리게 발음할 경우는 치경 경구개 음 대신에 그냥 치경음으로 발음된다.

3.2.2.2 원순음화

다음 단어들은 어떻게 발음해야 하는지를 생각해 보자

(11)

a.		b.	
peel	[pil]	pool	[p^{W}ul]
tea	[ti]	two	[t^{W}u]
she	[ʃi]	shoe	[ʃ^{W}u]
leek	[lik]	Luke	[l^{W}uk]
get	[get]	got	[g^{W}ɒt]

여기서 (11b)의 단어들을 발음할 때는 (11a)의 단어들을 발음할 때보다 입술을 둥글게 하도록 해야 한다. (11a)의 자음 다음에는 비원순모음이 뒤따라오는 것과는 달리 (11b)의 자음 뒤에는 원순모음이 따라 오기 때문이다. 다시 말해 원순음화(labalization)가 되기 때문이다.

이 원순음화 현상을 음운 규칙으로 공식화하면 다음과 같다.

(12) [+consonantal] → [+round] / _____ [+round]
V

3.2.2.3 유무성 일치 동화

유무성 일치 동화란 선행하는 분절음이 유성음(voiced)으로 끝나면 그 다음 음이 유성음으로 발음되고 선행하는 분절음이 무성음(voiceless)으로 끝나면 그 다음 음이 무성음으로 발음되는 것을 말한다. 예를 들면 pets와 beds에서 복수형 접미사 -s의 발음은 명사의 끝에 오는 음과 성대 진동의 유무가 일치된 상태로 발음되는 것을 가리킨다. 이와 동일한 현상은 3인칭 동사의 현재 시제 발음을 할 경우에도 그대로 나타난다. 예를 들어 makes와 comes접미사 -s를 발음할 때는 바로 앞에 오는 음과 성대 진동의 유무에 있어 일치하고 있다. 이를 음운 규칙으로 명시하면 다음과 같다.

(13) a. [+consonantal] →[−voice]/ [−voice]—
b. [+consonantal] →[+voice]/ [+voice]—

특히 영어의 무성음 /p, t, k/가 어두에 올 때 그 다음에 나오는 유성음은 무성화 되는 경향이 많다는 점에 주목해야 한다. 가령 play, try, clue의 유성음 [l]과 [r]은 그 앞에 오는 무성음 /p, t, k/에 동화되어 무성음화 된 [l̥]과 [r̥]로 발음된다. 또 영어의 모음과 모음 사이에 무성음이 올 때는 모음이 유성음이기 때문에 유성화 되는 경향이 있다.

3.2.2.4 조음 위치 동화

영어에서는 비음이 그 뒤에 오는 자음과 동화를 일으키는 경우가 있다. 예를 들어 부정(not)의 뜻을 나타내는 접두사는 뒤따라오는 자음이 /p/와 /b/이면 [ɪm]으로 발음해야 되고, 뒤에 오는 자음이 /d/ 또는 /t/이면 [ɪn]으로 발음이 되어야 하며, /k/나 /g/이면 [ɪŋ]으로 발음된다. 이 경우 접두사 비음은 뒤따라오는 자음과 조음 위치가 동일한 것을 선택하게 되는 셈인데 이를 동기관적 비음 동화(homorganic nasal assimilation)라 한다. 다음의 자료가 이를 뒷받침한다.

(14) [ɪm] impossible, imbalanced
[ɪn] indecent, intangible
[ɪŋ] incorrect, incongruous

이를 음운 규칙으로 기술하면 다음과 같다.

(15) $$[+\text{nasal}] \rightarrow \begin{bmatrix} \alpha\,\text{anterior} \\ \beta\,\text{coronal} \end{bmatrix} / \text{—} \begin{bmatrix} \alpha\,\text{anterior} \\ \beta\,\text{coronal} \end{bmatrix}$$

이와 유사하게 발음되는 현상은 접두사가 붙지 않는 영어의 단어나 문장 속에서도 많이 일어나는 것을 알 수 있다. 다음의 역행 동화가 그 좋은 예로서 문장 단위의 발음 지도에 아주 활용할 만하다.

(16)

grandma	[græmmə]	n → m
pumpkin	[pʌŋkɪn]	m → ŋ
congress	[kɑŋgrəs]	n → ŋ

I can't believe it. [ay kæ mp bəliyv ət]	nt → mp
I can't go. [ay kæŋk goʊ]	nt → ŋk
I don't believe it. [ay domp bəliyv ət]	nt → mp

3.2.2.5 조음 방법 동화

다음 자료에서 발음의 변화 과정을 검토해 보자.

(17) illegal
illicit
irrational
irrevocable

위 단어들은 부정의 접두사가 형용사 앞에 붙은 형태들이다. 이 단어들의 접두사에 대해 모국어 화자들은 어떤 음을 기본음으로 생각하고 있을까? 이에 대해 그들은 부정을 뜻하는 접두사인 /ɪn/을 머리속에 내재화하고 있으며 그 /n/이 /l/로 시작되는 단어들 앞에서는 [l]로 발음되고 /r/로 시작되는 단어들 앞에서는 [r]로 발음된다고 알고 있다. 따라서 /n/은 /l/과 /r/이 갖고 있는 조음 방법상 같은 성격인 유음(liquid)의 성격으로 변하게 된다는 점을 유의할 필요가 있다. 조음 방법 동화라는 것을 이해해야 하는 것이다.

3.2.2.6 비음화

영어의 can이나 camp, bank 등의 발음을 가르칠 때는 중간 모음이 뒤따라오는 비음 때문에 비음화(nasalization) 된다는 점을 지적할 필요가 있다. 이 경우 비음은 앞의 모음을 비음화 시킨 후 그대로 남아 있거나 때로는 탈락하기도 한다. 영어 모음이 비음화 되는 과정을 간단히 규칙으로 나타내면 다음과 같다.

(18) $\underset{\text{V}}{[-\text{consonantal}]} \rightarrow [+\text{nasal}] \;/\; \_\_\_\_ \; \underset{\text{C}}{[+\text{nasal}]}$

3.2.2.7 설탄음화

영어에서 치경 파열음 /t/와 /d/는 강세 받는 모음과 강세 받지 않는 모음 사이에서 유성음 [ɾ] 또는 [D]로 발음된다. 혀끝을 치경돌기 부분에 한번 빠르게 툭 쳐서 발성되는 점 때문에 이 현상을 설탄음화(flapping)라 하는데, 미국영어에서 흔히 나타나는 음성 현상이다. 미국영어의 water, city, butter, latter, pretty와 ladder, leading, pudding 속의 /t/와 /d/를 지도할 때는 그 자체보다는 약하게 발성하도록 지도함으로써 유성 설탄음의 성격이 나타나도록 해야 한다. 이를 규칙으로 나타내면 다음과 같다.

$$(19)\quad \begin{bmatrix} t \\ d \end{bmatrix} \rightarrow [D] \;/\; \underset{V}{[+stress]} \;—\; \underset{V}{[-stress]}$$

3.3 이화 현상

동화 현상이 인접하는 분절음과 성격이 비슷해지는 과정이라면 이화(dissimilation)는 하나의 분절음이 또 다른 분절음과 덜 비슷해지는 현상을 말한다. 비슷하거나 동일한 음이 한 낱말 안에 가까이 있을 때 그 중 한 음이 다르게 변하거나 탈락되는 것을 뜻한다.

예를 들어 fifth와 sixth의 /fθ/와 /sθ/는 [ft]와 [st]로 발음됨으로써 마찰음 /θ/가 선행하는 마찰음과 성격이 다른 파열음 /t/로 변하고 있다. 또 영어의 명사에 {-al}을 붙여 파생된 형용사들인 electric→electrical, region→regional, orbit→orbital이 형성되는 것과 달리, 명사가 /l/로 끝나고 있음에도 {-ar}로 파생된 angle→angular, circle→circular, single→singular같은 형용사들에서는 {-al}이 {-ar}로 변하는 이화 현상이 일어나고 있다. 아울러 government를 발음하면서 /n/을 탈락시킴으로써 /m/과 비슷한 성격이 연결되는 것을 피하는 경우나 surprise, library, secretary를 [səpraɪz], [laɪbɛrɪ], [sɛkətɛrɪ]로 발음함으로써 첫 /r/을 탈락시키고 있는 것도 뒤따르는 음절에 /r/ 음이 오기 때문에 일어나는 현상이다.

그러나 발음 지도와 관련해서 영어의 이화 현상은 영어 학습자들에게 권장할 필요는 없다. 다만 이를 지도할 때는 영어 모국어 화자들이 비슷한 음이 어색하게 반복되는 것을 피하기 위해 그 음 가운데 어느 하나를 없애거나 다른 음으로 바꾸는 경향이 있다는 것을 언급하면 된다.

3.4 탈락 현상

영어의 발음 지도 시 고려해야 할 또 다른 사실은 자음이나 모음 그리고 음절이 특정한 상황에서 없어지는 소위 탈락(deletion) 현상이 흔하다는 점이다. 예를 들어 자음의 경우는 대체로 조음 위치가 같은 음이 나란히 연결될 때 탈락하는 경향이 많으며, 모음은 어두와 어중 및 어말에서 고루 탈락하고, 음절은 강세를 받지 않은 경우 탈락할 때가 많다.

3.4.1 자음 탈락

두 개의 단어가 연결되는 상황에서 첫 단어의 끝이 자음이 연속되고 그 다음 단어가 자음으로 시작하면 첫 단어의 끝 자음을 탈락시켜 발음하도록 한다.

(20) wes[t] side
lef[t] field
blin[d] man

다음으로 두 단어의 연결 과정에서 첫째 단어의 끝 음과 둘째 단어의 첫 음이 조음점이 같은 경우 첫 단어의 끝 음을 탈락시켜 발음하도록 한다.

(21) dee[p] pond
goo[d] day
nex[t] to

특히, 미국영어에서는 단어 중간에 /t/가 올 때 탈락하는 경향이 많다는 것을 가르치도록 한다. 물론 이 경우는 /t/ 음 왼쪽에 오는 음절은 강세를 받고 오른쪽에 오는 음절은 강세를 받지 않을 때이다. 예를 들면 다음과 같은 단어에서 /t/ 음이 탈락된다.

(22)	twenty	[tw ε nɪ]
	plenty	[plεnɪ]
	county	[kawnɪ]
	bountiful	[bawnɪfəl]
	quantity	[kwanɪtɪ]
	slanting	[slǽnɪ ŋ]
	painted	[péynɪd]
	fainter	[féynər]

3.4.2 모음 탈락

모음 탈락은 주로 세 가지 과정으로 나타나고 있다. 어두에서 모음이 탈락하는 어두음 탈락(aphesis)과 단어 중간에서 모음이 탈락하는 어중음 탈락(syncope)을 포함하여 어말에서 모음이 탈락하는 어말음 탈락(apocope)이 그것이다.

3.4.2.1 어두음 탈락

격식을 갖추지 않은 말에서 강세를 받지 않는 어두 모음이나 음절이 탈락하는 것을 인식시킨다.

(23) because → 'cause
about → 'bout
around → 'round
you are → you're

I am → I'm

3.4.2.2 어중음 탈락

주로 미국영어에서는 단어 중간에 강세 받지 않은 모음이 올 때 그 모음이 탈락되는 경우가 많다. 대체로 단어 중간에서 모음이 /r/, /l/, /n/ 앞에 위치할 때 그 모음을 자연스럽게 탈락하도록 지도하면 된다. 다음 예들(Kenstowicz, 1994: 305-306)에서 사각 괄호에 있는 모음을 탈락시켜 발성하도록 하는 것이다.

(24) a. separate → sep[a]rate
elaborate → elab[o]rate
factory → fact[o]ry
boundary → bound[a]ry
mystery → myst[e]ry
misery → mis[e]ry
camera → cam[e]ra
adultery → adult[e]ry
injury → inj[u]ry
fishery → fish[e]ry
brewery → brew[e]ry

b. chocolate → choc[o]late
pedaling → ped[a]ling
desolate → des[o]late
javelin → jav[e]lin
finally → fin[a]lly
family → fam[i]ly
awfully → awf[u]lly
especially especi[a]lly

c. personal → pers[o]nal
opener → op[e]ner
definite → def[i]nite
prisoner → pris[o]ner
national → nati[o]nal
marginal → marg[i]nal

그런데 교사로서 여기서 알아야 할 것은 어중음 탈락이 일어나는 경우 탈락하는 모음 좌우에 놓인 분절음의 공명도 등급(sonority scale)을 보면 항상 오른쪽 분절음이 왼쪽 분절음보다 더 높다는 데 있다

(김종훈, 1997). 가령 sep[a]rate의 경우 /r/의 공명도 등급이 [p]의 공명도 등급보다 높다는 말이다. 반대로 왼쪽 분절음의 공명도 등급이 오른쪽 분절음의 공명도 등급보다 클 때에는 어중음 탈락이 일어나지 않는다. 예컨대 quarr[e]ling, fel[o]ny, ir[o]ny, col[o]ny, mon[i]tor, opac[i]ty 등에서는 왼쪽 분절음의 공명도 등급이 오른쪽 보다 크기 때문에 어중음 탈락이 되지 않는다는 것이다.

필자가 말하는 공명도 등급은 영어의 자음과 모음의 공명도를 숫자로 나타낸 다음과 같은 것이다. 편의상 Giegerich(1992: 152)의 공명도 등급을 제시한다.

(25)

Sounds	Sonority values
/a, ɑ/	10
/i, u/	9
/j, w/	8
/r/	7
/l/	6
/n, m, ŋ/	5
/v, ð, z/	4
/f, θ, s/	3
/b, d, g/	2
/p, t, k/	1

3.4.2.3 어말음 탈락

어말의 모음이 탈락하는 현상은 주로 영어의 발달 과정에서나 찾을 수 있으므로 발음 지도 과정에서는 고려하지 않아도 무방하다. 예를 들어 고대영어의 helpe와 finde란 단어는 현대영어에서 help와 find로 어말 모음이 탈락하고 있다. 어말 음절이 탈락되는 경우는 다음을 참조하면 된다.

3.4.2.4 음절 탈락

같거나 비슷한 음절이 되풀이될 때는 발음을 부드럽게 하기 위해 그 가운데 하나의 음절을 탈락시켜 발음하는 경우가 있다. 이를 중음 탈락(haplology)이라고도 한다.

(26) Missi(ssi)ppi
simi(lar)ly
pro(ba)bly
particu(lar)ly
ma(ma)
pa(pa)

3.5 첨가 현상

한 형태 속에 원래는 없었던 분절음이 삽입되는 것을 첨가(addition)라 한다. 모음과 자음이 첨가되는 유형은 세 가지로 구분할 수 있다. 첫째는 어두음 첨가(prosthesis)로 모음이 단어 앞에 첨가되는 경우이다. 둘째는 어중음 첨가(epenthesis)로 단어 사이에 모음이나 자음이 들어가는 경우이다. 셋째는 어말음 첨가(epithesis)로 단어 끝에 자음이 삽입되는 경우에 해당한다. 이에 대한 구체적인 예를 들면 다음과 같다.

3.5.1 어두음 첨가

어두에 분절음이 삽입되는 현상으로서 영어의 발달 과정에서 주로 나타나기 때문에 발음 지도 시 크게 고려하지 않아도 좋다.

(27) ME ekename → Mod E nickname

3.5.2 어중음 첨가

모음이 단어 중간에 첨가되는 현상은 우선 영어의 복수형 발음에서 두 치찰음(sibilants) 사이에 끼어드는 경우에서 찾을 수 있다. 가령 bus의 복수형과 rose의 복수형 및 judge의 복수형을 발음할 때 [bʌzz], [rozz], [ǰʌǰz]라 하지 않고 [bʌsiz], [roziz], judge[ǰʌǰiz]로 발음하는 것은 [i]가 단어 중간에 첨가되는 것이다.

모음이 단어 중간에 삽입되는 다른 예는 공명음(sonorants)이 뒤따라 올 때 찾을 수 있다. 예를 들어 please, film, athlete를 발음할 때는 자음군을 간단히 하기 위해 모음을 삽입시켜 각각 [pəliyz], [filəm], [æθəliːt]으르 발음하는 경향이 있다.

한편 단어 중간에 자음을 삽입시켜 발음하는 경우는 영어에서 꽤 많이 발견된다. 가령 [m] 다음에 주로 [t], [k], [f], [θ], [s], [ʃ]가 연결될 때 그 사이에 [p]가 삽입된다. 또 [n] 다음에 [s], [θ], [z]가 올 때는 그 사이에 [k]가 끼어들게 된다. 그러나 영어를 외국어로 배우는 우리들의 경우 억지로 흉내 내는 것은 바람직하지 않다.

(28) a. [p] 첨가
Tomkins → [tɔmpkinz]
comfort → [kʌmpfərt]
something → [sʌmpθiŋ]
hamster → [hæmpstər]

b. [t] 첨가
sense → [sɛnts]
once → [wʌnts]

prince → [prints]
tense → [tɛnts]

c. [d] 첨가
fans → [fændz]
sins → [sindz]
fins → [findz]

d. [k] 첨가
strength → [strɛŋkθ]
length → [lɛŋkθ]

3.5.3 어말음 첨가

단어 말에 음이 첨가되는 경우로 다음의 통시적, 공시적 예에서 발견되지만 발음 지도에는 크게 유익한 정보가 못된다.

(29) a. ME soun → Mod E sound
ME lenen → Mod E lend
ME agnes → Mod E against
ME middes → Mod E midst
ME amonges → Mod E amongst

b. drown → [draund]
across → [əkrɔst]

3.6 음위 전환

발음 지도 시 교사가 알아야 할 음성 현상은 두 개의 분절음이나 음절이 서로 위치가 바뀌어 발음되는 소위 음위 전환(metathesis) 현상이다. 예를 들어 ask[æsk]를 [æks]로 발음하거나 pronounce[prənauns]를 [pərnauns]로 발음하는 것이 그 좋은 예에 해당한다.

발음할 때 혀가 실수하는(slips of the tongue) 소위 발화 실수 현상은 원래 영국의 옥스포드 대학의 학장인 W.A. Spooner란 사람의 말에서 비롯되고 있다. 예를 들어 그는 "You have missed my history lecture."라고 발화하려고 의도했는데, 실제는 "You have hissed my mystery lecture."라고 함으로써 missed와 history의 어두음이 바뀌 발성된 적이 있다. 이러한 발음상의 오류를 그의 이름을 따서 spoonerism이라 부르고 있다.

발화 실수는 화자가 말한 것을 청자가 잘 못 듣는 청각 실수(slips of the ear)와는 구분된다. 전자가 발성(production)의 오류라면 후자는 지각(perception)의 오류에 해당된다. 예를 들어 the biggest hurdle이라 말했는데 the biggest turtle로 잘못 듣거나, give them an ice bucket을 give them a nice bucket으로 잘못 듣는 것이 청각 실수에 속한다.

언어학자들 중에서는 Fromkin(1971, 1973a, b)이 음위 전환에 대한 연구를 많이 했는데, 여기서 한 가지만 지적할 것은 발화 실수와 청각 실수는 모국어 화자가 자신의 언어음에 대해 가지고 있는 지식(competence)과 그 언어음에 대한 사용(performance)을 명확히 하는 증거가 된다는 점이다. 예를 들어 모국어 화자가 stick in the mud [stɪk ɪn ðə mʌd]라 할 것을 smuck in the tid[smʌk ɪn ðə tɪd]]로 발음함으로써 발화 실수를 일으키긴 하지만 모국어 화자가 stick이라는 단어의 발음에 대해 가지고 있는 지식은 여전히 [stɪk]이라는 사실이며 어쩌다 부주의하여 혀가 잘못 돌아감으로써 [smʌk]이라 발음한 것뿐이라는 것이다.

교사가 참고할 음위 전환의 다른 예들을 Bronstein(1960)과 Fromkin

(1973a)에서 제시하면 다음과 같다.

(30) a. Bronstein(1960: 216)
relevant → [rɛvələnt]
irrelevant → [irɛvələnt]
I asked him → [ai ækst ɪm]
perspire → [prəspaiər]
perspiration → [prɛspəreiʃən]
pronounce → [pərnauns]
tragedy → [trædədʒi]
elevate → [ɛvəleit]
rejuvenate → [ridʒunəveit]
hundred → [hʌndərd]

b. Fromkin(1973a: 243-269)
left hemisphere → heft lemisphere
well made → mell wade
copy of my paper → poppy of my caper
baked a cake → caked a bake
black and brown → brack and blown
steak and potatoes → spake and tomatoes
there's a pest in every class → there's a pess in every clatt
stick in the mud → smuck in the tid
deep structure → steep dructure
streak of bad luck → steak of brad luck

3.7 융합 현상

둘 또는 그 이상의 분절음들이 각각의 원래의 특징을 공유하는 하나의 분절음으로 대치되는 것을 융합(coalescence)이라 한다. 예를 들어 다음 (25)의 자료를 보자(Wolfram & Johnson, 1982: 97).

(32) rebel — rebellion
domain — dominion
demonstrate — demonstration
erode — erosion
confess — confession
confuse — confusion

위 단어 목록에서 첫 두 단어는 /l/과 /n/으로 끝나고 있으며 명사를 만드는 접미사는 구개음 /y/가 들어간 [yən]이 붙고 있다. 그러나 나머지 단어들, 즉 /t/, /d/, /s/, /z/로 끝나는 단어들에 그 접미사가 붙게 되면 치경구개 치찰음인 [š], [ž]로 발음된다. 이 현상은 사실상 sy〉šy〉š 와 z〉žy〉ž가 변화는 과정, 즉 구개음화와 /y/의 탈락이라는 두 개의 과정이 융합되어 나타난 결과라 할 수 있다.

제 4 장

영어와 한국어의 음성 음운 비교 지도

전통적인 의미에서 대조 분석(contrastive analysis)이라 함은 목표어(target language)나 제2 언어(second language)를 배우는데 모국어인 제1 언어의 습관의 체계가 간섭(interference)을 일으키기 때문에 두 언어를 과학적이며 체계적으로 비교, 분석하여 차이점(differences)과 유사점(similarities)을 파악한 후 학습상의 문제점(learning problems)을 예측 또는 진단하는 것을 말한다. 자극과 반응의 조건반사이론 또는 행동주의 학습 이론의 원리를 수용한 구조주의 언어학이 관심을 보인 외국어교육 이론에서 이른바 청화식 교수법(Audiolingual Method)을 주장한 사람들에 의해 수행된 이 대조 분석은 비교 대상이 되는 두 언어의 음성 음운 체계의 비교는 물론 두 언어의 문법 구조, 어휘 체계, 문자 체계 및 문화의 비교를 통해 학습자에게 문제가 될 난점을 미리 알도록 했다는 점에서 발음 교육에 유용하게 사용되어져 왔다.

4.1 대조 분석의 기본 가설과 절차

대조 분석의 기본 취지는 Fries(1945: 9)의 다음과 같은 진술에 잘 나타나 있다.

> The most efficient materials are those that are based upon a scientific description of the language to be learned, carefully compared with a parallel description of the native language of the learner.

즉, 가장 효율적인 학습 자료는 학습자의 모국어를 대등하게 기술한 것과 체계적으로 비교하여 학습 대상어를 과학적으로 기술한 것에 기반을 둔 것이므로 모국어와 목표어를 대조 분석하는 것이 외국어 교육에 효과적이라는 입장이다. Lado(1957: 2) 역시 두 언어를 체계적으로 분석해야 학습상의 어려움(difficulty)을 주는 유형을 예측하고 기술할 수 있다고 함으로써 대조 분석의 필요성을 강하게 언급하고 있다. 그에 의하면 사람들은 모국어의 형식과 의미, 그리고 모국어와 문화의 형식과 의미의 사용 분포를 목표어의 언어와 문화에 전이(transfer)시키려는 경향이 있으므로 외국어 교사로서 두 언어를 대조 분석해야 바람직하다는 견해이다.

이러한 취지의 대조 분석은 보통 다음 네 가지 절차를 밟아 이루어진다. 첫째는 기술(description) 단계로서 문제가 되는 두 언어를 명시적으로 기술하는 방법을 정하는 절차이다. 둘째는 선택(selection) 단계로서 두 언어의 음운을 비교 분석할 것인지, 문법 구조, 어휘, 문화 등을 비교할 것인지를 선택하는 단계이다. 셋째는 대조(contrast)의 단계로서 선택한 항목을 실제로 대조 분석하는 절차이다. 마지막 단계는 예측(prediction) 단계로서 어려움을 예측하여 학습자의 문제점을 난이도 등급(hierarchy of difficulty)으로 나타내는 절차를 밟게 된다.

영어 발음을 한국인 영어 학습자들에게 어떻게 효과적으로 지도할 것인지가 우리의 관심사이므로 영어와 한국어의 자모음 체계부터 비교해 보기로 하겠다.

4.2 영한 자음 모음 체계 비교

4.2.1 영한 자음 목록 비교

(1) (a) 영어 자음

p/b	t/d	ʧ/ʤ	k/g	
f/v	θ/ð	s/z	ʃ/ʒ	h
m	n		ŋ	
	l			
	r			
(w)			y	w

(b) 한국어 자음

ㅂ(p)	ㄷ(d)	ㅈ(č)	ㄱ(k)
ㅃ(p')	ㄸ(t')	ㅉ(č')	ㄲ(k')
ㅍ(p^h)	ㅌ(t^h)	ㅊ(č^h)	ㅋ(k^h)
ㅅ(s)			ㅎ(h)
ㅆ(s')			
ㅁ(m)	ㄴ(n)		ㅇ(ŋ)
	ㄹ(l)		

4.2.2 영한 모음 목록 비교

(2) (a) 영어 모음

i		u
ɪ		ʊ
e	ə	o
ɛ	ʌ	ɔ
		ɒ
æ		
	a	ɑ

(b) 한국어 모음

이(i)	으(ɨ)	우(u)
에(e)	어(ə)	오(o)
애(æ)	아(a)	

4.2.3 영한 음성 음운 체계의 주요 특징

영어와 한국어의 음성 음운 체계에서 중요한 점은 같은 음이라 하더라도 한국어에는 음소로 기능하는 반면 영어에서는 음성으로 존재하는 것들이 있다는 것이다. 두 언어에서 음성적으로 동일하게 간주되더라도 음운상으로 차이가 있다는 뜻이다. 영어와 한국어의 기식 무성 파열음(aspirated voiceless stops)과 비기식 무성 파열음(unaspirated voiceless stops)의 관계가 그러한데 먼저 영어의 경우부터 살펴보기로 하겠다.

영어의 기식과 비기식 무성 파열음이 나타나는 다음의 자료(Carr, 2013: 30)을 보기로 하자.

(3)	(a) [p^{h}u:ɫ]	pool	(b) [əp^{h}ɪə]	appear
	(c) [spɜ:t]	spurt	(d) [dəspaɪt]	despite
	(e) [t^{h}ɒp]	top	(f) [ət^{h}æk]	attack
	(g) [stɒp]	stop	(h) [dəstɹɔɪ]	destroy
	(i) [k^{h}ɪlɪ ŋ]	killing	(j) [əkɹu:]	accrue
	(k) [skoʊɫd]	scold	(l) [dɪskʌvə]	discover

위 영어 자료에서 기식 무성 파열음은 음절 초에 분포하고 있는 반면에 비기식 무성 파열응은 /s/ 다음에 위치하고 있다. 그들의 위치가 고유하기 때문에 상보적 분포(complementary distribution)를 이루고 있다. 따라서 음소 원리에 의해 상보적 분포에 놓이는 음들은 하나의 음소에 할당된다. 다시 말해 영어에서 기식 무성 파열음 [p^{h}]와 비기식 무성 파열음 [p]는 /p/라는 음소의 구성원들이라 할 수 있다. 음성학의 용어로 설명하면 상보적 분포를 이루는 그 두 음들은 /p/라는 음소의 변이음(allophones)이다.

이번에는 영어 자료를 한국어의 기식과 비기식 무성 파열음의 분포(Carr, 2013: 30)와 비교해 보자.

(4)	(a) [pʰul]	'grass'	(b) [pul]	'fire'
	(c) [tʰal]	'mask'	(d) [tal]	'moon'
	(e) [kʰɛda]	'dig'	(f) [kɛda]	'fold'

한국어 자료를 보면 기식 무성 파열음과 비기식 무성 파열음은 동일한 위치에 분포되고 있다. 두 음 모두 단어를 시작하는 위치에 있어 평행 분포(parallel distribution)을 이루고 있다. (4a)와 (4b), (4c)와 (4d), (4e)와 (4f)는 한 음만 다르고 나머지는 같은 최소 대립쌍이다. 특히 두 음의 위치를 바꾸어 발음하면 뜻의 차이를 초래하고 있다. 따라서 이 경우는 음소 원리에 따라 기식 무성 파열음과 비기식 무성 파열음은 서로 다른 음소가 된다.

결국 영어의 기식 무성 파열음과 비기식 무성 파열음의 구분은 변이음적(allophonic)인데 비해서 한국어의 기식 무성 파열음과 비기식 무성 파열음의 구분은 음소적(phonemic)이라 말할 수 있다. 동일한 /pʰ, tʰ, kʰ/ 음이라 하더라도 영어에서는 변이음들이지만 한국어에서는 독자적인 음소들로 기능하고 있는 점이 두 언어의 차이라는 것이다.

그러나 두 언어에는 그 반대의 경우, 즉 영어에서는 음소가 되지만 한국어에는 변이음이 되는 경우도 나타난다. 영어와 한국어의 [l]과 [r]의 관계가 그런 예에 해당하는데 다음 자료(Carr, 2013: 33)를 통해 두 언어어의 음성 음운의 차이를 명확히 하기로 하자.

(5)	Scottish English		Korean	
	(a) [læm]	lamb	(b) [mul]	'water'
	(c) [ɾæm]	ram	(d) [mulkama]	'place for water'
	(e) [lɪp]	lip	(f) [muɾe]	'at the water'

(g)	[ɾɪp]	rip	(h)	[mal]	'horse'
(i)	[bɛɾi]	berry	(j)	[malkama]	'place for horse'
(k)	[bɛli]	belly	(l)	[maɾe]	'at the horse'

위 자료를 면밀히 보면 영어에서는 [l]과 [r]이 단어 시작이나 단어 중간에서 서로 최소 대립을 보이고 있다. 그 두음은 독자적인 음소로 기능하고 있다. 반면에 한국어에서는 [l]과 [r]은 동일한 위치에 일어나지 않고 서로 다른 위치에 분포되고 있다. [r]은 모음과 모음 사이에서 [l]은 그 밖의 곳에서 일어남으로써 상보적 분포를 이루고 있다. 따라서 한국어에서는 [r]과 [l]은 음소 /l/의 변이음들이라 할 수 있다.

요컨대, 영어에서는 /r/과 /l/의 구분은 음소적 대립의 관계인 반면에 한국에서는 [r]과 [l]의 구분은 결코 대립적이 아닌 변이음적인 관계라 할 수 있다. 이 역시 동일한 음이라 하더라도 영어에서는 그 두음이 별도의 음소로 기능하지만 한국어에서는 그 두 음은 /l/이라는 음소의 변이음들이 되고 있다.

4.3 학습상의 문제점

4.3.1 자음의 문제점

첫째, 한국어에는 영어의 음소 /f/와 /v/가 없다. 그래서 한국인 화자들은 그 음들을 각각 /p/와 /b/로 대치하는 경향이 있다.

둘째, 한국어에는 유성 마찰음이 존재하지 않는다. 그리하여 한국인 학습자들은 영어의 유성 마찰음 대신 무성 파열음이나 파찰음으로 대치하는 경향이 있다. 이렇게 대치되어 발음되는 음은 영어의 음과는 전혀 달라서 영어의 모국어 화자들에게 듣기에 불편함과 어려움을 갖다 준다. 특히 문제가 되는 것은 영어 zone, zoo의 첫 음 /z/ 음으로 한국인 학습자들은 이 /z/를 /dz/로 발음한다.

셋째, 한국어에는 기식음화 되는 무성 파열음과 기식음화 되지 않는 무성 파열음은 있으나 유성 파열음은 없다. 그래서 한국인 학습자들은 어두 위치가 아닌 곳에서 유성 파열음과 무성 파열음 사이의 차이를 지각하고 발성하는데 어려움을 느끼게 된다.

넷째, 한국어에서 /ㅅ/은 고모음과 중 전설 모음 앞에서는 /ʃ/로, 그 밖의 위치에서는 보통의 /s/로 발음된다. 예를 들어 '시'는 /ʃi /로 발음되지만 '손'의 경우에는 그대로 /s/로 발음된다. 그러므로 영어를 배우는 한국인 학습자들은 영어 단어 seat과 sheet를 똑 같이 sheet처럼 발음할 가능성이 많다.

다섯째, 한국인 학생들은 영어의 어두 위치에서 /r/ 대신에 /l/을 대치하는 경향이 있다. 예를 들어 그들은 right 대신에 light로 발음하는 것을 볼 수 있다. 또한 모음 사이에 /l/이 올 때 /r/ 비슷한 음이나 설탄음 /D/로 대치해서 발음하는데 이를테면 filing을 마치 firing 또는 fighting처럼 발성하는 경향이 많다.

여섯째, 한국인 화자들은 보통 영어의 /θ/를 한국어의 /ㅅ/나 /ㅆ/로, 영어의 /ð/를 /ㄷ/으로 발음한다.

일곱째, 한국인 화자들은 영어의 파찰음으로 끝나는 단어들을 발음할 때 불필요한 모음 /ɪ/를 삽입하는 경향이 있다. 예를 들어 match란 단어를 [mæʧɪ]처럼 발음한다. 특히 judge란 단어의 /ʤ/는 한국인 학습자들에게 문제가 되는데 그들의 모국어에는 없는 그 음을 그들은 /ㅈ/처럼 발음하는 경향이 많다.

여덟째, 한국인 학습자들은 영어의 어두 자음군과 어말 자음군을 발음하는데 어려움을 느낀다. 그리하여 그들은 영어 자음들 사이에 모음 /ɨ/나 /u/를 삽입하여 발음한다. 예를 들어 한국인 학습자는 영어의 2음절어인 Christmas를 5음절어[kɨrisɨmasɨ]로 발음한다.

4.3.2 모음의 문제점

첫째, 한국어에는 긴장 모음(tense vowel)과 이완 모음(lax vowel)의 구분이 없다. 그러므로 한국인 화자들은 영어의 긴장 모음 /iy/, /ey/, /uw/를 발음할 때 장모음(long vowel)을 발성하며, 이완 모음 /ɪ/, /ɛ/, /ʊ/를 발음할 때 단모음(short vowel)을 발성하게 된다.

둘째, 한국인 화자들은 영어 모음 /ɛ/와 /æ/ 및 /ʌ/와 /a/를 발음하는데 어려움을 느낀다. 특히 그들은 putt의 /ʌ/과 pot의 /a/를 발음하는데 애를 먹는다.

4.4 학습상의 난이도 등급

두 언어의 분절음 체계 비교를 바탕으로 Brown(1994: 195-196)을 참조하여 Prator(1967)가 구분한 6단계의 난이도 등급으로 나타내면 다음과 같다.

0단계-전이(transfer)

모국어와 목표어 사이에 전혀 차이가 나지 않는 범주를 말한다. 모국어에 있는 음, 구문, 어휘 항목 등을 목표어에 그냥 전이시키기 때문에 학습상의 어려움은 없다. 예를 들어 한국어의 비음 /ㅁ/, /ㄴ/, /ㅇ/ 등은 영어의 비음과 분포 상 차이가 없기 때문에 발음상 문제가 되지 않는다.

1단계–합병(coalescence)

모국어의 두 항목이 목표어에서는 하나로 합쳐지는 부류에 해당한다. 워낙 모국어의 두 항목에 익숙해 있는 탓으로 학습자들은 이를 간과하기 쉽다. 한국어의 /ㅂ/, /ㅍ/, /ㅃ/이 영어에서는 /p/ 하나로 합병되는 것이 그 좋은 예이다.

2단계–과소 분별(underdifferentiation)

모국어의 항목이 목표어에는 없는 경우를 말한다. 예를 들면 한국어의 경음에 해당하는 /ㄲ/, /ㅃ/, /ㄸ/ 등은 영어에 나타나지 않는다. 따라서 한국인 학습자들은 한국어의 이런 음들을 영어음을 배우면서 대치하지 않도록 해야 한다.

3단계– 재해석(reinterpretation)

모국어에 존재하는 항목이 목표어에서는 새로운 형태나 분포를 보이는 경우를 의미한다. 한국어의 /ㅅ/에 해당하는 /s/는 영어에서는 다른 형태나 분포를 보이는 것이 그 예이다. 한국어의 /ㅅ/은 전설모음 앞에서는 '시'의 경우처럼 한 형태소 내부에서도 구개음화가 되지만 영어에서는 confession이나, "I miss you."에서처럼 두 형태소 이상이나 단어와 단어 사이에서 구개음화가 일어난다.

4단계– 과다 분별(overdifferentiation)

모국어에는 목표어와 유사한 것이 거의 없기 때문에 완전히 새로 학습해야 하는 부류를 가리킨다. 바꿔 말해 한국어에 없는 음이 영어에 나타나는 경우를 말한다. 예를 들어 한국어에 없는 영어의 /f/, /v/, /θ/, /ð/ 등은 전적으로 새롭게 학습해야 한다.

5단계- 분리(split)

모국어의 한 항목이 목표어에서는 둘 이상으로 분리되는 범주에 해당한다. 예를 들어 한국어의 /ㄹ/은 영어에서는 /l/과 /r/로 분리된다.

4.5 학습상의 문제점 지도 방안

앞에서 한국인 영어 학습자가 영어 자음을 발음할 때 여러 가지 학습상의 문제점을 일으킨다는 점을 지적한 바 있다. 그 문제점을 해결하는 방안은 무엇인가. 그것은 기본적으로 제2장에서 다룬 자음의 조음상 정확성을 지키는 일이다. 개별 분절음의 정확한 발성법을 연습시키고 난 후 최소 대립이 되는 단어 속에서 문제의 음을 훈련하며, 점차 최소 대립을 이루는 문장 속에서 음을 발성하도록 지도한다. 그 이후의 단계는 대화 속에서 /l/과 /r/의 발음을 자연스럽게 연습시키는 일이다.

예를 들어 영어의 /l/과 /r/을 어떻게 지도하는지 지적해 보자. 우선 /l/을 위해서는 혀끝을 치경에 대고 혀의 양쪽 가장자리로 공기를 빠져나가도록 하면서 조음하도록 한다. 반면에 /r/을 조음하기 위해서는 혀끝을 입천정의 어떤 부분에도 닿게 하지 말고 오히려 혀끝을 입 안에서 약간 뒤로 꾸부려 발성하도록 한다. 그 후 이와 똑 같은 발성 연습을 최소 대립이 되는 단어를 통해서 실시한다. 예를 들어 다음 단어들을 통해 /l/과 /r/의 조음상의 차이를 명확히 연습한다.

(6)	/l/	/r/
	light	right
	glass	grass
	long	wrong

이어서 /l/과 /r/이 최소 대립을 보이는 문장을 통해 두 음의 정확한 조음법을 점검한다.

(7) I'm going to collect the homework.
I'm going to correct the homework.

다음으로 대화 속에서 발견되는 /l/과 /r/의 발음을 자연스럽게 연습시키면 된다.

(8) A: Would you like our roast lamb with rice?
B: I'm sorry. Too many calories. Do you have anything lighter?
A: We have a delicious soup made with fresh clams.
B: I'm very sorry. I'm allergic to clams.
A: Then, what would you like?
B: Just a slice of melon, please.

이번에는 영어 학습상 문제가 되는 모음 지도에 대해 생각해 보자. 한국어에는 앞에서 지적한 대로 긴장 모음과 이완 모음이 구분되지 않으므로 주의가 요구된다. 사실 한국어에는 전상범(1995: 93)이 지적한 대로, 짧은 /i/는 있지만 /ɪ/는 없다. 한국어의 /이/는 영어의 /ɪ/에 비해 훨씬 높고 훨씬 더 긴장된 음이다. 아울러 한국인 영어 학습자들은 /i/와 /ɪ/의 구별이 결코 용이하지 않다. 그러므로 Avery와 Ehrlich(1992: 96-98)처럼 긴장 모음과 이완 모음의 발음을 별도로 연습한 후 두 음의 차이를 함께 구별하도록 지도하는 것이 바람직할 것이다. 그 과정은 다음과 같다.

먼저 긴장 모음 지도 방안으로 첫째, bee, bay, boo, bow의 모음 /i/와 /e/를 발음할 때는 반드시 입술 모양을 평평하게 하도록 하고, /u/와 /o/를 발음할 때는 입술 모양을 둥그렇게 하도록 한다.

둘째, 마치 마음속으로 고무 밴드를 잡아당기는 것처럼 위 모음들이 길다는 것을 강조하도록 한다.

셋째, 학생들에게 긴장 모음의 하나인 /e/를 [eeeeyyyy]와 같은 과정으로 발성하도록 하고 나머지 다른 세 긴장 모음도 똑같은 과정으로 연습해 보도록 한다. 다만 이 경우 /y/의 발음은 짧고 신속하게 미끄러지듯 발성하도록 한다.

넷째, 긴장 모음 다음 또 다른 모음으로 시작되는 단어가 뒤 따라오는 문장을 통해 긴장 모음을 연습하도록 한다. 왜냐하면 두 모음을 연결시켜 발음해야 긴장 모음을 이루는 /y/나 /w/가 더 명확히 드러나기 때문이다.

(9) I see it. [ay siyɪt]
I play at it. [ay pley æt ɪt]
A blow out. [ə blowawt]
They blew it. [ð ey bluwɪt]

다섯째, 대화 속에서 긴장 모음의 발음을 훈련시키되 긴장 모음을 포함한 단어를 강하고 길게 발음하도록 한다.

(10) T: Did you say you live on Bloor Street?
S: No, I said *Bay* Street.
T: You said you came last June, didn't you?
S: No, I said I came last *May*.

여섯째 한 음절 이상의 단어 속의 긴장 모음을 연습시킬 때에는 그 긴장 모음이 주 강세(major stress)를 받는 단어를 선택하여 가르치도록 한다. 예를 들어 happy, birthday, bellow 등은 긴장 모음에 강세가 없으므로 적절하지 않으며, peacock, payment, motion과 같은 단어를 통해 연습하는 것이 바람직하다.

이완 모음 지도를 위해서는 첫째, 이완 모음을 발성할 때는 혀나 구강 내의 근육을 반드시 이완시키도록 한다. /ɪ/와 /ɛ/를 조음할 때는 입술이 너무 평평해서는 안 되며 /ʊ/를 발성할 때는 너무 둥글게 해서도 안 된다.

둘째, 이완 모음은 짧게 발성한다는 사실을 강조하도록 한다.

셋째, 학생들로 하여금 느슨하고 입술 근육이 이완된 상태로 /ɪ/, /ɛ/, /ʊ/ 등의 이완 모음이 들어간 단어들을 발성하도록 한다. 예를 들면 다음과 같은 단어를 통해 이완 모음을 연습시키면 된다.

(11)	/ɪ/	/ɛ/	/ʊ/
	sit	rest	cook
	lip	mess	push
	bid	red	good

넷째, 이번에는 전설 모음으로서 이완 모음에 해당하는 두 음 /ɪ/과 /ɛ/를 최소 대립어를 통해 연습하도록 한다. 예를 들면 아래와 같다.

(12)	/ɪ/	/ɛ/
	bill	bell
	pin	pen
	fill	fell

다섯째, 이완 모음은 영어 단어의 끝에는 나올 수 없다는 점을 가르치도록 한다.

(13)	/i/	/ɪ/	/e/	/ɛ/	/u/	/ʊ/
	sheep	ship	pain	pen	pool	pull
	feel	fill	wait	wet	boot	foot
	seat	sit	taste	test	Luke	look

앞에서 제시한 방법을 토대로 긴장 모음과 이완 모음의 차이를 동시에 지도하기 위해서는 첫째, 긴장 모음들과 이완 모음들을 별도로 지도한 후 학생들에게 최소 대립어를 통해 그것들을 구별하도록 한다. 이 때 교사는 최소 대립이 되는 단어들을 발성하고 학생들에게 그 차이를 알도록 하면 된다.

둘째, 긴장 모음과 이완 모음의 차이를 최소 대립을 이루는 문장을 통해 연습시키도록 한다.

(14) /i/ vs. /ɪ/ He wants to buy a sheep.
He wants to buy a ship.

/e/ vs. /ɛ/ Taste the cake and see if it's done.
Test the cake and see if it's done.

/u/ vs. /ʊ/ Luke, I want you to come here.
Look, I want you to come here.

@ /ɛ/와 /æ/ 지도

학생들은 종종 이 두 음을 거의 똑 같게 발음하는 경향이 있으나 혀와 턱을 중설 위치에 두거나 아니면 그 보다 아주 낮게 함으로써 조음을 명확히 할 수 있도록 지도해야 한다. 이를 위해 첫째, 학생들에게 전설 모음 전체를 발음해 보도록 하는 것이 좋다. 예를 들어 /iy/에서 시작하여 /ɪ/, /ey/, /ɛ/, /æ/로 발음하며 지나가도록 한다. 왜냐하면 이러한 훈련을 함으로써 입이 점차 벌어져 가는 것을 느끼도록 할 수 있기 때문이다.

둘째, 교사는 /ɛ/와 /æ/가 대립된다는 것을 보여주기 위해 /æ/의 경우 턱을 점차 아래로 내리며 발음하도록 하고 학생들이 흉내 내도록 한다.

셋째, 교사는 /æ/가 영어에 특이한 음이란 점을 강조할 필요가 있다.

넷째, 감정을 나타내는 형용사들은 /æ/가 들어있는 단어들이 많다. 가령 mad, bad, glad, happy 등은 간단한 예에 지나지 않는다. 이 단어들을 사용하여 학생들에게 "I feel bad."처럼 그들의 감정을 표현하게 함으로써 /æ/를 자연스럽게 익힐 수 있다.

다섯째, 최소 대립이 되는 단어를 통해 /ɛ/와 /æ/의 이해와 발성을 연습하도록 한다.

(15)

/ɛ/	/æ/
pen	pan
men	man
send	sand
lend	land
led	lad
bet	bat

여섯째, 이번에는 학생들에게 하나의 문장을 통해 /ɛ/ 또는 /æ/를 연습시킨다. 다음 문장들이 이 두 음의 차이를 이해하는데 도움이 되는 것들이다.

(16)
    æ æ æ   æ
The fat cat sat on the mat.
    æ ɛ   ɛ æ   æ ɛ
The fat men put ten baskets on the black desk.

끝으로 대화를 통해 전설 모음의 올바른 발음을 숙달하도록 한다. 가령 다음의 대화를 활용할 수 있다(Baker & Goldstein, 1990: 19).

(17) A: Is dinner ready?
B: Yes. Let's eat in the backyard.

A: Shall we sit on this seat?
B: Let's sit on this mat on the grass.
A: Are we having chicken?
B: No. I made steak and salad.
A: Great! Is there any bread?
B: Yes. And lemon cake and tea.

물론 위 대화에서 관심을 두고 익혀야 할 음들은 다음과 같은 전설 모음들이다.

(18)	/iy/	/ɪ/	/ey/	/ɛ/	/æ/
	eat	dinner	made	lemon	mat
	seat	sit	steak	ready	grass
	tea	chicken	great	bread	salad
					backyard

4.6 대조 분석의 문제점

첫째, 대조 분석 이론은 두 언어의 유사점 보다 차이점(differences)이 학습자에게 어려움(difficulties)을 야기한다는 것이지만 차이가 나는 것이 반드시 모두 어려운 것이 될 수 있는가에 대해서는 전적으로 동의하기 힘들다. 더욱이 Ellis(1986: 31)가 지적하듯이 차이란 개념은 언어학적 개념이지만 어려움이란 심리학적 개념이므로 서로 연관되기 힘들다는데 문제가 있다.

둘째, 대조 분석 이론은 모국어로부터의 간섭이 학습상 문제가 된다는 것이지만 학습자의 문제점을 분석한 결과 모국어 간섭 현상으로는 설명할 수 없는 것이 발견되고 있다. 오히려 목표어 자체의 불규칙성 때문에 문제점이 생길 수 있다는 것이다.

셋째, 대조 분석 이론은 학습상의 문제점을 예측한다는 점에서는 의의가 있지만 예측된 문제점이 실제로 학습자가 범하는 오류는 아니라는 점에서도 문제는 남아 있다.

이러한 문제점을 극복하기 위해 교사는 학습자가 실제로 저지르는 오류를 분석하여 그 원인을 규명하고 오류를 저지르지 않도록 지도할 필요가 있는데 이렇게 해서 등장한 것이 오류 분석(error analysis) 이론이다. 최근 학습자가 저지르는 이러한 발음상의 오류를 교육적으로 잘 분류한 것으로 Pennington(1996: 256-257)의 분석을 발음 교육에 참고할 필요가 있다.

그녀는 발음상의 오류나 문제점을 크게 다섯 가지 유형으로 분류한다. 첫째는 아주 중요한 발음상의 오류 또는 문제점으로, 자주 발생하고 심각해서 알아듣기에 상당한 영향을 주는 유형이다. 둘째는 교정을 하면 좋아질 발음상의 오류나 문제점으로, 발음을 좀 고치면 아주 양호해질 유형이다. 셋째는 학습자들 스스로 그들의 모국어에 관심을 갖기 때문에 나타나는 오류나 문제점으로, 잘 못 대치해서 발음하거나 정확성을 기하려 한 나머지 오히려 부자연스러운 경우가 이 유형에 해당된다고 할 수 있다. 넷째는 학습자의 사회적, 학술적, 전문적 욕구를 채우는 과정에서 발생하는 오류나 문제점으로, 이를테면 사회적으로나 전문적으로 전화 속에서 이야기 할 때 때로 적절치 못하거나 정확하지 못한 억양이 나타나거나 학습자의 전공 분야의 중요한 단어들을 잘 못 발음하는 경우를 들 수 있다.

4.7 영한 음절 구조 비교

4.7.1 영어의 음절 구조

영어의 기본 음절은 음절전부(onset)와 운모(rhyme)로 구성되며, 운모는 다시 음절핵(nucleus)과 음절후부(coda)로 이루어져 있다. 기본 음절 좌우에는 /s/로 대표되는 음절의 부차적 요소(appendix)가 위치한다. 영어의 음절 구조는 분절음의 선형적 나열 또는 분절음의 계층적 조직으로 표시될 수 있다. 영어의 음절은 음성상(phonetically)으로는 모음을 기본으로 모음 앞에는 자음이 최대 세 개까지 허용되며, 모음 뒤에는 자음이 최대 네 개까지 나올 수 있다. 이를 자음과 모음의 연결체로 나타내면 CCCVCCCC의 구조가 된다. 여기서 모음 앞 뒤 자음은 음절 구성에 있어 임의적(optional)인 요소이므로 이를 고려하여 선형적 음절 조직을 전개하면 결국 다음과 같은 유형들로 나타나게 된다.

(19)

V	I
VC	it
VCC	ask
VCCC	acts
VCCCC	angles
CV	my
CVC	pin
CVCC	pint
CVCCC	pints
CVCCCC	texts
CCV	free
CCVC	spit
CCVCC	brand
CCVCCC	prints
CCVCCCC	prompts
CCCV	spray
CCCVC	split
CCCVCC	sprint
CCCVCCC	sprints
CCCVCCCC	strengthened

이 선형적 음절 구조를 이해하기 쉽도록 김종훈(1997: 162)의 계층적 음절 구조로 나타내면 다음과 같다.

(20)

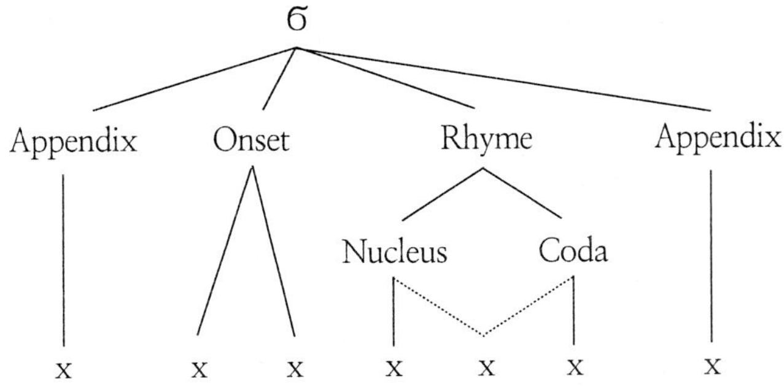

4.7.2 한국어의 음절 구조

한국어의 음절 조직도 영어의 경우처럼 단선적인 표시와 계층적인 표시로 나타낼 수 있다. 먼저 한국어의 음절은 음성상으로 '곽', '눈', '밖' '값'의 경우에서 보듯이 CVC의 선형적 구조로 나타낼 수 있다. 음운상으로는 '곽'/kwak/에서 보듯이 CCVC 또는 CGVC가 될 수 있으나, 음성상으로는 CVC가 한국어의 최대 음절 구조가 된다.

(21)

CVC	밤, 값
CV	소
VC	안
V	어

이를 수형을 이용한 계층적 구조로 나타내면 다음과 같다. 다만 한국어의 음절 내부 구조는 영어의 음절 내부 조직과는 달리, 김종훈(1990: 186)에서도 지적한 바와 같이 음절전부(onset)와 음절핵(nucleus)이 하나의 단위를 이루는 구조를 이룬다.

(22)

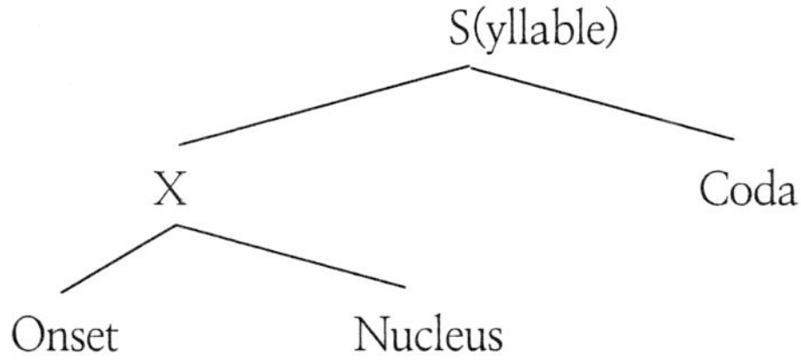

4.8 학습상의 문제점

한국어와 영어의 음절 구조상의 차이로 인해 영어를 배우는 한국인 학습자들은 영어의 음절 구조를 한국어의 음절 구조에 맞게 재분절함으로써 학습상의 문제점을 일으킨다. 이미 익숙한 한국어의 음절 구조를 영어의 음절 구조에 전이시켜 영어 단어를 발음할 때 오류를 범하고 있다. 예를 들어 영어 단어 Christmas를 발음할 때 음성적으로 [krismas]로 나타나는 CCVCCVC 구조를 한국어의 음절 구조에 맞게 [kɨrisɨmasɨ]로 발음함으로써 CVCVCVCVCV와 같은 잘못된 구조를 만들고 있다. Christmas란 2음절의 영어 단어를 발음할 때 불필요한 모음 /ɨ/를 삽입시킴으로써 사실상 5음절의 영어 단어로 잘 못 발음하고 있다.

4.9 학습상의 문제점 지도 방안

이러한 학습상의 문제점을 조금이라도 해결하는 길은 무엇일까? 어떻게 지도해야 영어 단어를 발음할 때 한국어의 음절 구조를 생각하지 않고 영어의 음절 구조에 맞는 발음을 할 수 있을까? 여기서는 Lado(1961: 154) 그리고 Prator와 Robinett(1985: 183-184)를 참고로 그 음성적 지도 방안을 찾아보기로 하자.

일단 한국인 영어 학습자에게는 영어 자음군 발음이 문제가 되므로 그 자음군을 음성적으로 옳게 발성하도록 지도해야 하는데, 어두에 자음이 하나 오는 단어부터 시작하여 자음이 두 개 오는 단어로, 그리고 자음이 세 개 오는 단어를 연습시키는 소위 상향식 쌓아 올리기(build-ups) 방법으로 지도하는 것이 바람직하다. 예를 들어 rain이란 단어의 발음부터, train이란 단어의 발음을 거쳐 strain이란 단어의 발음을 훈련시키는 방법이다.

우선 rain의 경우 /r/ 음을 지도할 때는 /l/ 음과는 달리 혀를 입천정 어느 곳에도 닿게 해서는 안 된다. 이점에 대해서는 이 책 제2장에서 다룬바 있으므로 참조하기 바란다. 어느 정도 /r/ 음의 발성법을 인식시킨 후, 이번에는 rain과 최소 대립을 이루는 lain을 연결시켜 rain-lain의 발음을 계속 연습시킨다. 그 후 train이란 단어의 발음 훈련으로 들어가는데 한국인 영어 학습자들이 /t/와 /r/ 사이에 불필요한 모음을 삽입할 가능성이 많으므로 처음에는 [ttt]처럼 /t/를 길게 발음하는 연습을 하고 /r/ 음을 아주 빨리 연결시켜 [tr]을 조음하도록 지도한다. 마지막으로 strain의 경우 음절 초 /s/를 길게, 즉, [sss]처럼 길게 발성하도록 한 후 곧바로 [tr]을 연결시켜 [streyn]을 연습하도록 한다.

제 5 장

영어의 강세 지도

제5장의 목적은 영어의 강세란 무엇이며, 강세는 어떻게 구분할 수 있는지, 발음 교육에서 영어의 단어 강세, 구 강세, 문장 강세가 주는 의미를 살펴보고, 강세의 통사적, 형태적, 음운적 정보를 검토한 후, 영어의 강세를 어떻게 일반화시켜 발음 교육에 활용할 수 있는지를 제시하는데 있다. 영어의 강세를 가르칠 때 중요한 것은 아무래도 주어진 단어를 보고 영어 학습자가 그 단어의 어느 음절에 강세가 있으며, 그것을 어떻게 발음해야 하는지를 알도록 지도하는 일이므로, 필자는 여기서 강세 연구에 대한 이론적 변화 과정을 다루는 것을 가급적 피하고, 강세를 영어 교육 현장에서 어떻게 지도하는 것이 좋은지의 관점에서 주로 언급하겠다.

5.1 강세의 의미

Jones(157: 245)에 의하면 강세는 음이나 음절이 발화될(uttered) 때 따르는 힘의 정도(degree of force)로 정의된다. 좀 더 구체적으로 강세는 어떤 한 음절을 주변의 다른 음절보다 더 크게 발음했을 때 그 음절에 가해지는 날숨의 세기를 뜻한다. 그러므로 강세를 받는 음절은 그렇지 않은 음절 보다 더 잘 들리거나(more prominent), 더 두드러지게(more salient) 발음된다. 영어의 sender란 단어를 예로 들면, sen-이란 음절이 -der란 음절보다 청자에게 더 잘 들린다.

강세의 주요한 음성적 요인은 다음 세 가지이다. 즉, 음의 높이(pitch), 길이(length), 크기(loudness) 때문에 한 음절이 다른 음절에 비해 더 잘 들린다고 할 수 있다.

첫째, 소리의 높이가 증가하면 더 잘 들린다. 강세음절이 비강세음절과 비교할 때 더 높은 소리로 들린다.

둘째, 소리가 길면 더 잘 들린다. 한 음절을 다른 음절보다 더 길게 지속시켜(duration) 발음하면 강하게 들린다. 바꿔 말해 음장(vowel length)이 증가하면 더 잘 들린다.

셋째, 소리가 크면 더 잘 들린다. 한 음절을 다른 음절보다 상대적으로 크게 발음할 경우 더 잘 들린다.

5.2 강세의 구분

전통적으로 영어 강세는 Trager와 Smith(1957)을 따라 네 단계로 구분해 왔다. 제1 강세(primary stress), 제2 강세(secondary stress), 제3 강세(tertiary stress), 약강세(weak stress)가 그것인데, 이들은 각각 /ˊ/, /ˆ/, /ˋ/, /˘/로 표시한다. 그러나 단어를 따로 독립해서 발음할 때에는 4단계 중 제2 강세가 빠지게 되어 제1 강세, 제3 강세, 약강세만 나타난다. 예를 들어 elevator란 단어는 élĕvàtŏr로 표시한다. 반면에 단어 보다 큰 영어의 구나 문장에서는 4단계의 강세가 모두 나타난다. 가령 elevator란 단어가 operator와 결합하여 구가 되면 élĕvàtŏr ôpĕràtŏr의 강세 유형을 취하게 된다.

한편 강세는 그것이 부여되는 언어 단위의 유형에 따라 단어 강세(word stress), 구 강세(phrase stress), 문장 강세(sentence stress)로 나눈다. 단어 강세는 사전에 수록된 단어에서처럼 고립된 단어를 단독으로 발음할 때의 강세로서 단일어 강세(simple word stress)와 복합어 강세(complex word stress)로 구분하며, 복합어 강세는 다시 접사어 강세(affix word stress)와 합성어 강세(compound stress)로 나눈다. 구 강세는 구 안에서 단어가 받는 강세이며, 문장 강세는 문장 속에서 단어가 받는 강세를 말한다.

5.3 단어 강세

단어 강세 중 단일어 강세는 한 음절로 된 단어에서부터 2음절어, 3음절어, 4음절어, 5음절어, 심지어 6음절어, 7음절어, 8음절어에 이르기까지 단어를 단독으로 발음할 때 부여되는 것이다. 강세의 정도를 나타내기 위해, 해당 단어의 음절 위에 제1 강세, 제2 강세, 제3 강세, 약강세를 의미하는 /ʹ/, /^/, /ˋ/, /˘/을 붙이면 된다.

단어 강세 중 합성어 강세는 몇 가지 규칙적인 면을 보이고 있다. 합성어란 두 개 이상의 단어가 결합하여 하나의 단어 구실을 하는 것이다. 그런데 이 때 합성어 표기는 classroom처럼 하나의 단어로 쓰거나, fountain pen처럼 두 개의 떨어진 단어로 표기하거나, bath-towel처럼 중간에 하이픈을 연결하여 나타내기도 한다. 합성어의 강세를 보면 다음과 같다.

첫째, 합성어의 둘째 요소가 명사일 때, 강세는 첫째 요소, 즉 앞 품사에 온다. 예를 들면 아래와 같다.

(1) 명사+명사: Énglish teacher, líghthouse, stréss patterns, buílding blocks, wáll-paper
(2) 형용사+명사: qúicksand, réal estate, gréenhouse, dárkroom
(3) 동사+명사: stópwatch, dróp leaf, cút-throat
(4) 부사+명사: óutlaw, únderpass
(5) 전치사+명사: áftermarket, óverdose, bý-product
(6) 대명사+명사: hé-goat, shé-friend, sélf-education,

둘째, 합성어의 둘째 요소가 현재분사나 과거분사인 경우, 강세는 첫째 요소, 즉 앞 품사에 온다. 다음이 그 좋은 예이다.

(1) 명사+현재분사/과거분사: mán-eating, bréath-taking áir-conditioned, hánd-written, héart-broken, snów-covered
(2) 형용사+현재분사/과거분사: éasy-going, góod-looking, néat-looking, wídespread, óld-fashioned, néw-laid

셋째, 합성어의 둘째 요소가 부사인 경우의 강세는 첫째 요소가 동사일 때는 그 동사에 오고, 첫째 요소가 부사일 때는 둘째 부사에 위치한다.

(1) 동사+부사: cómeback, hángover, píckup, wórkout
(2) 부사+부사: howéver, moreóver, thereáfter, whatéver

넷째, 동사와 전치사로 결합된 합성어의 경우 강세는 동사에 할당된다. 가령 lóok at, wáit for, cáre for 등이 그 예에 해당한다.

다섯째, 합성어의 둘째 요소가 형용사인 경우 강세는 첫째 요소에 온다.

(1) 명사+형용사: blóod-thirsty, nóteworthy, séasick

여섯째, 합성어의 둘째 요소가 동사인 유형에서 합성어가 명사로 기능하면 첫째 요소에 강세가 오고, 동사로 기능하면 둘째 요소에 강세가 온다.

(1) 명사 기능: óutcry, óverhang, únderwear, úpset
(2) 동사 기능: outdó, overrúle, undertáke, upsét

일곱째, 합성어에 또 다시 명사가 뒤따라와 소위 복합 합성어(complex compounds)가 될 때 강세는 맨 첫 요소에 온다.

(1) (명사+명사)+명사: áirplane hanger
(2) (형용사+형용사)+명사: hígh school student
(3) (동사+부사)+명사: píckup truck

위에서 보듯이 합성어는 두 구성 요소 중 앞 부분에 강세가 주어지고 있다. 이에 따라 dárkroom은 '암실'이라는 의미를 갖게 되는데 이런 점에서 아래에서 설명할 구 강세의 의미와는 다르다. 물론, 합성어 강세에는 몇 가지 중요한 예외들이 존재한다. 우선, 두 개의 요소가 장소 이름인 경우 합성어 강세 규칙을 어겨 오른쪽 요소에 강세가 배당된다. 예를 들어, Buckingham Pálace, Los Ángeles, New Yórk, San Francísco 등이 여기에 해당한다. 또한 두 번째 요소가 분사(+ed, +en, +ing)인 경우(bare-faced, clean-shaven, far-reaching), 두 요소가 색깔을 나타낼 때(dark-green, light-green), 구동사(phrasal verbs)에서 유래된 합성어들(hanger-on, passer-by, wrapped-up)에서는 오른쪽 요소에 강세가 주어진다.

5.4 구 강세

명사구, 동사구, 형용사구, 부사구, 전치사구에 나타나는 구 강세는 그 구의 구성요소 중 대체로 끝 부분에 제1 강세가 주어지는 경향이 많다. 예를 들어 다음에 제시한 여러 유형의 구에서 가장 강한 강세는 끝 부분에 온다.

a tall buílding	very háppy
an iron tóol	delightfully ígnorant
the green hóuse	joyful as a lárk
ladies and géntlemen	the day before yésterday
often wálks	up and dówn
goes for béer	in the pántry
get up eárly	
wants to léave	
walk or ríde	

다만 여기서 주의할 것은 형용사와 명사가 결합되는 구조와 명사와 명사가 결합되는 구조에서 강세를 달리하면 뜻이 달라진다는데 있다. 예를 들면 형용사와 명사가 결합되어 합성 명사가 되는 경우와 명사구가 되는 경우 강세가 다르며, 따라서 그 뜻도 달라진다. 예를 들어 합성명사인 gréenhouse는 '온실'이란 뜻이지만, 명사구인 green hóuse는 '초록색 집'이란 의미로 사용된다. 마찬가지로 암실이라는 의미의 dárkroom과는 달리 '어두운 방'을 나타내기 위해서는 dark róom이 된다. 또, 위에서 본 English teacher를 합성 명사가 아닌 명사구로 보면 강세는 English téacher로 달라지면서 그 의미도 '영어 교사'가 아니라 '영국인 교사'가 된다.

이와 비슷하게 동명사와 명사가 결합되는 합성어의 경우와 현재분사와 명사가 결합되어 동사구나 명사구가 되는 경우 강세가 다르며, 따라서 그 뜻도 다르다는 것을 인식할 필요가 있다. 예를 들어 hunting dogs는 합성 명사일 경우 húnting dogs의 강세형을 취하고, '사냥개들'이란 뜻을 갖는데 반해, 동사구일 경우 hunting dógs가 되어 '개들을 사냥하고 있다'는 뜻이 된다. dancing girl을 합성어로 볼 경우, dáncing에 강세가 주어져, '무용수'란 의미가 되지만, 명사구로 볼 경우 gírl에 강세가 붙어 '춤추는 소녀'란 뜻이 된다.

이 밖에 명사와 명사가 결합되어 합성어가 되는 경우와 명사구가 되는 경우 강세형과 의미가 달라지고 있다는 점을 지적해 두겠다. 그 대표적인 예가 lady doctor인 바, 그것을 합성어로 볼 때에는 lády에 강세가 붙어 '부인과 의사'의 뜻을 갖지만, 명사구로 보면 dóctor에 강세가 붙어 '여의사'란 의미가 된다.

5.5 문장 강세

한편 영어의 문장 강세는 문장 속에서 단어들이 받는 강세를 뜻한다. 영어의 단어들은 단독으로 발음할 때에는 앞에서 설명한 바와 같은 강세 유형을 보이지만 단어들이 결합되어 문장으로 발화될 경우에는 강세가 단순화되어 오히려 전체적인 리듬을 더 중시하게 된다.

예를 들어 "Mary's younger brother wanted fifty chocolate peanuts."란 문장의 강세를 검토해 보자(Ladefoged, 2001: 98). 이 문장은 여러 개별 단어들인 Mary, younger, wanted, fifty, peanuts로 구성되어 있어 그 단어들을 독자적으로 발음할 때에는 앞에서 언급한 단어 강세의 설명에 따라 강세가 그 단어들의 첫 음절에 나타난다고 할 수 있다. 그러나 이들 단어들이 문장 속에 연결될 때 부여되는 강세는 그와는 좀 다르다. 즉, 상대방과 대화 시에는 강약이 번갈아 오는 영어의 특성에 따라 한 문장에서 일정한 음절만을 강하게 발음하고 나머지는 약하게 발음하게 된다. 이에 따라 위 문장은 Mary, brother, fifty, peanuts의 첫 음절만을 강하게 발음하고, 단어 강세가 붙었던 younger, wanted, chocolate의 첫 음절은 강세를 두지 않고 발음해야 자연스럽다.

이를 달리 말하면 강세를 음절보다 더 큰 단위인 음보에 할당함으로써 강세 받는 음절이 일정한 간격으로 오도록 조정하는 것이라 할 수 있다. 여기서 음보라 하는 것은 첫 강세 받는 음절부터 다음 강세받는 음절 사이의 간격을 말하는 음운 단위라 이해하면 된다. 위 문장을 빗금을 사용하여 음보로 나타내면, 'Mary's younger/'brother wanted/'fifty chocolate /'penuts.이 되는데, 각 음보 속에 하나의 강세가 붙고 있다. 특히, 영어에서는 그 강세 받는 음절 사이에 아무리 음절이 많더라도, 강세 받는 음절의 수만 같다면 발음하는데 걸리는 시간도 동일하다고 간주하는데 이와 관련된 내용은 리듬 지도를 하는 장에서 더 다루기로 하겠다. 다만 영어에서 강세 받는 음절이 규칙적으로 일어난다는 것을 보이기 위해 Ladefoged(2001: 98)의 다음 단락을 인용해 두겠다.

> 'Stresses in 'English 'tend to re'cur at 'regular 'intervals of 'time.(') It is 'perfectly 'possible to 'tap on the 'stresses in 'time with a 'metronome.(') The 'rhythm can 'even be 'said to de'termine the 'length of the 'pause between 'phrases. (') An 'extra 'tap can be 'put in the 'silence, (') as 'shown by the 'marks within the pa'rentheses. (')

5.6 강세의 통사적, 형태적, 음운적 정보

강세 규칙은 세 종류의 정보, 즉 통사론적, 형태론적, 음운론적 정보에 기반을 두고 있는바, 여기서는 이들의 의미를 차례로 알아보고, 강세를 보다 일반화 시켜 설명함으로써 강세 지도에 도움을 주고자 한다.

5.6.1 통사론적 정보

단어에서의 강세 위치는 통사론의 한 정보인 품사가 어떠한가에 따라 달라진다. 예를 들어 insult란 단어는 명사일 때는 ínsult로, 동사일 때는 insúlt로 발음된다. 또 content란 단어가 형용사로 사용될 때에는 강세는 왼쪽에서 둘째 음절에 주어져 contént로 발음되지만 명사로 사용되는 cóntent는 왼쪽에서 첫째 음절에 강세가 할당된다. 이와 비슷하게 present란 단어는 명사와 형용사일 경우는 présent로 동사일 경우는 presént로 발음된다.

이는 결국 영어의 강세가 단어의 통사 관계(syntactic relationship)를 나타내는 기능을 하고 있다는 Ladegoged(2001: 94)의 말을 뒷받침 해준다.

5.6.2 형태론적 정보

이것은 형태론의 기본 개념인 접사(affix)가 영어 강세 위치에 영향을 미친다는 뜻이다. 예를 들어 접미사 -tion이나 -ity로 끝나는 단어들은 그 바로 앞 음절에 강세가 배당되고 있다. 또한 어근(root) 또는 어기(base)에 접사가 붙을 경우 강세의 위치가 바뀌는 경우를 얼마든지 찾아볼 수 있다. 대체로 그 기원이 라틴어계인 접사는 강세를 변화시키는(stress-shifting), 이른바 강세 이동 접사(stress-shifting affix)로서, Siegel(1974)에 의해 제1 부류 접사(class I affixes)라 불린다. 여기에는 접두사 in+, de+, re+ 등이, 접미사로서 +ic, +ity, +ous, +ian, +ive, +ize, +ee, +eer, +ese 등이 포함되어 있다. 예를 들어 finite에 접두사 in+이 붙거나 atom에 접미사 +ac가 붙으면 강세의 위치가 달라짐을 인식할 필요가 있다.

물론 접사가 어근이나 어기에 첨가되어도 강세의 위치가 변화하지 않은 경우도 얼마든지 있다. 게르만어에 기원을 두고 있는 접사들은 일반적으로 강세에 영향을 미치지 않은, 이른바 강세 중립 접사(stress-neutral affix)로서, Siegel(1974)에 의해 제2 부류 접사(class II affixes)라 불린다. 이러한 접사에는 접두사 un+, ex+, re+, pre+ 등이, 접미사 +less, +ness, +ism, +hood, +ly, +er, +est, +ish, +ful, +y, +ship 등이 속한다. 가령 happy에 접미사 +ness가 붙어도 강세의 위치는 처음과 달라지지 않는다. 물론, 라틴계 접미사로서 강세 이동을 하지 않는 것도 있다. 접미사 +able이 여기에 속하는데 depéndable, séllable, márketable, périshable 등이 그 예이다.

5.6.3 음운론적 정보

영어 단어의 강세 위치는 부분적으로 마지막 음절의 성격에 따라 달라지는 경우가 있다. 예를 들어 agree, remain, rely, anecdote과 같은 단어들은 맨 마지막 음절이 장모음 또는 이중 모음이기 때문에 강세는 바로 그 음절에 붙는다. 반면에 arena, aroma, hiatus, horizon 등은 맨 마지막 음절이 단모음이므로 강세는 바로 왼쪽 음절에 할당된다.

결국, 강세 위치는 음절이라고 하는 음운론적 정보에 의해 결정된다.

5.7 강세의 예측

영어의 강세를 지도할 때 중요한 것은 영어 단어의 어느 곳(음절)에 강세가 붙는가를 알도록 하는 것이다. 구조주의 음운론과 생성음운론에서는 강세에 대한 분석을 많이 시도했으나 영어를 외국어로 가르치는 상황에서 필요한 강세에 대한 정보는 그리 만족스럽게 제공하지 못했다고 할 수 있다. 여기서는 영어의 단어 강세(word stress)를 예측하는 작업을 함으로써 강세 지도에 필요한 정보를 제공하려고 한다.

그나마 강세에 관한 보다 일반화된 진술은 Kreidler(1989, 1997)에 나타나 있다. 그는 단어 강세를 예측하기 위해 자유 모음(free vowel)과 억제 모음(checked vowel)의 개념을 쓴다. 자유 모음은 사실상 장모음 또는 이중 모음에 해당하는 /ii/, /ei/, /ai/, /oi/, /uu/, /ou/, /au/, /aa/, /oo/로 개방 음절(open syllable)과 폐쇄 음절(closed syllable)에 다 나타난다. 폐쇄 음절일 때는 자유 모음 다음에 자음이 하나 또는 그 이상 뒤따라온다.

자유 모음의 예를 Kreidler(1997: 71)에서 제시하면 다음과 같다.

TREE: treat, leak, deep, niece, least, even, machine
DAY: date, fade, chain, wage, change, favor, parade
TRUE: fruit, smooth, choose, pool, boost, prudent, recruit
TOE: boat, hope, choke, vogue, toast, holy, remote
TIE: light, wide, nice, type, pint, silent, polite
NOW: out, loud, house, down, bounce, county, about
TOY: void, voice, coin, noise, moist, oyster, appoint
LAW: caught, laud, cause, sauce, false, caution, applause

SPA: calm, father, facade

억제 모음은 사실상 단모음에 해당되는 /ɪ/, /ɛ/, /æ/, /u/, /ʌ/, /ɒ/로 주로 폐쇄 음절에 일어난다. 1음절어에서는 억제 모음 다음에 하나 또는 그 이상의 자음이 뒤따라온다. 억제 모음의 예를 Kreidler (1997: 72)에서 들면 아래와 같다.

CHICK: lip, rib, myth, rich, glimpse, silver, omit
STEP: bet, chef, death, neck, tempt, devil, caress
BAT: tack, map, sad, latch, valve, camel, relax
FOOT: wood, push, full, hook, wolf, bullet, sugar
NUT: cup, rub, love, budge, lump, money, corrupt
LOCK: crop, hot, lodge, bomb, bronze, solid, dissolve

이를 토대로 Kreidler(1989: 200-208)는 영어의 동사, 명사, 형용사의 강세를 설명하고 있다.

동사의 강세를 예측하기 위해 다음의 자료를 보자.

1a	2a	3
agree	diagnose	abolish
delay	exercise	consider
cajole	intimidate	develop
invite	monopolize	imagine
pronounce	persecute	remember
produce	ridicule	solicit
transcribe	dehumidify	answer
	exonerate	covet
	mechanize	furnish
	substitute	inhabit

1b	2b
attract	compliment
consist	gallivant
depend	manifest
exempt	supplement
involve	
reverse	
adopt	
exhaust	
offend	
remark	

먼저 (1a)의 동사들은 오른쪽에서 보아 제일 마지막 음절에 자유 모음을 지니고 있다. 물론 그 동사의 자유 모음 다음에는 자음들이 뒤따라오거나 오지 않고 있다. 이 경우 강세는 마지막 음절에 할당된다. 한편 (1b)의 동사들은 오른쪽에서 계산하여 제일 마지막 음절의 억제 모음 다음에 최소 자음이 두 개 이상 뒤따르고 있다. 이때에도 강세는 제일 마지막 음절(ult syllable)에 위치한다. 눈 여겨 볼 것은 위 (1a)와 (1b)의 단어들은 모두 2음절로 된 동사들이라는 점이다. 아울러 강세 배당에서는 V:나 VCC(C)의 성격을 동일하게 간주하고 있다는 사실이다.

(2a)와 (2b)의 동사들은 어떤가. (2a)의 경우는 끝 음절에 자유 모음이 오고 그 다음에 하나의 자음이 나타나고 있다. (2b)의 경우는 끝 음절이 억제 모음과 두 개의 자음으로 결합된 단어들이다. 그러나 (2)군의 동사들은 모두 3음절 이상을 갖는 단어들이다. 이 때 강세는 끝에서 계산하여 세 번째 음절(antepenult syllable)에 할당된다. 역시 유의할 것은 3음절 이상의 단어들의 강세 배당에서도 V:나 VCC를 같은 성격으로 보기 때문에 강세 위치가 동일하다는 점이다.

한편 (3)군의 단어들은 모두 마지막 음절에 억제 모음이 오고 그 다음 하나 이상의 자음이 오지 않고 있다. 즉, 마지막 음절이 VC로 된 동사들이다. 이 때 강세는 끝에서 계산하여 두 번째 음절(penult syllable)에 위치한다.

지금까지 관찰한 동사의 강세에 관한 일반화된 진술을 Kreidler (1989: 201)를 따라 도표로 알기 쉽게 나타내면 다음과 같다.

Is the ult stressable(V: or VCC)?

No
Penult is stressed.
(e.g. solicit)

Yes
How many syllables in the verb?

Two syllables
Ult is stressed
(e.g. contain, erupt)

More than two syllables
Antepenult is stressed
(e.g. exaggerate)

이번에는 명사의 강세 배당에 대해 생각해 보기로 하자. 다음의 자료를 검토해 보자.

1a	2	3a
alcove	appetite	aroma
statue	institute	horizon
membrane	satellite	idea
tabloid	hypotenuse	diploma
termite	porcupine	hypnosis
textile	vicissitude	papyrus

1b	3b
cavern	appendix
focus	intestine
menace	memorandum
premise	synopsis
ticket	veranda
closet	bonanza
	3c
	camera
	citizen
	deficit
	pelican
	gelatin
	javelin
	opera
	veteran
	harmonica
	hypothesis

위에서 (1a)의 단어들은 끝에서 마지막 음절에 자유 모음이 오고 있으며, (1b)의 단어들은 그렇지 못하고 있다. 그러나 (1)군의 단어들은 모두 2음절로 된 단어들이다. 이처럼 2음절을 갖는 명사들은 끝 음절의 모음이 자유 모음인가에 상관없이 끝에서 두 번째 음절(penult syllable)에 강세가 할당된다. 이는 게르만어의 기본적인 강세 패턴은 강약(trochaic)의 체계임을 명사에서 보여주는 증거가 된다.

그러나 2음절 이상의 명사들은 끝 음절에 자유 모음이 오느냐 여부가 강세 위치에 영향을 미친다. 가령 끝 음절의 모음이 (2)군에서처럼 자유 모음이라면 강세는 끝에서 세 번째 음절(antepenult syllable)에 주어진다. 또 (3)군의 동사들에서처럼 끝 음절의 모음이 자유 모음이 아니라면 끝에서 두 번째 음절의 모음을 보고 강세를 결정한다. 즉, 끝에서 두 번째 음절의 모음이 자유 모음인 (3a) 단어들이나, 자음 하나로 끝나는 (3b) 단어들은 끝에서 두 번째 음절(penult syllable)에 강세를 배당한다. 그렇지 못할 경우 강세는 끝에서 세 번째 음절(antepenult syllable)에 주어진다.

결국 명사의 강세 위치를 결정할 때는 명사가 몇 음절을 갖고 있는지, 또 끝에 오는 모음은 자유 모음인지 또는 그렇지 않은지에 달려 있다. 명사의 강세 위치를 Kreidler(1989: 203)를 따라 도표로 공식화시키면 다음과 같다.

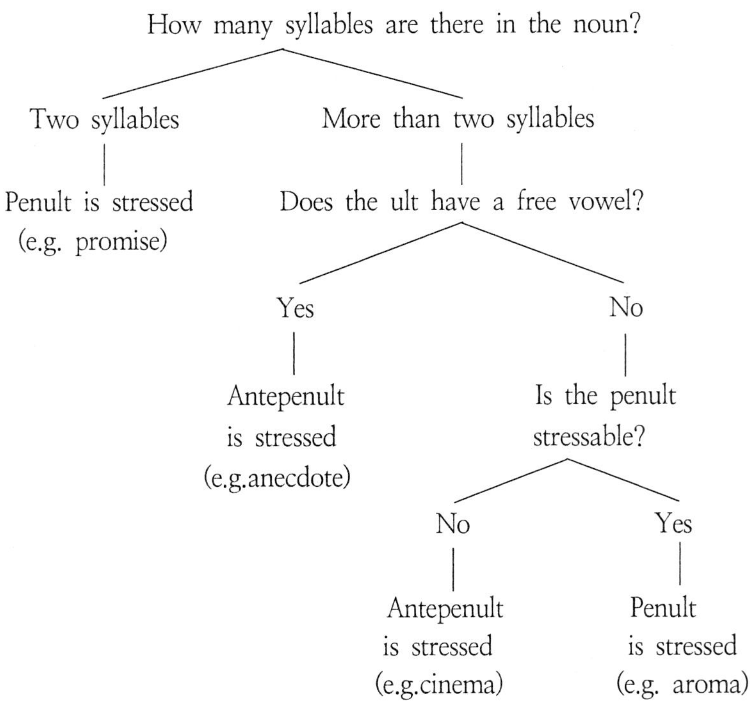

이어서 형용사의 강세 위치를 예측해 보자. 우선 다음의 형용사를 주목하자.

1a	2a	3
contrite	asinine	academic
inane	bellicose	decrepit
obscene	erudite	intrepid
serene	grandiose	periodic

1b	2b
absurd	difficult
correct	manifest
distinct	moribund

위 자료에서 (1)군의 형용사들은 모두 2음절로 된 단어들이다. 이 때 강세는 동사의 강세를 배당할 때처럼 끝에서 첫 번째 음절에 주어진다. 유의할 것은 (1a)의 형용사들은 맨 마지막 음절에 자유 모음이 오고 있으며, (1b)의 형용사들은 어말에 자음이 두 개 이상 뒤따르고 있다는 사실이다. 그러나 영어에서는 2음절 형용사의 경우 끝에서 두 번째 음절에 할당되는 경우가 많다. 예를 들어, angry, brilliant, central, narrow, timid, sudden 등에서는 끝에서 두 번째 음절에 강세가 오는데, 이는 원래 게르만어의 기본 강세 패턴인 강약의 체계를 반영한 것이다.

(2)군의 형용사들은 2음절 이상의 단어들로서, 강세는 앞에서 설명한 (2)군 동사의 강세 배당과 동일하게 설명된다. 즉, (2a)의 형용사들은 2음절 이상의 단어로서 끝 음절의 모음이 자유 모음이므로 강세는 끝에서 계산하여 세 번째 음절(antepenult syllable)에 주어진다. (2b)의 형용사들도 2음절 이상의 단어들로서 어말에 자음군이 나타나고 있는데 이 경우에도 강세는 끝에서 세 번째 음절에 할당된다.

(3)군의 형용사들의 강세 위치도 (3)군의 명사들의 강세 배당과 똑같이 설명할 수 있다. 끝 음절이 억제 모음과 하나의 자음만으로 결합된 형용사들이므로 강세는 끝에서 두 번째 음절(penult syllable)에

주어진다.

이번에는 그 접미사가 +al, +ar, +ant/ent, +ous로 끝나는 형용사의 강세 관계를 검토해 보기로 하자. 그런데 이들 접미사는 모두 단음절로서 그 속에 자유 모음이 없으며, 일단 모음으로 시작되는 소위 약 접미사(weak suffixes)임을 유의할 필요가 있다.

1a	2a
fatal	ac ci den tal
global	e ter nal
	vi gi lant
	ma lig nant

1b	2b
polar	re luc tant
stellar	mag ni fi cent
	bar ba ous
	com pla cent

1c	2c
cogent	pe ri phe ral
decent	a na lo gous
dormant	a bun dant
	tre men dous

1d
nervous

위 (1)군의 형용사들의 경우는 약 접미사로 끝나는 것으로 그 앞에 단지 한 음절의 어기(base)가 선행하는 것들이다. 이 때 강세는 바로 그 어기(base)에, 그러니까 끝에서 두 번째 음절(penult syllable)에 위치한다.

(2)군의 형용사들은 어기(base) 다음에 하나 이상의 음절이 오는 것들이다. 강세 설명의 편의를 위해 그 형용사를 일단 음절 단위로 나누어 놓았다. 이 경우는 끝에서 두 번째 음절의 성격에 따라 강세 위치가 달라진다. 이를테면 끝에서 두 번째 음절이 자음으로 끝나는 경우나 또는 자유 모음인 경우는 바로 그 두 번째 음절에 강세가 부여된다. 대표적인 형용사인 ac ci den tal이나 com pla cent가 이를 말해 준다. 그러나 끝에서 두 번째 음절이 위 두 가지에 해당하지 않은 경우, 대표적으로 그 두 번째 음절에 억제 모음이 오는 형용사들은 끝에서 세 번째 음절에 강세가 배당된다.

앞에서 다룬 강세 관계를 강세를 받는 음절별로 알기 쉽게 분류하면 다음과 같이 종합할 수 있다.

1) 끝에서 첫 번째 음절이 강세를 받는 경우(2종류)

(1) 다음과 같은 접미사들을 갖는 품사들

Nouns: absentee, engineer, technique

Noun-adjectives: Japanese

Verbs: convalesce

(2) 끝에서 첫 번째 음절이 V: 나 VCC(C)를 갖는 2음절의 동사와 형용사들

agree obey divide promote

attend convict, demand, except, correct

acute, divine, relate, serene

2) 끝에서 두 번째 음절이 강세를 받는 경우(3종류)

(1) 단어 끝 첫 번째 음절이 VC인 동사와 형용사들
abandon, discover, examine, inhabit, prohibit, humid, dynamic, explicit, insipid, periodic

(2) 2음절 명사들(끝 첫 번째 음절이 자유 모음 또는 그렇지 않은 경우 포함)
statue, garden, delta, sentence, hindrance, membrane, module

(3) 접미사 -ics와 -ion이 붙은 2음절 이상의 명사들
civics, economics, physics, semantics, addition, opinion, vision, satisfaction, examination, solution, identification

3) 끝에서 두 번째 또는 세 번째 음절이 강세를 받는 경우(2종류)

(1) 끝에서 첫 번째 음절이 약(weak ult)인 2음절 이상의 명사들로 만약 끝에서 두 번째 음절이 강이면 그 두 번째 음절에, 끝에서 두 번째 음절이 약이면 세 번째 음절에 강세가 오는 경우

appendix	horizon	asterisk
intestine	arena	citizen
synopsis	hypnosis	cinema
veranda	aroma	opera

(2) 접미사 -al, -ant, -ent, -ine, -ous가 붙는 형용사로서 만약 끝에서 두 번째 음절이 강이면 그 두 번째 음절에, 끝에서 두

번째 음절이 약이면 끝에서 세 번째 음절에 강세가 오는 경우

accidental	abundant	magnficent	generous
internal	reluctant	feminine	ridiculous
	vigilant		tremendous

4) 끝에서 세 번째 음절이 강세를 받는 경우(1종류)

접미사 -ty가 붙는 명사들

serenity, divinity, loyalty, anxiety, society

5) 끝에서 세 번째 음절 또는 그 앞 음절(pre-antepenult)에 강세가 할당되는 경우(2종류)

(1) 끝에서 첫 번째 음절이 강인 단어들 중 3음절 이상인 대부분의 단어들

Verbs: multiply, prosecute, galivant, implement. manifest

Adjectives: erudite, destitute, moribund

Nouns: exercise, ridicule, satellite, hurricane, asteroid

(2) 특정한 접미사가 붙는 명사와 형용사로서 음절수에 따라 그리고 끝에서 두 번째 음절이 강인지 여부에 따라 끝에서 세 번째 또는 그 앞 음절에 강세가 주어지는 경우

a) 접미사 -ary, -ory가 붙는 단어들

advisory, compulsory, dormitory, secretary, territory

b) 끝에서 세 번째 음절이 강이면 바로 그 음절에, 강이 아니면 바로 그 앞 음절에 강세가 할당됨

colony, energy, harmony
astronomy, biology, catastrophe, facsimile, geography
apoplexy, epilepsy, matriarchy
egotism, logarithm, protoplasm

5.8 강세의 일반화

음운론에서는 표준 생성 음운론(standard generative phonology)과 율격 음운론(metrical phonology에서 강세에 대한 연구를 서로 다른 관점에서 수행한 바 있다. 전자는 주로 강세를 1, 2, 3, 4 등의 다원적 값을 갖는 자질로서 일련의 규칙에 의해 자모음 연결체 상 모음 위에 할당되는 것으로 보아 단선적으로 분석한 반면에 후자는 구성 요소간의 강과 약이라는 양분적 자질로 보고 수형을 통해 계층적으로 파악하고 있다.

그런데 이 두 이론은 강세를 다루는 관점에 있어서는 차이를 보이고 있으나 강세를 일반화시키려 한 데는 공통점을 지니고 있다고 할 수 있다. 다만 표준 생성 음운론에서는 강세 규칙을 영어의 모국어 화자의 내재적 직관을 바탕으로 설정하여 기저형에 적용하려고 함으로써 영어를 외국어로 가르치고 배우는 사람의 입장에서는 그 강세 규칙이 별다른 도움을 주지 못하는 것으로 받아들여지고 있다. 여기서는 율격 음운론이 제공하는 정보 중에서 경음절(light syllable), 중음절(heavy syllable), 율격외성(extrametricality)의 개념을 도입하여 영어의 강세 현상을 더 알기 쉽게 일반화시켜 보기로 한다.

다음 동사의 강세부터 파악해 보기로 하자.

(1) a. order, ferry, cover, carry, dither, copy
b. open, lollop, hiccup, lavish, covert, pocket

(1a)의 단어들에는 그 어디에도 중음절(heavy syllable)이 없다. 그러므로 강세는 왼쪽에서 첫 번째 음절에 할당된다. (1b)의 단어들은 두 번째 음절이 단모음(short vowel)과 자음의 연결로 되어 있다. 얼핏 보기에 이것은 중음절로 계산되어야 하지만 사실은 그렇지 않다. 왜냐하면 그 동사의 마지막 자음은 율격외적(extrametrical)이어서 강세 규칙 적용 때 보이지 않기 때문이다. 따라서 마지막 음절이 경음절(light syllable)로 간주되어 강세는 바로 왼쪽 음절에 주어지게 된다.

아래 동사들의 강세는 어떻게 일반화될 수 있는가.

(2) a. compare, delay, endow, enjoy, survey, prefer
b. corrode, avoid, refine, design, amuse, presume
c. concoct, enlist, protect, attend, assent, announce

(2a) 단어들은 두 번째 음절에 장모음 또는 이중 모음을 가지고 있다. 따라서 두 번째 음절은 중음절이므로 강세는 바로 그 중음절에 주어진다. (2b)의 경우 두 번째 음절의 마지막 자음은 율격외성이나 나머지 부분은 장모음 또는 이중 모음을 가지고 있는 중음절이다. 따라서 강세는 그 중음절에 할당된다. (2c)의 단어들은 두 번째 음절이 단모음과 그 다음에 두 개의 자음이 뒤따라오는 것으로 되어 있다. 이 때 마지막에 오는 하나의 자음은 율격외성이 되는데 그 나머지는 아직도 단모음과 자음이 결합된 중음절이 되므로 강세는 바로 그 중음절에 배당된다고 말할 수 있다.

이번에는 2음절로 된 형용사의 강세를 알아보기로 하자.

(3) a. tender, tiny, holy

b. evil, timid, livid
c. robust, morose, alive

(3a) 단어들에는 중음절이 없다. 따라서 강세는 동사의 경우처럼 첫 번째 음절에 할당된다. (3b)의 단어들은 두 번째 음절이 단모음과 자음이 결합되고 있는데 마지막 자음이 율격외성이므로 두 번째 음절은 경음절로 간주되는 바, 강세는 바로 그 왼쪽 음절에 할당된다. (3c)의 단어들은 두 번째 음절이 중음절이므로 강세는 바로 그 곳에 주어진다.

다음으로 2음절로 된 명사의 강세를 검토해 보자.

(4) a. pity baby sugar river
b. magic tulip mason foetus
c. almond contact subject dentist
d. canoe bamboo bazaar settee
e. police alert debate cartoon

(4a-c)의 단어들에는 중음절이 발견되지 않는다. 그러므로 이 단어들은 첫 번째 음절에 강세가 할당된다. 반면에 (4d-e) 단어들은 두 번째 음절에 강세가 주어진다. 왜냐하면 (4d)의 경우는 마지막 음절이 장모음으로 끝나기 때문이며, (4e)의 경우도 장모음 또는 이중 모음에 자음이 결합되고 있어 그 마지막 자음이 율격외성에 해당되기 때문이다.

끝으로 음절을 좀더 많이 갖고 있는 아래 단어들의 강세를 일반화시켜 보자.

(5) a. cinema overture effigy
b. America Antigone epitome
c. tornado aroma potato

(5a-b) 단어들은 끝에서 두 번째 음절이 경음절이다. 그러므로 강

세는 바로 왼쪽에 있는 음절에 할당된다. 반면에 (5c)의 단어들은 끝에서 두 번째 음절이 중음절이므로 강세는 바로 그 곳에 배당된다. 위 단어들에서 끝에서 첫 번째 음절을 고려하지 않은 것은 그 음절이 율격외성에 해당된다고 간주되기 때문이다.

이처럼 영어의 강세는 율격 음운론에서 거론된 율격외성의 개념과 특히 중음절과 경음절의 개념을 받아들여 설명하면 더 일반화됨을 이해할 수 있다.

5.9 강세의 원리

앞에서 고찰한 영어 단어 강세의 예측이나 일반화 과정을 통해 영어 단어 강세에는 다음과 같은 몇 가지 원리(Carr, 2013: 74-75)가 작동하고 있음을 알 수 있다.

첫째는 어말 기반 원리(end-based principle)이다. 5장 7절이나 8절에서 보듯이, 영어 단어의 제1 강세는 단어 끝에서부터 계산하여 할당된다. 오른쪽에서 왼쪽(from right to left)으로 계산하여, 끝에서 첫 번째 음절, 두 번째 음절, 세 번째 음절에 강세가 할당된다고 설명한다. 이는 라틴어의 강세 배당이 오른쪽에서 계산하여 왼쪽으로 건너가며 이루어지는 체계를 영어가 받아들였기 때문이다.

둘째는 영어 단어의 강세 배당에는 리듬 원리(rhythmic principle)가 작동된다. 영어 단어는 네 개의 비강세음절로 끝날 수는 있으나 하나 이상 비강세음절로 시작할 수는 없다. 예를 들어 un'gentlemanliness란 단어는 강세 받는 음절 다음에 네 개의 강세 받지 않은 음절들이 뒤따라오고 있으나 강세 받는 음절 앞에는 하나의 강세 받지 않은 음절만이 나오고 있다. 이런 이유 때문에 제1 강세 앞에 두 개의 음절이 있는 ˌJapaˈnese라는 단어는 그 두 음절 중 하나는 비강세음절이 되고 나머지는 제2 강세를 할당받게 된다.

셋째, 영어 단어의 강세 할당에는 파생 원리(derivational principle)가 적용된다. 파생어가 되어 강세의 위치가 변할 때에는 원래 파생시키는 단어(deriving word)의 제1 강세는 제2 강세로 조정되는 경향이 있다. 예를 들어, characterization은 ˈcharacterize란 단어에서 파생된 단어인데, ˌcharacteriˈzation처럼 강세가 할당되어 원래 단어의 제1 강세가 제2 강세로 변하고 있다.

그러나 이 파생 원리는 네 번째 원리인 강세 충돌 회피 원리(stress clash avoidance principle)에 의해 지배를 받게 된다. 강세 충돌 회피 원리란 영어에서는 두 개의 강세 받는 음절이 나란히 오는 것을 피해야 하는 것을 뜻한다. 예컨대, Japanese란 단어는 파생 원리를 적용하게 되면 Jaˌpanˈese가 되어야 하지만 그렇게 될 경우 제2 강세와 제1 강세가 인접함으로써 강세 충돌 회피 원리를 어기게 되므로, 이 원리를 지키기 위해 ˌJapanˈese로 되어야 한다는 것이다. 두 원리가 모두 적용될 경우 파생 원리보다 강세 충돌 회피 원리가 우선적으로 적용되어야 한다는 의미이다.

제 6 장

영어의 리듬 교육

영어는 문장 속에서 강세 받는 음절이 규칙적인 간격으로 나타나는 강세 박자 언어(stress-timed language)이다. 강세 박자 언어에서는 문장을 발성할 때 걸리는 시간의 양이 전체 음절의 수에 관계없이 강세 받는 음절의 수에 따라 결정된다. 반면에 한국어와 같은 음절 박자 언어(syllable-timed language)는 각 음절에 동일한 비중을 두는 것으로, 문장을 말할 때 걸리는 시간의 양은 강세의 수 보다는 음절의 수에 좌우된다.

강세 박자 언어인 영어의 발음을 지도할 때 무엇보다 고려해야 할 사항은 영어의 문장은 항상 강세를 받는 음절과 강세를 받지 않는 음절이 번갈아 일어나며 리듬(rhythm)을 이룬다는 사실이다. 이와 관련하여 Ladefoged(1993: 119)가 영어의 발성 과정에서는 마치 모든 요소가 이러한 규칙적인 리듬을 만들기 위해 공모(conspiracy)하는 것처럼 보인다고 지적하는 것은 영어의 발음 교육에서 리듬 지도가 매우 중요함을 시사하는 것이라 할 수 있다.

본 장의 목적은 우리말과 다른 리듬을 지닌 영어를 외국어로 배우는 학습자들에게 어떻게 하면 효과적인 발음 교육을 할 수 있는지 그 리듬 지도의 방법을 찾아보기 위한 것이다. 효과적인 영어 리듬 교육의 방법을 모색하기에 앞 서, 리듬의 본질이 무엇인지 알아보고, 영어의 단어, 구, 문장에 이르는 리듬을 검토한 후, 영어의 리듬 규칙을 살펴보는 것이 좋겠다.

6.1 리듬의 본질

근본적으로 리듬의 본질이 어떠한가에 대한 논의는 Couper-Kuhlen (1986: 51-53)이 다루듯이 두 가지 대립적인 견해로 압축될 수 있다. 시간적(temporal) 견해와 비시간적(non-temporal) 견해가 그것인데 여기서는 이들을 간략히 살펴보기로 하겠다.

6.1.1 시간적 관점

리듬을 시간적 관점으로 파악하는 이론에서는 리듬의 중요한 본질로 주기성(periodicity)과 등시성(isochrony)을 제시한다. 주기성이란 어떤 사건이 일정한 기간이나 간격을 두고 계속해서 일어나는 것을 말하며, 등시성은 그 간격이 시간에 있어 동등하게 지속되는 것을 의미한다.

예를 들어 기관총 발사소리나 수도꼭지에서 규칙적으로 물방울이 떨어지는 소리는 일정하게 반복되거나 시간상 동일한 간격으로 진행되므로 리듬을 형성한다. 또한 심장의 박동이나 호흡 및 걸음걸이와 같은 신체 운동도 일정하고 주기적으로 일어나므로 리듬을 이룬다.

인간이 사용하는 말의 흐름에도 그것을 구성하는 단위가 반복해서 일어나고 있으며, 그 단위들 간의 시간 간격이 동일하게 지켜지는 경우가 많다. 그러므로 언어의 리듬도 주기성과 등시성의 두 특성을 갖는다.

그러나 언어적 관점에서 리듬은 언어마다 다른 유형을 보이는데 유의할 필요가 있다. Pike(1947)에 의하면 언어의 리듬은 크게 두 가지로 구분된다. 하나는 강세 박자 리듬(stress-timed rhythm)이며, 다른 하나는 음절 박자 리듬(syllable-timed rhythm)이다. 전자는 강세음절이 문장 속에서 규칙적인 시간 간격으로 나타나는 것으로 영어, 러시아어, 아랍어 등의 리듬이 여기에 속한다. 후자는 음절들이 동일한 시간 간격을 보이는 것으로 불어, 스페인어, 이탈리어 등의 리듬이 포함된다.

강세 박자 언어의 하나인 영어에서는 강세음절이 시간 지속에 관여한다고 간주되므로 비강세음절과는 관계없이 강세 받는 음절의 수가 얼마나 되느냐에 따라 문장을 발음하는데 걸리는 시간이 결정된다. 다시 말해 어떤 문장이 길고 짧은 것과는 상관없이 강세음절의 수만 같다면 문장을 발음하는데 걸리는 시간이 거의 동일하다고 간주된다. 예를 들어 "He told his mother."란 문장과 "He sent it to his mother."란 문장을 보면 겉으로 보기에 두 번째 문장이 길어서 발음하는데 걸리는 시간이 오래 걸린다고 생각할지 모르나 사실은 발음시간이 거의 똑 같다. 왜냐하면 첫 번째 문장에서는 told와 mother가 강세를 받고, 두 번째 문장에서도 sent와 mother가 강세를 받기 때문에 결국 강세를 받는 음절의 수가 두 문장 똑같이 두 개이기 때문이다.

6.1.2 비시간적 관점

리듬을 비시간적으로 보는 입장에서는 반복의 개념을 중시하는 시계소리나 기관총의 연속적인 발사 소리는 본질적으로 리듬이 아니라는 것이다. 대신에 리듬은 청자가 일련의 감각 인상(sensory impressions)

을 관련 없는 사건의 연속으로서보다는 오히려 전체로서 지각할 때 자신의 마음속에 생기는 어떤 현상이라고 설명한다. 예를 들어 타자수가 잘 아는 단어들을 치고 쉴 때의 리듬은 손동작과 연관된 자판위에 있는 키들(keys)의 상대적 위치를 지각하는데서 결정된다. 이 견해에 따르면 리듬 단위를 이루기 위해 감각 인상은 돌출(salience)의 측면에서 서로 연관되어야 하며 어떤 감각 인상은 다른 감각 인상보다 더 두드러져 있다고 본다.

따라서 시간적 견해와 비시간적 견해에서 리듬을 파악하는 차이는 전자가 어떤 현상의 반복에 중점을 두는 반면에, 후자는 청자의 감각인상과 지각 또는 경험에 의존한다는 것으로 요약할 수 있다. 이것은 마치 시계소리가 실제로는 똑똑똑똑(tick-tick-tick-tick)으로 같은 간격으로 반복되고 있지만, 그것을 듣는 청자는 째깍거리는 어느 한 소리를 강하게 지각하여 똑딱똑딱(tick-tock-tick-tock)으로 받아들이는 것과 같다고 할 수 있다.

6.2 영어 발화의 리듬 분석

영어의 문장은 항상 강한 요소와 약한 요소가 교대로 나타나면서 리듬을 이루고 있다. 이런 리듬 원리는 박남식(1989: 131-145)이 지적한대로, 영어의 단어와 구(phrase)에서도 그대로 반영되고 있다.

예를 들어 분절음의 결합으로 형성되는 영어 단어는 적어도 균형을 유지하기 위해 무거운 요소와 가벼운 요소가 교대로 나타나고 있다. 좀 더 구체적으로 말해 rip과 rib의 모음과 그 뒤에 오는 자음은 각각 가벼운 모음과 무거운 자음, 그리고 무거운 모음과 가벼운 자음의 연속으로 이루어져 있다. 영어에서는 유성음 앞의 모음이 무성음 앞의 모음보다 길고 무겁게 발음되고, 자음 중에서는 무성 자음이 유성 자음 보다 강도 등급이 더 높다고 알려져 있다. Giegerich(1992: 234)의 언급에 의하면, /p/ 앞에서의 모음 지속 시간은 12.3 centiseconds 인데 반해, /b/ 앞에서의 모음 지속 시간은 28.5 centiseconds를 보이고 있다. 또 Foley(1970: 90)에 의하면, 무성음 /p/의 음운 강도(phonological strength)가 유성음 /b/의 음운 강도보다 더 강하다.

강약이 서로 교대로 일어나는 현상은 영어의 이항 구조(binomials)를 보면 더 잘 알 수 있다. 이항 구조란 김종훈(2018: 185)이 지적하듯이, 동일한 부류에 속하는 두 개의 단일 단어들이 and, or, but과 같은 접속사 또는 to, after 같은 전치사에 의해 연결되는 등위구(coordinated structure)를 말한다. 유형별로 보면 이항 구조는 두 구성 요소의 순서가 fish and chips처럼, 고정되어 있어 그 순서를 바꿀 수 없는 것과 public and private처럼 자유롭게 순서를 바꾸어 쓸 수 있는 것을 비롯하여 time and money와 money and time처럼 어느 한쪽을 더 좋아하는 유형으로 나누어진다.

이항 구조의 어순에는 일반적으로 의미론적 제약과 음운론적 제약을 받는다. 예컨대 Cooper와 Ross(1975)는 김종훈(2018: 188)에서 다룬 것처럼, 이항 구조에서는 거기보다 여기(here and there), 과거보다 지금(now and then), 차세대보다 현세대(son and grandsone), 소년보다 성인(man and boy), 부정보다 긍정(all or none), 복수보다 단수(one or two), 타국보다 애국(United States and Canada), 사물보다 사람(people and things), 단점보다 장점(pro and con), 바다보다 육지(land and sea), 뒤보다 앞(front and back), 대상보다 행위(subject and object), 힘 우선(bow and arrow), 죽음보다 삶(life and death), 국외보다 국내(home and away), 특수보다 일반(general and special), 동사보다 명사(nouns and verbs), 불가산보다 가산(count and mass nouns), 음료보다 음식(drink and food)이 첫 위치에 오는 의미론적 제약을 받는다고 한다. 말하자면 화자 중심으로 볼 때 가까운 것이 먼저 일어난다는 소위 나 먼저 원리(me first principle)가 적용된다.

이항 구조의 어순에 적용되는 음운론적 제약으로는 이항 구조의 첫 위치에 저모음보다 고모음, 후설 모음보다 전설 모음, 장모음보다 단모음, 음절수가 많은 것보다 더 적은 수의 음절을 갖는 단어가 온다는 것을 들 수 있다. 또한 이항 구조의 첫 자리에는 더 적은 수의 어두 자음을 갖는 단어와 더 많은 수의 어말 자음을 갖는 단어들, 덜 저해음적인 어두 자음, 더 저해음적인 어말 자음을 갖는 단어들이 차지한다는 것이다(Cooper & Ross, 1975; 김종훈, 2018).

가령 영국의 유명한 작가인 D.H. Lawrence(1885-1930)가 자신의 작품을 Lovers and Sons가 아닌 Sons and Lovers로 명명하였는데 이는 단음절인 sons라는 단어가 2음절인 lovers라는 단어보다 앞에 온다는 음운론적 제약 때문이다. 특히 후자의 표현은 강약/강약의 흐름을 유지함으로써 영어의 리듬에 맞기 때문이다. 바꿔 말해 전자의 표현대로 라면 강약약/강의 유형이 되어 약한 요소가 두 번 반복되는 자연스럽지 못한 리듬을 형성하기 때문이다.

이러한 영어 리듬의 특성과 관련하여 Jespersen(1905: 220-221)는 일찍이 다음과 같은 지적을 한 바 있다.

> Rhythm undoubtedly plays a great part in ordinary language, apart from poetry and artistic (or artificial) prose. It may not always be easy to demonstrate this; but in combinations of a monosyllable and a disyllable by means of and the short word is in many set phrases placed first in order to make the rhythm into the regular 'aa 'aa instead of 'aaa 'a(before the a denotes the strongly stressed syllable). Thus we say 'bread and butter', not 'butter and bread'; further: 'bread and water', 'milk and water', 'cup and saucer',

'wind and weather', 'head and shoulders', 'by fits and snatches', 'from top to bottom', 'rough and ready', 'free and easy', 'dark and dreary', 'high and mighty', 'up and doing'. It is probable that rhythm has also played a great part in determining the order of words in other fixed groups of greater complexity.

위 진술에도 나타나 있듯이, 'bread and butter'와 'cup and saucer' 등은 모두 강약/강약의 균형 잡힌 리듬을 이룸으로써 적절한 표현으로 받아들여지고 있지만, *butter and bread 와 *saucer and cup의 표현은 강약약/강의 조화롭지 못한 리듬을 보이고 있다.

이 같은 영어 리듬의 규칙성에 대해 Selkirk(1984: 48)은 아래와 같은 리듬 교체 원리(principle of rhythmic alternation)을 제안하고 있다.

Between two successive strong beats on a metrical level n there must intervene at least one (at most two) weak beat(s) of the metrical level n.

김종훈(2018: 121-122)에서 보듯이, 위 원리는 율격 계층 n 상에는 두 계속되는 강박 사이에 적어도 하나의 약박, 많아 봐야 두 개의 약박이 끼어들 수 있다는 것을 말하고 있다. 이를 달리 언급하면 두 연이은 강세음절 사이에는 하나의 비강세음절이나 두 개의 비강세음절이 끼어드는 SwSw나 wSwS 구조가 선호되지만 2음절의 단어가 첫 위치에 올 때는 경우에 따라 SwwS의 리듬 구조도 허용될 수 있다. 그러나 두 강세음절 사이에 세 개의 비강세음절이 계속되는 SwwwS 구조나 두 강세음절이 계속되는 SS 구조는 원칙에 따라 허용되지 않는다는 뜻이다. Quirk, Greenbaum, Leech와 Svartvik(1985: 971)의 다음과 같은 언급을 보면 이 점을 알 수 있다.

> One principle at work hear appears to be a principle of rhythmic regualrity: e.g. the dactylic rhythm of 'ladies and gentlemen', and the trochaic rhythm of 'men and women', are preferable to the less balanced rhythm of *'gentlemen and ladies' and *'women an men'.

그러나 이 같은 리듬의 원리에도 불구하고 영어 학습자들은 이항 구조의 어순에서 적지 않은 오류를 범하는데 문제가 있다. 40명의 대학생 학습자들을 대상으로 조사해본 결과 이항 구조의 사용에서 명사와 명사 구조는 70.3%, 동사와 동사의 구조에서는 66.6%, 형용사와 형용사의 구조에서는 58%, 부사와 부사의 구조에서는 74.8%, 전치사와 전치사의 구조에서는 69.4%의 정답률을 보였다. 예를 들어 그들은 sick and tired와 high and low란 이항 구조에서 30%의 학습자들만 올바른 사용을 보였고, 나머지 70%는 tired and sick이나 low and high를 올바른 형태로 알고 있는 것으로 나타났다(김종훈, 2018). 따라서 통사론의 이항 구조의 어순을 리듬을 통해 지도하는 것이 중요한 과제라 할 수 있다.

6.3 영어 통사 구조에서 리듬의 역할

앞 절에서 보듯이 음운론의 리듬은 통사 구조의 기술에 중요한 역할을 하고 있다. 예를 들어 통사론에서 이항 구조로 다루어지는 salt and pepper는 접속사 and 앞뒤에 동일한 구성 요소인 명사로 연결되어 있어 pepper and salt라 해도 문제가 없어 보인다. 그러나 음운론의 관점에서 보면 salt and pepper는 SwSw의 구조로 적형적인 리듬 구조를 형성하고 있으나, pepper and salt는 SwwS의 리듬 구조가 됨으로써 전자보다 덜 균형 잡힌 구조를 이룬다고 할 수 있다. 이는 문법에 맞는 영어의 통사 구조를 선택하여 사용할 때 리듬이 중요한 역할을 하고 있음을 보여 주는 것이다.

영어 통사 구조의 선택과 사용에 리듬이 중요한 기능을 수행한다는 또 다른 사실은 두개의 형용사가 이어져 명사를 수식하는 한정적인(adnominal) 위치에 있을 때 더 잘 나타난다. 한정적인 위치란 다음처럼 두 개의 형용사가 접속사로 연결되어 명사를 수식하는 경우를 말한다(Bolinger, 1962: 36).

(1) cold and obvious fact　　a red and yellow river
long and beautiful friendship　　drum-and-bugle corps
strong and bitter (political factor)　furred and feathered creatures
a bow-and-arrows project　　up-and-coming writer
fresh and frisky pups　　floor-to-ceiling window

이와 관련하여 Bolinger(1962)가 17명의 영어 모국어 화자들에게 이러한 성격의 여러 문장들을 읽도록 하여 어느 문장이 더 나은지 물어본 실험 결과를 보면 영어 화자들이 통사 구조의 선택과 사용에서 얼마나 리듬을 중요하게 고려하고 있는지를 짐작할 수 있다. 그 중에서 몇 문장만 제시하면 다음과 같다.

(2) a. He made a frank and candid statement. (16명 선택)
b. He made a candid and frank statement. (1명 선택)
(3) a. What senseless and mad slaughter! (0명 선택)
b. What mad and senseless slaughter! (17명 선택)
(4) a. It was a long and tedious speech. (16명 선택)
b. It was a tedious and long speech. (1명 선택)
(5) a. She's such a thoughtful and shy person. (2명 선택)
b. She's such a shy and thoughtful person. (15명 선택)

위 문장들에서 (3a.b)의 경우를 예로 들어 설명하면 영어 화자들은 리듬 상 (3a)보다 (3b)를 더 적형적인 구조라 생각하고 있다. 왜냐하면 두개의 형용사가 명사를 수식하는 상황에서 (3a)의 senseless and mad slaughter는 SwwSSw의 구조를 보여 강강이 충돌(clash)을 일으키고 있지만, (3b)의 mad and senseless slaughter는 SwSwSw의 구조가 되어 매우 이상적인 강약의 리듬을 보이기 때문이다. 나머지 (2a.b), (4a.b), (5a.b)의 경우도 리듬을 우선적으로 고려하여 해당 문장들을 선택하여 사용하고 있다고 할 수 있다. 이런 예들 역시 영어의 통사구조 선정에 리듬이 중요한 역할을 하고 있음을 보여주는 증거라 할 수 있다.

이를 종합할 때 영어 교사들은 영어의 리듬은 강약이 교대로 나타나면서 될 수 있으면 강강 또는 약약과 같은 동일한 요소가 반복되는 것을 피하고 있음을 학습자들에게 인식시킬 필요가 있다. 영어의 단어나 구 및 문장은 강한 요소가 나오면 약한 요소가 뒤 따라 오거나, 비강세음절이 나오면 그 다음은 강세음절이 뒤따름으로써 같은 요소나 음절이 충돌하는 것을 회피하고 있음을 보여주어야 바람직하다.

이를 위해 김종훈(2018: 200)에서 지적한 것처럼, 영어 교사로서 교실에서 손쉽게 이용할 수 있는 미국 영어의 대표적 용례를 수록한 COCA와 영국의 국가적인 코퍼스 자료인 BNC의 자료를 활용하여 강약 또는 약강의 리듬을 갖는 이항 구조와 같은 통사 구조를 영어를 가르칠 때 명시적으로 설명함으로써 음운론에서의 리듬이 통사론에서의 애매모호성을 설명하는데 중요한 기능을 하고 있음을 강조해야 할 것이다. 이항 구조가 초등학생들이 즐겨 있는 영어의 동화나 문학 작품에 많이 등장한다는 것은 김종훈(2018)에서 지적한 바 있다.

6.4 영어의 리듬 규칙

강약 또는 약강이 교대로 일어나는 영어의 리듬을 지키기 위해 영어에서는 소위 리듬 규칙(rhythm rule)을 설정한다. 리듬 규칙은 리듬상 부적격한(ill-formed) 구조가 생길 경우 적형적인(well-formed) 구조로 만들기 위해 강세를 조정하는 규칙으로서 최근의 율격 음운론(metrical phonology)에서 사용된 개념이다. 물론 리듬 규칙은 Bronstein (1960)이 언급한 강세 이동(shifting stress)의 개념을 반영하고 있으나 율격 음운론에서는 Iambic Reversal 또는 Thirteen Men Rule이라 부를 정도로 중요하게 취급되고 있다.

리듬 규칙은 강(strong)과 약(weak)이 상대적 관계가 표시된 수형(metrical tree)으로 설명하는 방법과 율격 격자(metrical grid)로 기술하는 방법이 있다. 먼저 thirteen을 수형으로 나타낸 후 리듬 규칙을 생각해 보자.

(1)

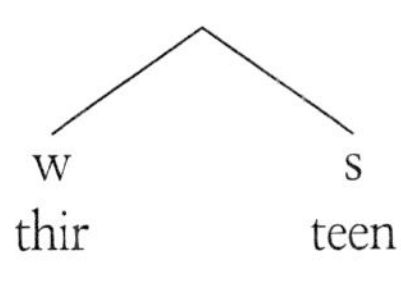

위 수형에서 첫째 음절 thir- 는 둘째 음절 teen보다 상대적으로 약하게 발음되므로 전체적으로는 ws의 구조가 된다. 이러한 수형을 이용하여 thirteen men의 강약 관계를 나타내면 다음과 같다.

(2)

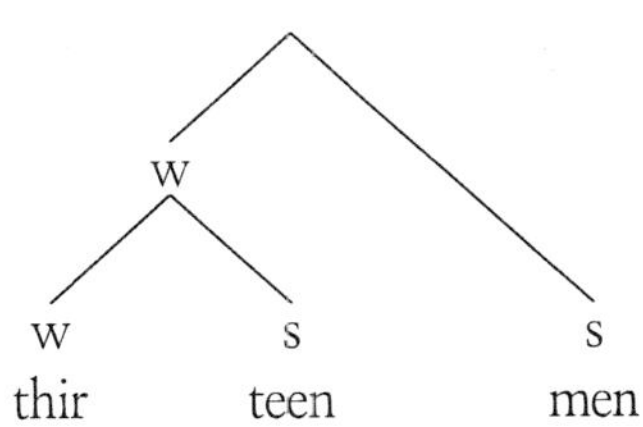

그런데 위 수형을 보면 teen과 men이 모두 강한 요소이기 때문에 강한 요소가 두 번 반복되어 영어의 리듬 원리를 어기고 있다. 즉, 영어의 리듬상 적형적인 구조를 이루지 못하고 있다. 리듬 규칙은 바로 이러한 충돌을 막기 위해 thirteen의 ws 구조를 sw 구조로 변형시키는 것이다. 이 변화를 알기 쉽게 나타내면 아래와 같다.

(3)

결국 thirteen men의 수형은 다음과 같은 조정 과정을 거치게 된다.

(4)

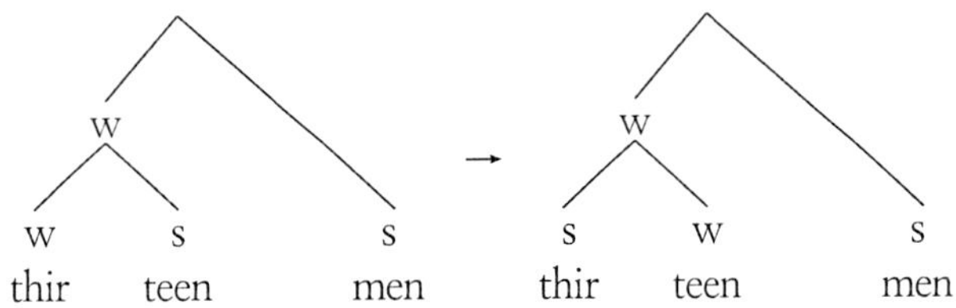

한편 리듬 규칙은 격자의 모습으로도 설명이 가능하다. 우선 thirteen men의 각 음절 위에 격자 x를 하나씩 표시한다. 다음으로 각 음절의 상대적 강도를 고려하여 thirteen의 경우는 teen이 강하므로 그 위에 x를 표시하고, men 위에도 x를 표시한다. 마지막으로 thirteen men에서는 teen 보다는 men이 더 강하므로 men 위에 x를 표시하면 된다. 이 과정을 단계별로 알기 쉽게 나타내면 다음과 같다.

```
(5)  a.  x    x      x          b.        x         x
        thir teen   men               x   x         x
                                     thir teen     men

     c.              x
              x      x
         x    x      x
        thir teen   men
```

바로 이러한 격자 모습에서 Liberman과 Prince(1977: 314)는 강세 인접(stress adjacency), 강세 교체(stress alternating), 강세 충돌(stress clashing)의 의미를 명확히 함으로써 리듬 규칙을 적용시키려 한다. 그들의 주장을 들어보자.

> Elements are metrically adjacent if they are on the same level and no other elements of that level intervene between them; adjacent elements are metrically alternating if, in the next lower level, the elements corresponding to them (if any) are not adjacent; adjacent elements are metrically clashing if their counterparts one level down are adjacent.

강세 인접이란 어떤 요소들이 똑 같은 계층 위에 있고 그 요소들 사이에 어떤 다른 요소들이 끼어들지 않고 서로 나란히 붙어 있는 것을 의미한다. 예를 들면 (5c)의 두 번째 계층 위의 두 x는 서로 인접해 있다. 또한 그 바로 아래 계층에서 그 요소들과 대응하는 요소들이 서로 인접해 있지 않으면 교체한다고 말하며, 인접해 있으면 충돌한다고 일컫는다. 가령 (5c)의 제일 아래 계층의 요소들은 서로 인접해 있기 때문에 충돌을 보이고 있다. 이러한 강세 충돌을 막기 위해 그들은 리듬 규칙을 적용함으로써 강세 충돌을 완화시켜 강세가 교체되도록 하고 있다. 다시 말해 그들은 두 번째 계층 위의 thirteen의 teen에 해당하는 격자를 왼쪽으로 이동시키는 리듬 규칙을 적용시킴으로써 리듬을 조정하고 있다. 이 과정을 이해하기 쉽게 나타내면 다음과 같다.

```
(6)  a.                x          b.                        x
                  x    x                 x  ←  Ⓧ            x
             x    x    x                 x      x           x
            thir teen  men              thir   teen        men
```

결국 리듬 규칙은 영어 발화상 자연스러운 리듬을 이루도록 약강을 강약으로 도치시키는 기능을 한다고 말할 수 있다. 이런 점에서 리듬 규칙은 종종 약강 도치 현상(iambic reversal) 또는 Thirteen Men Rule이라 불리고 있다.

그러나 이러한 리듬 규칙은 담화의 상황을 고려하여 적용되는 것이 바람직하다. 다시 말해 어떤 특수한 대화 상황에서는 약강 도치 규칙이 적용되지 못하는 경우도 있다. 가령 Carr(2013: 104)의 다음 대화를 보자.

(7) A: I do enjoy academic banter, you know. (rhythm reversal)
B: What kind of banter?
A: Academic banter. (contrastive stress: no rhythm reversal)

A와 B 두 사람의 위 대화에서 A가 처음 말할 때는 academic의 강세와 banter의 강세가 음보 계층에서 충돌하므로 리듬 규칙을 적용하여 약강강 구조를 강약강으로 바꾸어야 한다. 그런데 B가 어떤 종류의 학술적인 농담인지 묻는 질문에 다른 농담이 아닌 바로 학술적인 농담이라는 것을 강조하는 상황에서 A가 대답을 하게 되므로 이때에는 강약을 약강으로 바꾸는 리듬 규칙이 적용되지 않는다.

6.5. 영어의 이상적인 리듬 구조

영어가 강세 박자 언어란 점은 여러 곳에서 언급한 바 있다. 우리말이나 불어처럼 모든 음절이 거의 동일한 간격으로 일어나는 음절 박자 언어와는 달리, 영어에서는 강세 받는 음절이 거의 동일한 간격으로 나타난다.

이런 점 때문에 영어의 음보는 규칙적으로 일어나는 강세 받는 음절 다음에 강세를 받지 못하는 음절들이 따라 오는 형태를 취하게 된다. 예를 들어 heard in the park이란 구는 강세 받는 heard란 음절 뒤에 두 개의 강세 받지 못하는 음절이 따라오고 있으며, heard it in the park이란 구는 강세 받는 heard란 음절 다음에 세 개의 비강세음절이, heard it in the announcement란 구에서는 강세음절 다음에 네 개의 비강세 음절이 이어지고 있다(Carr, 2013: 99).

게르만어의 원래 강세 패턴이 강약의 체계였다는 점을 기억한다면, 강세음절 다음에 여러 비강세음절이 계속되는 음보 연결체 중에서 가장 기본적인 리듬 구조는 S-W 패턴이라 할 수 있다. 그 구조는 강과 약이 번갈아 오며 리듬 구조를 이루는 가장 이상적이며 최적한 구조로서 때로는 양호 리듬 구조(eurhythmic structure)라 일컫는다. 따라서 하나 이상의 음보를 갖는 구조에서는 S-W-S-W가 양호한 리듬 패턴이 된다.

이 말의 뜻하는 바를 좀 더 이해하기 위해 영어의 문장 "I want a cup of coffee."란 문장을 율격 수형(metrical tree)으로 나타내고 음보의 패턴을 설명해 보자.

(8)

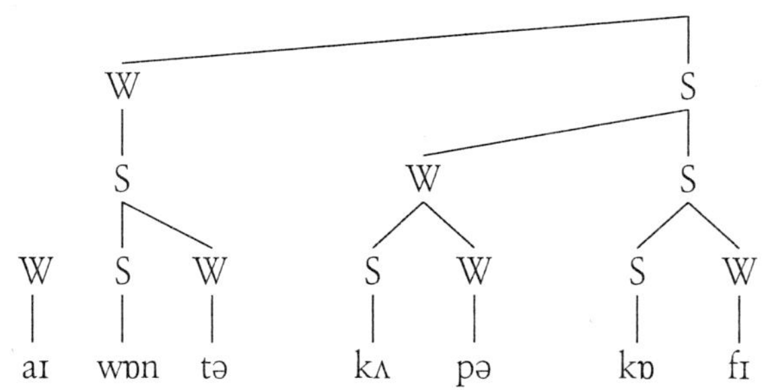

위 구조에서 밑에서 세 번째 계층이 음보 계층으로서 동사구에 세 개의 음보들(S-W-S)로 구성되어 있으며, 각 음보 계층 아래 음절 계

층도 SW로 이어져 있다. 따라서 이 문장은 음절 계층과 음보 계층에서 모두 양호 구조를 형성하고 있다.

6.6 영어 리듬의 효율적 지도

앞에서 논한 리듬의 본질과 영어 발화의 리듬 분석 및 리듬 규칙을 토대로 여기서는 영어의 리듬을 어떻게 영어 학습자들에게 지도하는 것이 효과적인 발음 교육이 될 수 있는지를 검토하겠다.

6.6.1 강세음절과 비강세음절의 인식

영어의 단어나 구 및 문장은 강세음절과 비강세음절의 교대로 일어나면서 리듬을 형성하므로 영어의 발음을 지도할 때에는 우선적으로 강세음절과 비강세음절의 발음을 정확히 인식시키는 것이 중요하다. 영어의 리듬 특성에 맞게 영어 발음을 지도할 때에는 강세를 받는 음절은 강하고 또렷하게 발음하도록 하고 강세를 받지 않은 음절은 빨리 발음하거나 약하게 발음하도록 함으로써 전체적으로 문장의 발음 시간을 조정하도록 해야 한다. 보다 구체적으로 말해 강세를 받는 음절의 모음은 분명하고 정확하게 조음하도록 지도하고 강세를 받지 않는 음절의 모음은 애매 모음(schwa) 또는 약화 모음(reduced vowel)로 처리하도록 한다. 이와 관련하여 Pike(1947: 13)는 다음과 같이 지적한다.

> In stress timing, some of the vowels may be drastically reduced in time and their precision of articulation and distinctive quality may be obscured. Since in this rhythmic style there is a tendency

for the stressed syllables to occur at more or less evenly spaced intervals in time, and since between two such stresses there may be an indeterminate number of syllables, then if only one syllable comes between the stresses, it will be likely to receive more time, emphasis, and clarity than will three or four unstressed syllables if they all occur between the same two stresses.

Prator와 Robinett(1985: 31)도 영어의 리듬을 잘 익힐 수 있는 다섯 가지 요령을 다음과 같이 제시하고 있는데, 그 중 첫 두 가지는 Pike(1947)의 견해와 거의 동일하다.

(9) a. Giving proper emphasis to stressed syllables, and making them recur rather regularly within a thought group.
b. Weakening unstressed words and syllables, and obscuring the vowels in most of them.
c. Organizing words properly into thought groups by means of pauses.
d. Blending the final sound of each word and syllable with the initial sound of the one following within the same thought group.
e. Fitting the entire sentence into a normal intonation pattern.

결국, 영어의 리듬을 제대로 이해하기 위해서는 문장 속의 어떤 단어들이 강세를 받는지 또는 그렇지 않은지를 알아야 하며, 리듬을 맞추기 위해 단어들이 어떻게 약화된 형태(weak forms) 또는 약형을 보이는지 인지하여야 한다. 아울러 문장의 어느 부분에 포즈(pause)를 두어 사고 그룹(thought group)으로 조직화해야 하는지, 그리고 그 사고 그룹 안에서는 어떤 음들을 연결 또는 연음시켜 발음해야 하는지를 이해해야 하며, 특히 전체 문장의 올바른 억양형을 알아야 한다.

6.6.2 내용어와 기능어의 발음

영어의 리듬을 지도할 때 간과할 수 없는 것이 내용어(content words)와 기능어(function words)의 올바른 이해와 발음 지도이다. 내용어는 그 자체로 고유한 의미를 지니는 단어들이며, 기능어는 문법적인 관계만을 나타낼 뿐 그 자체로는 독자적인 의미를 갖지 못하는 단어들을 말한다. 보통 내용어는 강세를 받고 기능어는 특별히 강조하는 경우를 제외하고 강세를 받지 않는다.

영어의 리듬상 기능어는 강세가 주어지는 단어나 음절 주변으로 모여드는 경향이 있다. 그 결과 두 강세음절이나 강세 단어 사이의 일정한 시간 간격을 맞추기 위해 기능어들이 압착될(squeezing) 가능성이 많다. 그러므로 내용어의 발음 못지않게 기능어의 발음을 제대로 연습시켜야 한다.

영어에서 일반적으로 강세를 받는 내용어들을 제시하면 다음과 같다.

(10) a. nouns
b. main verbs
c. adjectives
d. adverbs
e. demonstratives: this, that, these, those
f. interrogatives: who, when, why, what, and so on

반면에 강세를 받지 않은 기능어들은 다음을 포함한다.

(11) a. articles: a, an, the
b. simple prepositions: to, of, in, and so on
c. personal pronouns: I, me, he, him, it, and so on
d. possessive adjectives: my, your, his, and so on
e. conjunctions: and, but, that, as if, and so on

f. relative pronouns: who, that, which, and so on
g. auxiliaries: be, have, do, will, could, and so on

이를 토대로 다음 문장들이 어떠한 강세 유형을 보이는지 설명해 보자.

(12) a. Where did he go?
b. She brought his food.
c. The book came from the library.
d. The store can bring you the package.
e. When are you going to tell me the story?
f. This is the house that Jack built.

먼저 (12a) 문장에서는 의문사인 where와 동사인 go는 내용어이기 때문에 강세를 받지만, 대명사인 he와 조동사인 did는 기능어이기 때문에 강세를 받지 못한다. (12b) 문장에서는 brought와 food가 내용어이기 때문에 강세를 받고 she와 his는 기능어이기 때문에 강세를 받지 않는다. (12c) 문장의 경우 book, came, library는 내용어이기 때문에 강세를 받으며, the와 from은 기능어이므로 강세가 붙지 않는다. (12d) 문장에서도 내용어인 store, bring, package는 강세를 받고 the와 can, you는 기능어에 해당하므로 강세를 받지 않는다. (12e) 문장도 비슷하게 내용어인 when, going, tell, story가 강세를 받는 대신에 are, you, to, the는 기능어에 속하므로 강세가 붙지 않는다. 마지막 (12f)에서는 지시사인 This, 명사인 house와 Jack, 동사인 built가 내용어에 속하므로 강세를 받지만, be동사인 is, 정관사인 the, 관계대명사인 that은 기능어이므로 강세를 받지 않는다.

그런데 위 마지막 문장 "This is the house that Jack built."에 대해서는 약간의 부가적인 설명이 필요하다. 하나의 강세 받는 음절에서 그 다음 강세 받는 음절 직전까지의 시간 간격은 동일하다는(isochronous) 원리를 따르면 두 강세 받는 음절 사이에 오는 비강세음절의 수는 아무리 많아도 발음 시간에 영향을 주지 않는다. 다시 말해, This is the house의 경우는 강세음절 사이의 비강세음절이 두 개 나타나며, house that Jack의 경우는 하나, 그리고 Jack built의 경우는 전혀 비강세음절이 발견되지 않고 있지만, 강세 받는 음절의 수만 같다면 발음 시간은 동일하다고 간주된다. 이 하나의 강세음절의 전부(onset), 즉 강세를 받는 음절 초에서 시작하여 다음 강세를 받는 음절초 까지의 간격을 음보(feet)라 한다면, 이 문장은 /This is the/house that/Jack/built의 빗금친 표시에서 보듯이, 4개의 음보로 구성되어 있다. 결국 각 음보를 발음할 때 걸리는 시간이 같다는 말인데, 각 음보 내에 음절의 수는 /3/2/1/1/처럼 서로 다름에도 발음 시간은 같다는 것에 유의할 필요가 있다.

한편 영어의 리듬 조직을 학생들에게 올바르게 이해시키기 위해서는 비강세음절의 모음의 약화 현상, 그 중에서도 앞에서 다룬 기능어의 약형(weak forms)을 제대로 가르칠 필요가 있다. 왜냐하면 연속된 말 속에서는 강한 요소와 약한 요소가 서로 번갈아 가며 리듬을 이루는데, 기능어의 모음을 약화시키는 것은 전상범(1995: 270-271)이 지적하듯이, 오히려 내용어를 돋보이게 하는 것이므로, 결국 강약이 교차하는 영어의 리듬을 잘 유지하는 길이 되기 때문이다.

기능어의 약형이 어떤 형태로 발음되는지 Ladegoged(1982)와 Prator와 Robinett(1985) 등에서 표시하면 다음과 같다. 물론 기능어가 독립해서 쓰일 때의 발음은 강형(strong forms)으로 나타난다.

(13)

Word	Strong Form	Weak Form	Example
a	[ey]	[ə]	in a car
an	[æn]	[ən]	get an egg

and	[ænd]	[ənd], [ən], [n̩d], [n̩]	high and low
as	[æz]	[əz]	as good as
are	[ar]	[ər]	two are ready
at	[æt]	[ət]	at home
can	[kæn]	[kən], [kŋ]	I can go
has	[hæz]	[həz], [əz], [z], [s]	he's left
he	[hi]	[ɪ] [hɪ]	will he go?
must	[mʌst]	[məst] [məs]	I must sell
of	[av]	[əv]	three of us
or	[ɔr]	[ər]	one or two
that	[ðæt]	[ðət]	those that went
the	[ðiy]	[ðə], [ðɪ]	on the right
to	[tuw]	[tə], [tʊ]	five to two
was	[waz]	[wəz]	it was late
would	[wud]	[wəd], [əd], [d]	it would do

한편 내용어와 기능어를 잘 구분하게 하여 영어의 강세를 지도하는 활동으로 소위 전보(telegrams) 만들기가 유익하게 활용될 수 있다. 다 아는 바와 같이 전보는 꼭 필요한 최소한의 말만 쓰고 보내는 것이므로 이 경우 내용어를 주로 전보에 쓰고 내용 전달에 별 영향이 없는 기능어는 쓰지 않게 마련이다. 발음 교육을 할 때 전보 만들기를 하는 것은 내용어와 기능어를 명확히 인식하도록 하여 내용어는 강하게 발음하도록 하기 위해서이다. 이와 관련하여 Burns(1992: 202)가 제시하는 다음의 예를 보자.

TO: YOUR FRIEND IN SAN FRANCISCO
MESSAGE: MY AUNT WILL ARRIVE ON SUNDAY AT 4:00 FROM TOKYO. PLEASE MEET HER AT THE AIRPORT IN CUSTOMS AND TRANSLATE FOR HER.

학생들을 조별로 또는 그룹별로 나누어 위 전보 내용을 주고 가장 간단한 가장 값이 싼 전보를 만들어 보도록 한다. 그들이 서로 간에 의논을 통해 만들어 낸 전보 내용은 아래와 같다.

> AUNT ARRIVE SUNDAY 4:00 TOKYO. MEET AIRPORT CUSTOMS TRANSLATE.

결국 전보에 쓰일 단어들은 전부 내용어 들이다. 전보에 쓰일 단어 선택 활동이 끝나면 교사는 원래 전하고자 하는 전보의 내용을 큰 소리로 읽어 주며 학생들로 하여금 내용상 이상이 없는지 확인하게 한다.

이 때 교사는 전체 문장 중 전보에 쓰일 내용어들은 강하게 발음하고 나머지 기능어들은 약하게 발음함으로써 강세의 차이를 인지시키면 된다.

6.6.3 리듬 유지를 위한 포즈(pause)의 이해

영어에서 좋은 리듬을 유지하기 위해서는 강세 받는 음절과 강세 받지 않는 음절을 명확히 구분하여 발음해야 할 뿐 아니라 음절을 더 큰 단위로 그룹화 시켜 발음할 수 있어야 한다. 다시 말해 올바른 곳에서 끊어 읽기를 할 수 있는, 즉, 포즈(pause)를 둘 줄 알아야 하며, 하나의 구(phrase) 내에서 단어들을 잘 연결시켜 발음할 수 있어야 한다.

영어에서는 포즈(pause)를 사용하여 문장을 그 보다 더 작은 부분인 사고 그룹(thought group)으로 나눈다. 사고 그룹은 발화의 흐름이 포즈에 의해 나누어지는 단어 그룹으로써 문장의 부분인 절이나 구 등이 되는데 거기서 발화를 잠깐 멈추어 발음하게 된다.

그러면 무엇 때문에 문장에서 포즈를 두는 것일까? 이에 대해

Prator와 Robinett(1985: 36)는 다음과 같은 세 가지 이유 중 하나라고 대답한다.

첫째는 의미를 명확히 하기 위해서이다. 예를 들면 "When the wind blows/ the waves run high."라는 문장에서는 종속절과 주절 사이에 포즈를 두어야 문장의 뜻이 명확해 진다. 둘째는 강조하기 위해서이다. 예를 들어 "Frankly, / I'm disappointed in you."라는 문장의 포즈가 그 좋은 예이다. 셋째는 긴 문장에서 단지 화자가 숨을 쉬기 위해서이다.

영어에서 포즈는 다음과 같은 경우에 두는 것이 일반적이다. 첫째, 마침표, 쉼표, 물음표, 감탄 부호, 코론, 세미 코론 등 구두점 앞에 포즈를 둔다. 둘째, and, or, but, which, that, since 등 접속사 앞에 둔다. 셋째, 구, 절, 문장과 같은 문법 단위 사이에 포즈를 둔다.

모든 사고 그룹은 적어도 하나의 가장 강한 강세를 받는 음절을 포함해야 한다. 이를 성조 음절(tonic syllable)이라 하는데, 이에 대해서는 억양을 설명할 때 더 자세히 다루도록 하겠다.

영어 화자는 개인의 취향에 따라 여러 가지 방식으로 문장을 사고 그룹으로 나누는 것이 가능하지만, 그렇다고 문장의 아무 곳에나 포즈를 둘 수는 없다. 그러므로 대명사, 조동사, 접속사와 같은 기능어들과 그들과 함께 나란히 옆에 오는 내용어들 중간에는 포즈를 둘 수 없다. 좀 더 구체적으로 언급하면 형용사나 관사 다음의 명사 사이나, 조동사와 본동사 사이, 전치사와 명사 사이, 형용사를 수식하는 부사 사이, 주격 대명사와 동사 사이 등에서는 포즈를 둘 수 없다.

물론 사고 그룹 내에서의 단어들은 뒤에 오는 다른 단어들과 연결되어 발음될 수 있다. 다음의 두 자료를 통해 포즈와 강세음절 발음 및 연결 관계를 익히도록 하자. 빗금 친 사고 그룹 안에는 강세를 받는 음절들과 그 중에서 가장 강한 강세를 받는 음절이 있다는 것을 주목해야 한다. 일반적으로 가장 강한 강세는 사고 그룹의 맨 오른쪽 단어에 붙게 된다.

In the 'morning/ the 'sun was‿ 'up/ and the 'tent was 'starting to get 'hot./ 'Nick crawled‿ 'out/ 'under the mos'quito netting/ 'stretched‿ a'cross the 'mouth‿ of the 'tent,/ to 'look‿ at the 'morning./ The 'grass was 'wet‿ on ‿his 'hands/ as‿ he came‿ 'out./ He 'held ‿his 'trousers(/) and‿ 'his shoes/ in ‿his 'hands./ The 'sun was just‿ 'up/ over the 'hill. There was the 'meadow,/ the 'river/ and the 'swamp./ There were 'birch trees(/) in the 'green ‿of the 'swamp/ on the‿ 'other 'side(/) of the 'river./ (Dauer, R. M. 1993: 98)

It is not strange/ that chlorophyll/ has been called/ green blood. This substance/ is carried about/ in little green disks/ which, / like the corpuscles of our blood,/ can move about/ just as if they had/a life of their own. If the sun/is too strong,/ they can turn/ their edges/ toward it,/ or sink/ to the bottom/ of the cells. When there is little sun,/ they may rise/ to the top of the cells/ to make the most/ of the light.(Prator & Robinett, 1985: 37)

6.6.4 리듬 지도의 방안

그러면 이제 영어의 리듬을 효과적으로 지도하는 방법은 무엇인지 고려해 보기로 하자. 바꿔 말해 어떻게 영어 리듬을 지도하면 영어의 발음을 최대한 자연스럽게 할 수 있는가를 제시해 보자.

6.6.4.1 강세음절과 비강세음절의 지도

첫째, 강세음절과 비강세음절 유형을 제대로 인식시키기 위해 손가락이나 연필로 책상을 가볍게 두드리며(tapping) 리듬을 지도할 수 있다. 영어 문장을 교사가 읽어주거나 녹음기로 들려주면 학생들은 강세음절을 비강세음절보다 더 강하게 두드리고 더 길고 더 분명하게 발음하면서 강약이 번갈아 나타남을 이해하도록 하는 것이다. 앞에서도 인용한 바 있었던 다음 단락(Ladefoged, 2001: 98)을 읽어 주며 리듬을 연습시키도록 하자. 여기서 각 문장 끝에 표시된 (')는 그 곳에서도 가볍게 두드릴 수 있음을 뜻한다.

> 'Stresses in 'English 'tend to re'cur at 'regular 'intervals of 'time.(') It's 'often 'perfectly 'possible to 'tap on the 'stresses in 'time with a ' metronome.(') The 'rhythm can 'even be 'said to de'termine the ' length of the 'pause between 'phrases.(') An 'extra 'tap can be 'put in the 'silence, (')as 'shown by the 'marks within the pa'rentheses.(')

둘째, 학생들에게 강세음절은 손뼉을 치게 하고, 비강세음절은 손뼉을 벌리게 함으로써 강약이 교체되는 것을 자연스럽게 지도할 수 있다. 영어 문장을 말하며 강세음절은 손뼉을 치며 강하게 하고 비강세음절은 짧고 약하게 발성하도록 훈련시킨다.

셋째, 강세음절은 큰 원으로 나타내도록 하고, 비강세음절은 작은 원으로 표시하도록 한다. 시각적으로 두 음절의 차이를 잘 구분하도록 하여 강약의 흐름을 잘 이해시키기 위해서이다.

넷째, 영어의 문장에 강세음절에는 DA로 표시하고 비강세음절에는 da로 표시하도록 하여 DA를 da보다 더 강하게 발음하도록 하면서 리듬을 지도할 수 있다. 예를 들면 다음과 같이 표시하는 것이다.

(14) a. A drugstore's the place to have lunch.
da DA da da DA da da DA
b. We were lucky to find a place to park.
da da DAda da DA da DA da DA

6.6.4.2 문학 작품 활용 리듬 지도

영어의 리듬을 제대로 지도하기 위해서는 대화 속에 나타난 문장의 리듬을 익히게 하는 것이 효과적이나, 영어 리듬을 잘 반영하고 있는 시(poetry), 동요(nursery rhymes), 오행속요(limericks) 등의 자료를 통해 발음을 지도하는 방법도 영어 학습자의 흥미를 느끼게 할 수 있으므로 적극 활용되어야 한다. 먼저 영시에 나타난 리듬을 고려해 보자.

그 예로 영국의 유명한 낭만주의 시인 가운데 한 사람인 윌리엄 블레이크(William Blake)가 쓴 Spring Song이란 제목의 시를 감상해 보자.

(15) Spring is coming, spring is coming,
Birdies, build your nest;
Weave together straw and feather,
Doing each your nest.

Spring is coming, spring is coming,
Flowers are coming two;
Pansies, lilies, daffodils,
Now are coming through.

Spring is coming, spring is coming,
All around is fair,
Shimmer and quiver on the river,
Joy is everywhere.

교사는 위 시를 학생들에게 녹음기로 한 번 듣게 한 후, 학생들에게 해당 음절 위에 강약의 표시를 하도록 할 수 있다. 게르만어에서 영어가 물려받은 강약의 고유한 율격(trochaic meter)를 지도할 수 있다는 말이다. 예를 들면 첫째 연의 첫 행은 강/약/강/약, 강/약/강/약이 되며, 둘째 행은 강/약/강/약/강, 셋째 행은 강/약/강/약/강/약/강/약, 넷째 행은 강/약/강/약/강이 된다. 둘째 연과 셋째 연도 같은 방법으로 표시하게 한다. 강약의 흐름이 다 포착되었다고 판단하면 교사는 다시 한번 녹음기를 사용하여 시를 듣도록 한 후 모국어 화자의 목소리에 맞춰 강세음절은 강하고 또렷하게 발음하도록 하고 비강세음절은 상대적으로 약하게 발음하도록 훈련시킨다. 이어서 교사가 시를 읽고 리듬에 맞게 따라 하도록 하며, 어느 정도 반복한 후 그룹을 짓도록 하여 그룹의 구성원들이 연습하도록 하면 된다.

윌리엄 블레이크의 또 다른 시 London이란 작품에서도 강약의 리듬은 시의 아름다움을 더해주고 있다. 경험의 노래(songs of experience)에 수록된 이 시의 세 번째 연(stanza)를 분석해 보면 다음과 같다.

(16) How the | Chimney | sweepers | cry
Every | blackn'ing | Church ap | palls,
And the | hapless | Soldiers | sigh
Runs in | blood down Palace | walls

위 연은 각 행별로 강약의 리듬을 지닌 네 개의 음보로 구성되어 있다. 강세 받는 음절 다음에 강세 받지 않은 음절이 뒤따르는 구조이다. 첫 행만 살펴보면, How는 강, the는 약, Chim은 강 ney는 약, swee는 강 pers약, cry는 강의 음절들로 이루어 있음을 지도해야 하는 것이다. 게다가 교사는 1행의 cry와 3행의 sigh, 2행의 palls와 4행의 walls는 각운을 이루고 있음을 지적할 필요가 있는 것이다.

강약의 율격과 달리 영어에서는 약강(iambic)의 율격도 빈번히 나타나고 있다. 이를 테면 윌리엄 세익스피어(William Shakespeare)의 희곡인 Richard 3세의 1막 1장에서 약강의 음보를 찾을 수 있다.

(17) He can | not live, | I hope; | and must | not die
Till George | be pack'd | with post- | horse up | to heaven.
I'll in, | to urge | his ha | tred more | to Clarence,
With lies | well steel'd | with weigh | ty ar | guments;
And, if | I fall | not in | my deep | intent........

위 문장들은 극 중의 인물인 리차드 글로체스터(Richard Gloucester)의 대사 중 일부이다. 약강의 음보가 5개로 이루어진 이른바 약강 오보격(iambic pentameter)으로 구성되어 있어 강세음절과 강세 받지 않은 음절이 다섯 번 교대로 나타나고 있음을 지도해야 한다. 예를 들어 교사는 He는 약, can은 강, not은 약, live는 강, I는 약, hope는 강, and는 약, must는 강, not은 약, die는 강하게 발음하며 리듬에 유의하여 발음을 지도하도록 해야 좋을 것이다.

윌리엄 셰익스피어의 또 다른 작품 Hamlet의 "To be | or not | to be, | that is | the question."란 문장과 Romeo and Juliet의 "If mu | sic be | the food | of love, | play on."은 둘 다 약강의 율격을 이루고 있어 발음 연습에 유익하게 쓸 수 있다. 이처럼 음운론의 강세음절과 비강세 음절의 주기적 반복에 기반을 둔 리듬 원리는 어학의 경계를 넘어 문학의 율격 연구에 얼마든지 활용될 수 있다

이번에는 In the Dark란 동요의 리듬을 어떻게 지도하면 좋은지 생각해 보자.

(18) Look sharp to the left,
Now quick to the right.
A firefly's taking
Small bites of the night.

시의 리듬을 지도할 때처럼 교사는 위 동요를 학습자들에게 들려

주고 강약의 리듬을 해당 음절에 표시하게 한다. 즉, 각 행이 약/강/약/약/강의 리듬을 이루고 있음을 학습자들에게 인식시키도록 하는 것이다. 좀 더 부연하면 첫 행에서는 sharp와 left에, 둘째 행에서는 quick과 right에, 셋째 행에서는 firefly의 fire와 taking의 take에, 그리고 넷째 행에서는 bites와 night에 강세를 두도록 하고 나머지 모든 음절들은 비강세가 되도록 함으로써 강약의 흐름을 이해시키는 것이다. 그 후 위 동요를 다시 한번 들려주고 그대로 따라 말하도록 하면서 리듬을 반복해서 훈련시키면 되는 것이다.

다음으로 영어 오행속요의 리듬을 살펴보자. 영어에서 오행속요는 특별한 종류의 각운으로서 다섯 행으로 구성되어 있다. 보통 1행, 2행, 5행에는 각각 3개의 강세가 할당되며, 그 행 마지막 단어들이 각운을 이룬다. 또 3행과 4행에는 2개의 강세가 주어지고, 그 마지막 단어들이 서로 각운을 이루는 특징이 있다. 예를 들어 다음 오행속요(Celce-Murcia, et al. 1996: 299)를 생각해 보자.

(19) There **was** an old **man** of **Peru**,
Who **dreamed** he was **eating** his **shoe**,
He **awoke** in the **night**,
In a **terrible fight**,
And **found** it was **perfectly true**!

위 오행속요 제1행에는 was, man, Peru에 강세가 주어지며, 제2행에는 dreamed, eating, shoe에, 제3행에는 awoke와 night에, 제4행에는 terrible과 fight에, 제5행에는 found, perfectly, true에 강세가 온다는 점을 인식시킬 필요가 있다. 이를 위해 교사는 오행속요를 읽을 때, 강박(strong beats)의 단어들은 책상을 가볍게 치면서 발음을 지도하는 것이 바람직하다. 이를테면 제1행의 경우 da DA da da DA da DA da의 연결에서 DA를 강하게 da를 약하게 발음하도록 지도하는 것이다.

아울러 첫 두 행과 오행의 마지막 단어들(Peru, shoe, true)셋째와 넷째 행의 마지막 단어들(night, fight)이 서로 각운을 이루고 있음에 유의하여 발음을 명확하게 할 필요가 있다. 특히, 제 1행의 was만 제외하고 강세 받는 단어들은 모두 내용어임을 또 다시 환기시키는 것이 바람직하다.

중등 영어 교육 현장에서 활용 가능한 오행속요의 예들을 Howers (1963), Morley(1979), Taylor(1993), Miller(2000)에서 인용하면 다음과 같다.

(20) There was a young man of Quebec,
Who fell into a lake to his neck,
Though he looked like a wreck,
He said, "Oh, what the heck,
It's the dewiest spot in Quebec! (Howers, 1963: 78)

There once was a speaker named Saul
Who thought he would hire a hall.
When he got it he found
No one else was around
And his speech he could never recall. (Howers, 1963: 88)

There was a young man named McCall,
Who fell in the spring in the Fall,
'twould have been a sad thing,
If he'd died in the spring,
But he didn't, he died in the fall. (Morley, 1979: 268)

There once was a woman named Bunny,

Whose smile was so happy and sunny.
People's names she forgot,
But that worried her not.
She simply called all of them Honey! (Morley, 1979: 270)

There was a young man from Bengal.
Who went to a fancy dress ball.
He thought he would risk it,
And go as a biscuit.
But a dog ate him up in hall. (Taylor, 1993: 117)

There was a young soldier called Ted,
Who spent too much time in his bed.
One morning at one
They fired the gun,
And later poor Ted was found dead.(Taylor, 1993: 117)

There was a young man of New York,
Who ate his ice-cream with a fork.
People said, 'Oh my word!
He is really absurd.',
And they hit him with bits of white chalk. (Taylor, 1993: 118)

There once was a man so sublime'
Who married three wives at a time.
When asked "Why a third?"
He replied, "One's absurd!"
"And bigamy, sir, is a crime." (Miller, 2000: 63)

앞에서 영어의 발음 교육에서 중요한 의미가 있는 영어의 리듬을 어떻게 지도하면 좋은지를 다루어 보았다. 문장 속의 각 음절이 똑같은 무게를 갖는 음절 박자 언어인 한국어와는 달리 강세 받는 음절이 규칙적인 간격으로 일어나는 강세 박자 언어인 영어의 발음을 자연스럽게 하기 위해서는 강세음절과 비강세음절이 번갈아 나타나는 영어의 리듬에 대한 이해와 연습이 필수적이다.

영어의 단어와 구 및 문장은 그 구성 요소 내부에 강한 요소와 약한 요소가 조화롭게 반복되면서 영어다운 리듬을 형성하고 있다. 단어 내부의 분절음 결합이 강약 또는 약강의 교대로 이루어지는가 하면 단어보다 큰 구에서도 강약/강약 또는 강약약/강약약이 번갈아 나타나며, 이 같은 사실은 문장 단위에서도 마찬가지이다. 만약 강약이 번갈아 오지 못하고 강강이 충돌하게 되면 강세를 이동시키는 리듬 규칙을 적용하여 흐름을 조정하게 된다.

이러한 영어의 리듬을 효과적으로 지도하기 위해서는 문장이 어떤 부분이 강세를 받고, 어떤 다른 부분이 강세를 받지 않은지를 명확히 인식시킬 필요가 있다. 특히, 강세 받는 음절은 강하고 명확히 그리고 또렷하게 발음하도록 연습시키며, 강세 받지 않은 음절은 빠르고 약하게 발음하도록 하되, 필요할 경우 축약과 탈락 등의 과정으로 전체적인 리듬을 유지하도록 해야 한다.

보다 구체적인 영어의 리듬 지도법으로는 영어의 리듬이 잘 반영된 여러 자료들, 이를테면, 일상생활의 대화는 물론 영시, 동요, 오행속요 등을 활용하여 강세음절의 경우는 비강세음절보다 연필로 책상을 약간 강하게 두드리며 녹음기의 원어민 화자나 교사의 발음을 그대로 따라 하도록 해야 바람직하다. 또한 강세음절의 경우는 손뼉을 치고 비강세음절은 손뼉을 벌리도록 하면서 반복적으로 연습시킬 수도 있으며, 강박 부분은 DA로, 약박 부분은 da로 발음하며 강세음절과 비강세음절의 연속을 훈련시키는 방법도 사용할 수 있다.

제 7 장

영어의 억양 지도

본 장에서는 영어의 의미 전달에 중요한 영향을 미치는 억양과 그 지도법을 다룬다. 억양의 개념과 내부 조직을 알아보고, 영어 문장의 기본적인 억양형은 어떻게 분류되는지를 검토하며, 발음 교육에 매우 중요한 억양의 여러 정보와 억양의 다양한 기능을 살펴보기로 한다.

7.1 억양의 개념

영어를 영어답게 발음하는데 가장 중요한 것은 억양이라 할 수 있다. 억양이 자연스러우면 개별 분절음의 발음이 좀 이상하더라도 상대방의 말을 알아들을 수 있으나 억양이 자연스럽지 못하면 분절음을 정확히 발음했어도 영어다운 느낌이 들지 않는다. 그렇다고 분절음의 정확성(accuracy)이 발음 교육에 필요 없다는 말은 결코 아니다. 궁극적으로 발음의 자연성이나 유창성(fluency)을 기하려면 자음과 모음의 정확한 조음도 무시할 수는 없다. 그러나 상대방과 대화할 때 자신이 의도하는 바 그 의미를 제대로 전달하기 위해서 억양 이상 중요한 것은 없다. 가령 'Oh'라는 영어 단어를 어떤 형태의 억양으로 말하느냐에 따라 충격에서 불신, 놀라움에서 실망감, 알지 못함에서 좌절감에 이르기까지 여러 다양한 의미를 전할 수 있다.

그러면 억양이란 무엇인가? 그것은 음의 높이(pitch)에서 일어나는 변화를 말한다. 예를 들어 영어의 서술문과 의문문을 정상적인 상태에서 발음할 때는 서술문의 경우는 문장 끝에서 소리가 내려가고 의문문의 경우는 올라가게 되는데 이처럼 소리의 높이에 있어서 변화를 억양이라 한다.

영어의 화자들은 하나의 문장을 발화할 때 영어 가지 음의 높이를 부여하고 있으며 문장의 끝 부분에 이르게 되면 전하고자 하는 의도에 따라 소리를 내리거나 올리거나 또는 지속하면서 상대방이 분간할 수 있을 정도의 소리의 변화를 일으키고 있다. 영어에 있어 음 높이의 변화는 상당히 복잡하고 화자의 주관적인 판단에도 많이 좌우되기 때문에 그 높이의 변화를 정확히 분석한다는 것은 어려운 일이지만 일단 억양은 소리의 높이와 문장 끝 부분에 나타나는 소위 말미 연접(terminal juncture)의 결합으로 간주한다.

먼저 억양을 이루는 요소인 소리의 높이는 네 단계로 분석한다. 제일 낮은(low) 소리는 1로, 중간의 정상적인(normal) 소리는 2로, 높은(high) 소리는 3으로, 제일 높은(extra high) 소리는 4로 표시한다. 일반 대화에서는 소리의 높낮이가 1에서 3까지 변화되는 것이 보통이지만 격한 감정이나 놀라움, 불신, 두려움을 나타내기 위해 4를 사용하는 경우가 있다.

이들 음의 높이는 서로 결합하여 문장 속에서 의미를 지닌 멜로디를 이루게 되는데 이 멜로디가 억양의 또 다른 구성 요소인 말미 연접을 갖게 된다. 영어의 말미 연접은 세 가지로 구분된다. 첫째는 하강 말미 연접(falling terminal juncture)으로 문장 끝에서 소리의 높이와 크기가 점차 줄어드는 경우를 나타내며, 그 표시는 (↓) 또는 (#)

로 한다. 둘째는 상승 말미 연접(rising terminal juncture)으로 문장의 끝에서 소리가 올라가는 경우를 나타내며, 그 표시는 (↑) 또는 (‖)로 한다. 셋째는 지속 말미 연접(sustained terminal juncture)으로 문장이 다 끝나지 않은 상태에서 도중에 약간의 휴지를 둘 경우를 나타내며, 그 표시는 (→) 또는 (/)로 한다.

7.2 억양 구조

통사론이 문법 분석의 주요 단위로 문장(sentence)에 초점을 맞추듯이 음운론은 억양 곡선이 부여되는 가장 작은 영역으로서 성조 단위(tone unit)에 주요한 관심을 기울인다. 성조 단위란 음의 높이가 변화하면서 생기는 적어도 하나의 잘 들리는(prominent) 음절을 갖는 발화의 덩어리(chunks of utterance)라 보면 된다. 성조 단위는 억양구(intonation phrase), 억양 단위(intonation unit), 호흡 그룹(breath group), 사고 그룹(thought group)이라 부르기도 한다.

영어의 성조 단위는 다음과 같은 내적인 구조를 지니고 있다. 여기서 괄호가 뜻하는 바는 성조 단위를 형성할 때 꼭 나타나지 않아도 되는 임의적 요소란 말이다.

(1) (pre-head) (head) nucleus (tail)

여기서 보듯이 위 구조에서 가장 중요한 요소는 역시 핵(nucleus)이라 할 수 있다. 핵은 성조 단위를 이루기 위해 반드시 나타나야 하는데 일반적으로 말해 하나의 성조 단위에서 가장 잘 들리는 음절이라 이해하면 된다. 그것을 성조 음절(tonic syllable)이라 부르기도 한다. 보통 성조 음절은 성조 그룹(tonic group) 중에서 가장 끝에 있는 내용어의 강세 음절이 된다. 예를 들어 하나의 성조 그룹으로 이루어진 다음 문장을 보자.

(2) She was wearing a red sweater.

이 문장에서 wearing, red, sweater는 내용어로서 모두 강세를 받고 있는데, 성조 음절은 바로 이들 단어 중 가장 강한 강세를 받는 음절인 sweater가 된다. 영어에서는 특별히 강조하지 않는 한 문장의 맨 오른 쪽 내용어가 성조 음절을 갖게 된다.

성조 음절 앞에는 성조 단위의 또 다른 구성 요소인 머리(head)가 있다. 머리는 첫 강세 음절부터 성조 음절 바로 앞에 오는 음절까지를 의미한다. 위 문장에서는 wearing a red가 된다.

머리 앞(pre-head) 요소는 머리가 있는 경우는 그 앞 요소를 가리키는 경우가 많으나, 머리가 없는 경우라도 첫 강세 음절 앞에 나타나는 모든 비강세음절을 나타낸다. 위 문장에서는 She was가 머리 앞 요소가 된다.

마지막으로 꼬리(tail)는 성조 음절 다음에 나오는 음절을 의미한다. 위 문장에서는 sweater의 밑줄 친 둘째 음절이 꼬리에 해당한다.

일반적으로 문장 속에서 소리의 높이는 하강 억양일 경우 머리 앞 요소에서는 낮으며, 머리에서는 높아지기 시작하다가 핵에 이르러 가장 높아진 후, 꼬리에 이르면서 다시 낮아지는 형태를 취하게 된다. 물론 상승 억양인 경우는 핵에서의 높이가 그대로 계속 유지된다.

7.3 문장의 억양형 지도

억양은 발화가 조음되는 동안에 목소리가 여러 가지 높이(pitch)로 올라가고 내려오는 것을 뜻하므로 억양형을 올바로 이해시키는 것이 결국은 억양을 틀리지 않고 자연스럽게 하는데 기본이 된다. 영어 학습자들에게 꼭 가르쳐야 할 억양형은 다음과 같다.

7.3.1 상승-하강 억양형

이 억양형은 보통의 소리 높이(normal) 2로 시작하여 성조 음절에서 높은 소리 높이(high)인 3으로 올라갔다가 다시 낮은 소리 높이(low)인 1로 내려오는, 즉 231의 형태를 말한다. 예를 들어 “I'd like an apple.”의 억양형은 I'd like an 까지는 2의 높이로 지속되다가 성조 음절에 해당하는 apple의 첫 음절 ap에서 3의 높이로 올라간 후, 성조 음절 다음의 음절인 ple 바로 앞에서 1의 높이로 하강하는 모습을 취한다.

(3) I'd 'like an↘apple.

그러나 The coffee is hot.이란 문장에서는 hot이 하나의 음절로 된 단어이기 때문에 hot 바로 앞에서 3의 높이로 올라갔다가 hot 끝에서 1의 높이로 내려온다.

(4) The 'coffee is↘hot.

영어에서 231 상승-하강 억양형은 일반적으로 다음 세 유형의 문장 끝에 사용된다는 점을 지적할 필요가 있다.

첫째, 사실을 언급하는 서술문은 상승-하강형으로 발음하도록 지도한다.

(5) 'This is my↘wife.
We'll 'take a↘taxi.

둘째, 명령문도 상승-하강형으로 발음하도록 지도한다.

(6) 'Come to↘see me.
'Give me a↘tip.

셋째, what, who, which, why, when, where, how 등과 같은 wh-의문문도 상승-하강형의 억양형을 사용하도록 한다.

(7) 'What is the↘matter?
'Who↘wrote it?
'Why did you↘take it?
'When do we↘eat?
'Where's the↘ Art Building?
'How did you↘come?

7.3.2 상승 억양형

이 억양형은 보통의 소리 높이 2로 시작되다가 성조 음절에서 높은 소리 높이인 3으로 계속 상승하는 형태를 말한다. 높이 변화를 숫자로 표시하면 233이 되는데 다음과 같은 유형의 문장에 흔히 사용된다.

첫째, 긍정-부정 의문문(yes-no question)은 상승 억양형으로 발음하도록 한다.

(8) Are you↗<u>rea</u>dy?
Do you re↗<u>mem</u>ber me?
Have they↗<u>fi</u>nished?

둘째, 메아리 의문문(echo-question)도 상승 억양형으로 발음한다. 메아리 의문문이란 앞에 말했던 것을 반복해 달라고 할 때 사용하는 의문문을 말한다. 상대방의 질문을 잘 알아듣지 못했을 경우 이를 확인하려할 때 이 233의 억양형으로 발음하도록 하면 된다.

(9) 'What↘<u>time</u> is it? 'What↗<u>time</u> is it?

셋째, 하나 이상의 and나 or로 연결될 때, and나 or 앞에서도 상승 억양형으로 발음하도록 해야 한다.

(10) He 'speaks↗<u>Eng</u>lish,/ I↗<u>ta</u>lian,/ and↘<u>French</u>.
We 'eat at a↗<u>drug</u>store,/a cafe↗<u>te</u>ria,/ or a↘<u>re</u>staurant.

넷째, 청자에게 긍정인지 부정인지 대답해 보도록 요구하기 위해 부가 의문문(tag question)을 사용할 경우 상승 억양형으로 발음하도록 한다.

(11) You're↘<u>hun</u>gry,↗<u>ar</u>en't you?

물론 화자로서 청자가 동의한다는 것을 확신하는 경우에는 사실을 진술하므로 부가사(tag) 억양은 상승-하강형의 형태를 띠게 된다.

(12) You're↘<u>hun</u>gry,↘<u>ar</u>en't you?

다섯째, 상대방을 부를 때에도 상승 억양형으로 말하도록 한다.

(13) I'm 'glad to↘see you, my↗friend.

7.3.3 상승-하강 비종결 억양형

이 억양형은 보통의 소리 높이 2로 시작하여 성조 음절에서 높은 소리 높이인 3으로 올라갔다가 1로 하강하지 않고 2로 지속되는 형태를 말한다. 232로 표시되는 이 억양형은 영어의 구나 절 다음 또 다른 절이 오는 경우, 또는 화자가 무엇인가 더 계속해서 말할 것이 있는 경우에 사용된다. 문장 전체로는 보통 232-231의 억양형으로 나타난다.

(14) In↘short, I be↘lieve you.
If you↘say so , I'll↘call her.
We have↘ladies 'ready to 'wear↘clothes.

7.4 억양 정보의 이해와 지도

영어의 억양형에는 앞에서 다룬 기본적인 유형 이외에 상황에 따라 여러 형태로 나타나고 있다. 영어를 외국어로 배우고 가르치고 배우는 우리의 입장에서는 오히려 다음에 알아볼 억양에 대한 다양한 내용이 영어 발음 교육을 위해 유익하게 사용될 수 있는 것들이다. 영어 학습자의 발음 지도와 관련하여 교사가 꼭 알아야 억양에 대한 구체적인 정보는 다음과 같다.

7.4.1 통사 구조와 억양곡선

우선 문장이 동일한 단어의 연쇄로 되어 있긴 하지만 통사상의 구조가 똑같지 않을 경우 억양 곡선이 다르게 나타난다는 점을 유의해야 한다. 예를 들어 blackbird와 black board는 비록 같은 단어의 연결체이지만, 전자는 복합 명사(compound noun)이고 후자는 명사구(noun phrase)로서 통사 구조가 서로 서로 다르기 때문에 억양 곡선도 다르다는 말이다.

(15) I saw a↘blackbird.
I saw a 'black↘bird.

7.4.2. 대조와 비교의 억양

다음으로 서로 대비(contrast)가 되는 단어들과 비교(comparison)가 되는 단어들은 소리 높이가 상대적으로 높게 나타난다는 사실을 알 필요가 있다. 대체로 대비 또는 비교가 될 경우 어느 한 쪽 단어의 높이가 다른 쪽 단어의 높이 보다 한 단계 더 높다. 가령 대비가 되는 두 단어 중 한 단어의 소리 높이는 아주 높은(extra-high) 소리인 4의 높이로 나타나며, 다른 단어의 소리 높이는 그 보다 한 단계 낮은 3의 높이로 표시된다. 구체적으로 문장 속에서 소리의 높이를 표시하면 다음과 같다.

(16) ↘You know it as well as↘I do.(4)
↘You know it as well as↘I do.(3)

The↘new team is as good as the↘old one.(4)
The↘new team is as good as the↘old one.(3)

7.4.3 정보 초점과 억양

영어의 발음 교육에서 중요한 의미를 갖는 것이 정보 초점(information focus)을 파악하는 것이다. 다 알고 있듯이 영어의 내용어는 일반적으로 기능어와는 달리 강세를 받는다. 그러나 내용어들이라고 해서 모두 똑같은 강세를 받는 것이 아니다. 항상 한 내용어가 다른 내용어들 보다 강한 강세를 받거나 강조가 된다. 이처럼 가장 강조되는 내용어를 정보 초점이라 한다.

그런데 정보 초점을 나타내는 문법 장치는 언어에 따라 다르다는데 있다. 가령 불어나 중국어의 경우는 어순(word order)을 사용하며, 말레이 폴리네시아어는 동사에 어떤 접사를 첨가하여 정보 초점을 나타낸다고 한다. 그러나 영어의 경우는 억양을 사용함으로써 정보 초점을 명확히 한다.

그러면 정보 초점은 영어의 문장 어디에 위치하는가? 보통 영어에서는 하나의 문장을 말하게 되거나 하나의 대화나 화제를 시작할 때 문장의 마지막 내용어가 정보 초점이 된다고 알려져 있다. 예를 들어 "Sue went to the store."란 문장에서 강세를 받는 내용어는 Sue, went, store이지만 가장 강한 강세를 받는 정보 초점은 그 문장의 마지막 내용어인 store라는 것이다.

그러나 이 말은 항상 사실이 아니다. 특히 화자가 문장의 의미를 명확히 하기 위해 어떤 단어를 의도적으로 강조할 경우 정보 초점의 위치는 달라져 버린다. 그러므로 엄격히 말해 정보 초점의 위치는 자유롭다고 할 수 있다. 다음 문장들에 나타나는 다양한 정보 초점이 이를 잘 말해 준다.

(17) Will ↗<u>you</u> 'drive to the 'office to'morrow?(rather than someone else)

Will you ↗drive to the 'office to'morrow?(rather than going some other way)
Will you 'drive ↗to the 'office to'morrow?(rather than from the office)
Will you 'drive to the↗office to'morrow?(rather than somewhere else)
Will you 'drive to the 'office to↗morrow?(rather than some other day)

한편 정보 초점은 어떤 질문을 던지느냐에 따라 대답하는 문장에서 달라질 수 있다. 즉, 질문에 대한 대답에서 내용상 핵심을 이루는 단어가 정보 초점이 된다. 예를 들면 아래와 같다.

(18) (Who took the new car?) ↘I took the new car.
(Did you take the new car, or leave it?) I↘took the new car.
(Did you take the new car, or the old one?) I took the↘new car.

위 예에서 보듯이, 누가 새 차를 탔는지, 당신이 새 차를 탔는지 아니면 그렇지 않았는지, 새 차나 헌 차 중 어느 것을 탔는지에 따라 제일 강한 강세를 받는 단어가 달라지고 있음을 지도해야 한다.

7.4.4 선택 의문문의 억양

상대방에게 둘 중 하나를 선택하도록 하는 접속사 or가 들어간 전형적인 선택 의문문(alternative question)의 억양은 다음에서 보듯이 23(3) 231의 형태를 취한다는 사실을 명심해야 한다.

(19) Do you 'like↗coffee or↘tea?

즉, 위 문장의 억양은 커피나 차가운데 어느 것을 선택할 것인지 물을 때 사용된다. 이 경우 억양은 coffee에서 3으로 올라갔다가 or에서 2로 내려온 후 다시 tea에서 3으로 올라갔다가 곧바로 1로 하강하게 된다.

그렇지만 상대방에게 디저트로 커피나 차와 같은 종류의 음료를 좋아하는지를 묻는 의문문은 다음에서처럼 233 억양형을 갖게 된다.

(20) Do you 'like↗coffee or tea?

그러니까 이 경우의 대답으로는 위 선택 의문문의 경우와는 달리 "No, I don't. I like milk."이거나 "No, thank you." 같은 문장도 사용 가능하다.

7.4.5 감정 표현의 억양

문장의 기본 의미에 화자의 감정(emotion)을 더하고자 하는 경우 아주 높은(extra-high) 소리 높이를 보인다. 놀라움, 불신, 충격, 공포, 찬성 등의 격한 감정을 나타낼 때 241의 억양형을 사용한다.

(21) That's↘terrible!(4) (shock)
How a↘mazing!(4) (surprise)
She plays ex↘tremely well.(4) (approval)

그러나 억양 지도에서 간과할 수 없는 것은 같은 말도 억양을 달리 함으로써 의미가 다르게 전달된다는 점이다. 예를 들어 대화 도중에 청자가 화자의 말을 듣고 Mm의 발음을 어떻게 하느냐에 따라 뜻이 달라진다. "Mm"을 올려 발음했을 때에는 "What did you say?"

란 의미를 전하며, Mm을 내려 발음했을 때에는 상대방의 제안에 동의한다는 "Yes."의 뜻이 되며, "Mmmm"처럼 지속시켜 발음하면 "That is good!"의 의미를 갖는다. 따라서 이 관계는 다음과 같은 대화(Baker & Goldstein, 1990: 132)를 통해 지도할 때 억양을 자연스럽게 익힐 수 있다고 본다.

(22) A: Would you like some home-made crumpets?
B: Mm?
A: Would you like some home-made crumpets?
B: Mm.
A: Here you are.
B: (eating) Mm!
A: I'm glad you like them. I made them myself. Would you like to try them with marmalade?

7.5 억양 기능 이해와 지도

억양은 영어를 말로 표현할 때 의미 전달에 중요한 역할을 할 뿐만 아니라 화자가 말하는 바에 대한 태도를 전달하는데도 중요한 기능을 수행한다. 예를 들어 목소리의 높이를 올림으로써 놀라움을 전달할 수 있으며, 목소리의 높이를 낮춤으로써 노여움을 나타낼 수도 있다.

이러한 영어의 억양은 소리 높이에 있어서의 변화가 없는 언어인 한국어를 모국어로 사용하는 영어 학습자들에게 적지 않은 문제점을 던져 주고 있다. 한국인 영어 학습자들이 소리의 높이에 있어 변화가 많은 영어를 말할 때 영어의 억양과는 동떨어진 발화를 함으로써 외국식 말투를 보이는 경우가 많이 나타나고 있다.

그러므로 영어 교사로서 영어의 억양이 어떠한 기능을 수행하는지 이해하고 가르칠 때 영어 학습자가 영어다운 발음을 잘 할 수 있는 지름길이 될 수 있다. 영어 발음 교육에 극히 필요한 억양의 기능을 차례대로 알아보기로 하자.

7.5.1 강조적 기능

일반적으로 영어는 성조 그룹의 맨 마지막 내용어에 강세가 배당되는 억양의 모습으로 나타나지만 화자가 어느 단어를 강조할 것이냐에 따라 억양은 얼마든지 달라질 수 있다. 이를 억양의 강조적 기능(accentual function)이라 한다.

영어 문장의 여러 단어들 중 어느 하나에는 다른 것들보다 두드러지게 들리는 음절이 있게 마련이다. 이를 성조 강세를 갖는 음절이라 하는데 그런 음절을 때로는 성조 음절이라고도 한다. 성조 강세는 보통 성조 단위의 마지막 어휘 항목에 강세를 지니는 음절에 주어진다고 보면 된다. 바꿔 말해, 방금 지적했듯이 성조 그룹의 가장 끝에 오는 내용어에 성조 강세가 할당된다. 예를 들어 다음 문장 중 명사, 형용사, 동사의 밑줄 친 부분이 성조 강세를 받고 있다.

(23) a. They live in a big <u>house</u>.
b. The flower is <u>pre</u>tty.
c. The wind <u>blew</u> .

그러나 이러한 일반적인 영어 억양의 유형은 화자가 무엇인가 특별히 강조하여 전달하고자 하는 의도가 있을 경우 얼마든지 달라질 수 있다는 데 있다. 즉, 화자가 특별히 갖고 있는 뜻을 강하게 전달하기 위해 대명사와 전치사와 같은 기능어(function word)에도 얼마든지 강세를 부여할 수 있다. 이것을 강조 강세(emphatic stress)라 하는데 예를 들면 다음과 같다.

(24) a. She travelled from London.
b. She travelled from London.
c. She travelled to London.

(24a) 경우 다른 사람이 아니라 그녀가, (24b)의 경우는 다른 곳이 아닌 런던으로부터, (24c)의 경우는 런던으로 여행을 갔다는 의미를 전달하기 때문에 억양은 화자가 의도하는 바를 강조하는 기능을 하게 되는 것이다. 즉, 이 때 성조 음절은 화자가 강조하고자 하는 어떤 단어의 음절이 될 수 있다.

7.5.2 문법적 기능

이것은 억양이 통사 구조의 애매성을 없애 주는 문법적 기능(grammatical function)을 한다는 뜻이다. 예를 들어 다음 두 문장을 보자.

(25) a. John's going Hˋome.
b. John's going Hˊome.

이 두 문장은 겉으로 볼 때 통사적으로는 아무런 차이가 없다. 그러나 이 두 문장은 어떤 억양으로 발음하느냐에 따라 통사 구조가 곧 달라진다. 만약 (25a)를 하강 억양(falling intonation)이 아니라 상승 억양(rising intonation)으로 발음했다면 (25b)와 같은 형태가 된다. 다시 말해 억양의 유형을 어떻게 하느냐에 따라 서술문인지 또는 의문문인지 결정된다. 그러므로 억양은 통사 구조상으로는 애매한 서술문과 의문문 차이를 명확히 구분해 주는 역할을 하고 있다.

이 같은 역할은 다음과 같은 문장에서도 찾을 수 있다.

(26) a. They are [cooking apples].
b. They [are cooking] apples.

위 두 문장을 글로 나타내면 통사적으로는 똑같기 때문에 그 의미를 구분하기가 어렵다. 그러나 (26a)에서는 cooking에 성조 강세가 있으며, (26b)에서는 맨 마지막 내용어인 apples에 성조 강세가 있으므로 억양을 제대로 구사했을 때에는 위 두 문장의 통사 구조와 그 의미는 크게 달라진다. 즉, (26a)는 명사구로서 '요리용 사과들'이란 의미이며 (26b)는 동사구로서 '사과를 요리하고 있다'는 의미를 명확히 구분하는 기능을 하고 있다.

이러한 억양의 기능 인식으로 통사론에서 오랫동안 애매모호한 구조로 알려져 온 old cars and buses란 구조가 음운론에서는 명확하게 설명되고 있다. 통사론에서는 이 구문이 차들과 버스들이 모두 낡은 것인지, 아니면 차들만이 낡은 것인지에 대한 명확한 설명을 할 수 없다. 말하자면 하나의 형태가 두 개의 의미를 갖는 애매모호한 문장에 해당한다. 그러나 음운론에서는 old 다음에 억양구(intonation phrase)를 두거나 아니면 cars 다음에 억양구를 두어 그 의미를 명확히 할 수 있다. 다시 말해 old cars and buses를 ↘**old** | cars and↘**buses**로 발음하면 차들과 버스들이 모두 낡았음을 전달하는 것이지만, 똑 같은 구를 old ↘**cars** | and↘**buses**로 발음하게 되면 차들만 낡은 것이고 버스들은 그렇지 않다는 것을 나타낸다.

이런 사실은 통사론은 그 자체 음운론의 정보에 의해 도움을 받지 못하면 통사 구조의 의미를 명확히 설명할 수 없다는 것을 가리키고 있다. 이와 관련하여 자주 인용되는 다음 문장(Newman, 1946: 179)을 주목해 보자.

(27) a. George has PLANS to write.
b. George has plans to WRITE.

위 문장은 동일한 문장이 두 개의 뜻을 갖는 애매모호한 문장이다. 통사론적으로 설명하면 위 문장은 plans가 write의 목적어인 경우와 write이 plans의 보충어인 경우 중 하나에 해당한다. 전자의 경우는 "George must write."란 의미가 되고, 후자의 경우는 "George intends to write something."란 뜻이 된다. 그러나 이를 음운론적으로는 전자는 PLANS가 성조 음절로 발음되고, 후자는 WRITE가 성조 음절로 발음된다고 설명하면 된다. 이에 따라 (7a)는 조지는 쓰여 져야 할(to be written) 계획을 가지고 있다는 뜻이 되고, (7b)는 조지는 무엇인가를 쓸 작정을 하고 있다는 뜻이 된다.

7.5.3 발화 수반적 기능

영어의 억양은 그것을 달리함으로써 진술을 한다거나, 질문하는 것을 나타내는 발화 수반적 기능(illocutionary function)을 하고 있다. 이것은 억양이 주어진 맥락(context)에서 발화의 의도를 내면적으로 알리는 기능을 할 수 있다는 의미이다. 여기서 발화 수반적이란 낱말의 뜻은 화행 이론(theory of speech acts)이 밝히는 바와 같이, 발화로써 수반되는 의도적 행위를 가리킨다.

그러니까 우리가 발화 행위를 할 때에는 기본적으로는 단어가 결합된 문장을 그대로 말하는 표현 행위(locutionary act)를 하게 되지만, 주어진 상황에 따라 특별히 다른 의미를 나타내는 발화 수반 행위(illocutionary act)를 하고 있다는 것이다. 물론 경우에 따라 화자의 감정이 청자에게 어떤 영향을 미치게 하는 행위인 발화 효과 행위

(perlocutionary act)를 하는 경우도 있다.

예를 들어, "Shut the door."라고 화자가 단순히 말하는 것은 발화 표현 행위에 지나지 않지만, 그것은 상황에 따라 간청(plea)의 의미로, 조언(advice)의 뜻으로, 또 다른 맥락에서는 명령의 뜻을 수반할 수 있다. 더 나아가 청자가 그 문장을 듣고 실제로 문을 닫았다면 발화 효과 행위가 나타난 것이다.

이러한 내용을 억양의 기능과 관련시켜 설명하면 어떻게 될까. 다음 두 문장(Couper-Kuhlen, 1986: 112)을 비교해 보기로 하자.

(28) a. ^{h} | WHy don't you move to CaliFORnia ||
b. ^{l} | Why don't you ↑move to Cali↑↑FORnia ||
(여기서 h는 high, l은 low이며, ↑↑는 ↑보다 더 높다는 뜻임)

(28a)는 상대방에게 왜 캘리포니아로 이사 가지 않은지를 물어 보는 질문인 반면에, (28b)는 비록 형태상으로는 의문문이지만 상대방에게 '캘리포니아로 이사 가는 게 어때?'라는 제안(suggestion)의 의미가 있다. (28a)는 보통의 wh-의문문의 억양처럼 의문사를 강하게 발음하고 문장 끝에서 하강하는 억양인 반면에, (28b)는 의문사의 소리 높이를 낮게 하여 문장 끝에서 상승하는 억양형으로 발음하도록 해야 한다. 따라서 (28a) 문장을 듣고 "Because it's too expensive there."와 같은 대답은 할 수 있으나, (28b) 문장의 대답으로는 오히려 "That's a good idea."와 같은 말이 적절하다.

그러므로 (28b)와 같은 문장은 제안한다는 의미에 맞게 억양을 (28a)와는 달리해야 하는데, 바로 이것이 억양이 발화 수반적 기능을 담당한다고 하는 것이다.

7.5.4 태도적 기능

이 태도적 기능(attitudinal function)은 화자의 감정과 태도의 표현에 있어 억양이 중요한 역할을 하고 있다는 것이다. 똑같은 문장도 어떤 감정의 상태에서 말하는지에 따라 다르게 들린다. 예를 들어 다음 두 쌍의 문장(Coupler-Kuhlen, 1986: 112)을 비교해 보자.

(29) a. That's ^{h} | GREAT ||
b. That's ^{l} | GREAT ||
c. ^{h} | Good MORNing ||
d. ^{l} | Good MORNing ||
(여기서 h는 high, l은 low임)

(29a)처럼 말하게 되면 화자는 흥분했다거나 행복하다거나 또는 기분이 좋다는 감정을 나타내지만, (29b)처럼 말하게 되면 화자가 슬퍼하거나 속을 터놓지 않겠다는 느낌을 나타낸다. 또한 (29c)는 기운차고 친절한 느낌을 주는 반면에 (29d)는 틀에 박히고 형식적으로 말하고 있음을 나타낸다.

이 밖에 부가 의문문의 경우도 부가사의 억양을 어떻게 하느냐에 따라 억양을 화자의 감정을 알 수 있다. 예를 들어 “George is a lawyer, isn't he?”란 문장의 끝 부분을 하강 억양으로 발음하게 되면 확신(confirmation)을 구하는 것이 되지만, 상승 억양으로 발음하면 진정으로 의심(doubt)을 나타내는 것이 된다.

그런데 이러한 억양의 태도적 기능에 영향을 주는 요소는 소리의 크기(loudness)와 템포(tempo)이다. 사람들은 노하거나 흥분했을 때에는 정상적인 경우보다 더 높고 빠르게 말하지만 기운이 우울하거나 당황할 때에는 더 낮고 느리게 말을 하는 것으로 알려져 있다.

7.5.5 정보적 기능

억양의 정보적 기능(informational function)은 억양 선택이 발화의 정보 구조를 알려 주는 구실을 한다는 것이다. 예를 들어 다음 문장(Couper-Kuhlen, 1986: 111)을 비교해 보자.

(30) a. I saw a MAN in the garden.
b. I SAW a man in the garden.

이 두 문장이 다른 정보 구조를 가진 맥락에 속한다는 것은 그 문장들이 어떤 질문에 대한 대답인가를 보면 잘 알 수 있다. 즉, (30a)는 "Who did you see?"에 대한 대답이고, (30b)는 "Did you hear a man in the garden?"과 같은 질문에 대한 대답이다.

여기서 (30a)는 이론적으로 전혀 새로운(new) 정보를 포함하고 있다. 왜냐하면 그 문장은 화자가 청자에게 이전의 담화나 상황으로부터 파악할 수 없는 정보를 제공하는 것이기 때문이다.

반면에 (30b)의 경우는 'a man in the garden'이 주어진(given) 정보가 되고 있으며, saw만 새로운 정보가 되고 있다. 왜냐하면 (30b)는 보았다는 것만을 제외하면 그 사람은 이전의 담화나 상황으로부터 알 수 있거나 또는 이미 알고 있는 것으로 간주되기 때문이다.

억양의 정보적 기능을 더욱 잘 이해하기 위해 다음 문장들을 주목해 보자.

(31) a. There's a MAN in the garden ‖
b. There's a MAN ‖ in the GARden ‖
c. There's a MAN in the GARden ‖
d. There's a MAN [in the GARden] ‖ (Crystal, 1975: 27)

(31a)는 단지 한 편의 정보를 제공하는 반면에 (31b)는 두 편의 정보를 제공한다. 즉, 'there is a man'과 '[the man is] in the garden'이 바로 그것이다. (31c)와 (31d)는 한 편의 정보를 제공한다는 점에서는 공통적이다. 그러나 (31d)는 하나의 주 정보(primary information)와 뒤에 또 하나의 종속 정보(subordinate information)가 따르고 있다. 즉, 일차 정보 초점(primary information focus) 뒤에 이차 정보 초점(secondary information focus)이 따르는 두 개의 초점을 가지고 있다.

7.5.6 담화적 기능

억양은 대화를 주고받는 데 중요한 역할을 한다. 대화 시 상대방의 말에 어떤 억양으로 대답하느냐에 따라 담화의 내용이 달라질 수 있다. 이를 억양의 담화적 기능(discourse function)이라 한다.

가령 의사와 환자 사이의 다음과 같은 대화(Couper-Kuhlen, 1986: 113)의 교환 상황을 보자.

(32) a. 의사: It's ^{h} | DRY skin || ^{m} | ISn't it ||
환자: ^{m} | MM ||
b. 의사: It's ^{h} | DRY skin || ^{m} | ISn't it ||
환자: ^{h} | MM ||
(여기서 h는 high, m은 mid임)

(32a)에서는 환자가 의사의 중간 기조(mid key)의 층위로 끝나는 질문에 그와 비슷한 중간 시작 층위로 대답하고 있어서 담화 참여자로서 고분고분하다(compliant)는 행동을 보여 준다. 반면에 (32b)는 그 대답을 높은 기조(high key)로 함으로써 고분고분하지 않다는 것을 말해 주는 기능을 하고 있다.

7.5.7 지표적 기능

억양의 지표적(indexical) 기능이란 억양에 의해 화자를 개인 또는 사회 집단의 구성원으로 확인할 수 있다는 것이다. 지역이나 연령, 성별에 따라 특이한 억양이 얼마든지 있을 수 있다는 것이다. 아울러 직업이 달라도 억양이 다르게 나타난다. 예를 들어 전도사, 행상인 등의 억양은 일반인의 억양과는 다르기 마련이다.

7.6 문장의 억양구 경계와 성조 할당

앞에서 보았듯이, 영어 억양을 제대로 이해하려면 발화의 흐름을 구성하는 억양구의 경계를 어디에 두고 각 억양구의 어느 부분이 성조 음절이 되는가를 파악해야 한다. 영어의 통사 단위(syntactic unit)는 그 자체 독자적인 억양구를 형성하는 경우도 있으나 그렇지 않은 경우가 있어 이에 대한 검토가 필요하다. 또한 모든 억양구는 화자가 특별히 강조하고자 하는 경우를 제외하고 정상적인 경우라면 맨 오른쪽 내용어에 성조(tonic)가 할당되는 특징이 있다.

그러나 억양구 속 마지막 내용어에 성조가 할당된다는 원칙은 화자가 강조하기 위해 대조 억양(contrastive intonation)을 사용하거나 신정보에서 구 정보로 변하는 경우, 시간을 나타내는 부사가 문장 맨 오른 쪽에 오는 경우, 이른바 사건을 나타내는 문장(event sentences)의 경우, 분열문(cleft sentences)의 경우, 지시 표현(deictic expressions)의 경우에는 지켜지지 않는다. 게다가 내용어가 아닌 기능어도 성조 음절로 발음되는 경우가 있다(Carr, 2013).

강조하기 위한 억양이나 신 정보가 구 정보로 변화될 때의 억양에 대해서는 이미 앞 절에서 다룬 바 있으므로, 여기서는 Carr(2013)과 Wells(2006), 그리고 김종훈(2019)을 토대로 그 나머지 통사 단위들의 경우 억양구와 성조 할당의 관계에 대해 설명하기로 한다.

7.6.1 성조 할당 항목의 변화

영어에서는 원칙적으로는 억양구내의 맨 오른쪽 내용어에 성조가 할당되지만 다음과 같은 구문들에서는 그렇지 않은 경우가 나타나고 있다.

7.6.1.1 시간의 부사

부사적 기능을 수행하는 통사 단위로 시간을 나타내는 부사의 경우 억양구의 끝에 위치할 때 성조를 할당받지 못한다. 위치상으로 문장의 맨 오른쪽 끝에 오는 내용어이긴 하지만 보통의 경우 그 앞 내용어에 성조가 주어진다. 예를 들어 다음 문장들은 언제 일이 일어나는가 보다는 무엇이 일어나는지가 더 중요하므로 성조의 위치는 시간의 부사에서 그 앞 내용어로 옮아간다.

(33) a. 'John's 'going to↘<u>Lon</u>don on 'Saturday. (Carr, 2013: 112)
b. She's 'coming to↘ <u>di</u>nner to'morrow. (Wells, 2006: 156)
c. 'Where shall we↘<u>eat</u> to'night? (Dauer, 1993: 223)

한편 Wells(2006: 157)는 다음과 같은 문장에서처럼 장소의 부사도 시간의 부사처럼 억양구의 끝에 올 때 성조를 할당받지 못한다고 하나 시간의 부사만큼은 학자들 간에 일치되어 있지는 못하다.

(34) a. It's a 'bit↘<u>cold</u> in 'here.

b. 'Billy's 'got↘ink on his 'fingers.

7.6.1.2 사건문

자동사가 포함되는 사건(event)을 기술하는 문장에서 핵은 주어가 되므로 성조는 문장의 맨 오른쪽 내용어에 할당되지 못하고 주어에 주어진다. 예를 들면 다음과 같다.

(35) a. The↘kettle's boiling.
b. The↘baby's crying
c. Your↘ house is on 'fire. (Carr, 2013: 112)
d. The↘phone's 'ringing.
e. The↘car won't 'start.
f. There's a↘train 'coming. (Wells, 2006: 174)

그러나 위 문장에서 주어가 대명사로 바뀌면 자동사로 성조가 다시 이동한다. 예를 들면 다음과 같다.

(36) a. It's↘boiling.
b. It's↘crying.
c. It won't↘start.

7.6.1.3 상호 대명사와 부정 대명사

상호 대명사(reciprocal pronoun)인 one another와 each other는 보통은 대립되지 않아서 다음 문장들에서처럼 문장 맨 오른쪽에 나타나지만 성조가 할당되지 않는다.

(37) a. I 'think we 'all ought to↘help one another.
b. At 'least 'Phil and Sue are↘talking to each other.
(Wells, 2006: 130)

또한 부정 대명사(indefinite pronoun)인 someone, somebody, something, anyone, anybody, anything들도 성조를 부여받지 못한다. 예를 들어 다음 예들이 이를 보여 준다.

(38) a. Can you↗see anyone?
b. I've just↘read something | 'really↘funny.
c. Can I↗get you anything?
d. I've just 'got to↘tell someone (Wells, 2006: 130).

그러나 억양을 대비적으로 사용할 경우 부정 대명사에도 성조가 할당될 수 있다(Carr, 2013: 113).

(39) Well, I 'saw↘someone(not the neighbour).

이 경우는 "글쎄요, 나는 이웃 사람이 아니라 그 밖의 어느 누군가를 보았다."라는 대조의 뜻으로 사용되고 있다.

7.6.1.4 분열문

흔히 강조구문이라고 하는 분열문의 경우는 강조 받는 부분에 성조가 할당된다. 예를 들어 "I love John".이란 문장에서는 보통 때는 John이 성조 음절이 되지만, "It's John that I love."처럼 강조 표현에서는 love가 문장 오른쪽 내용어라 하더라도 love에 성조가 할당되지 않고 강조를 받는 John이 성조 음절이 된다는 것이다(Carr, 2013: 113).

7.6.2 통사 단위와 억양구

영어에서는 통사 단위가 그 자체로 별도의 억양구가 되는 경우도 있으나 그렇지 못하는 경우도 있다. 이에 따라 그런 통사 단위에서 성조 할당이 어떻게 이루어지는지를 유의해야 한다.

7.6.2.1 관계절 구문

관계절이 제한적으로 사용될 경우와 비제한적으로 사용될 경우 억양구 경계는 다르게 설정된다. 제한적 관계절의 경우는 관계절에 의해 수식받는 부분이 전체적으로 하나의 억양구가 되지만, 비제한적 관계절의 경우는 관계절 앞의 선행사까지와 그 뒤 관계절인 부분으로 나누어져 결국은 두 개의 억양구를 이룬다. 예를 들면 아래와 같다.

(40) a. She's my 'sister who 'lives in↘Canada.
b. She's my↘sister, | who 'lives in↘Canada. (Wells, 2006: 202)

이에 따라 문장 전체가 하나의 억양구를 이루는 (40a)는 나에게는 다른 곳에 사는 여러 명의 누나들이 있는데, 그 여자는 캐나다에 살고 있는 나의 누나라는 뜻을 나타낸다. 반면에 (40b)는 나에게는 누나가 한명이 있는데 그 여자는 캐나다에 살고 있다는 의미를 전달하고 있다. 이 사실은 억양구를 어떻게 설정하느냐에 따라 문장의 의미가 달라진다는 것을 잘 보여주고 있다.

7.6.2.2 동격 구문

영어에서는 명사구가 가리키는 사람이나 실체가 동일할 때 동격(apposition)이라 한다. 명사구가 동격을 이룰 때 억양구 경계와 성조 할당 및 의미와의 관계에 대해 알아보자.

(41) a. Oh 'that's↘Winston, | the 'man I was↘telling you about.
b. It's 'all↘spam, | 'stuff we don't↘want. (Wells, 2006: 203)

위에서 보듯이 동격을 이루는 경우, 별도의 억양구가 되고 있다.

이때는 억양구의 맨 오른 쪽 내용어에 성조가 할당되고 있다.

7.6.2.3 등위 구문

접속사 and나 but으로 구성되는 등위 구문(coordinated constituents)에서 억양구 설정은 크게 두 가지 측면에서 이루어진다. 접속사를 중심으로 등위 구문을 이루는 좌우의 구성 요소들이 비교적 길 경우는 (42)처럼 별도의 억양구로 설정하고 짧을 경우는 (43)과 같이 하나의 억양구로 설정하면 된다.

(42) a. 'Mary 'moved to↘Paris | but 'John 'stayed in↘London.
b. 'John 'went to the↘pub | and 'ordered a↘beer.

(43) a. He 'bought 'milk and↘cheese.
b. She's 'tall and↘lanky.

7.6.2.4 종속절

영어 문장이 주절과 종속절 또는 종속절과 주절로 이루어진 경우에 억양구의 경계는 종속적 바로 앞이나 또는 바로 다음에 설정된다.

(44) a. I'll 'buy the fish'n↘chips | when I go to the↘shops. (Carr, 2013: 117)
b. When I 'get to↘Boston, I will call↘you. (Dauer, 1993: 225)

그러나 종속절을 선행하는 요소(주절)가 비교적 짧을 경우는 다음이 가리키듯이 주절과 종속절 사이에 억양구를 두지 않는다.

(45) I 'think she's been↘sacked. (Carr, 2013: 117)

7.6.2.5 문장 부사

동사를 수식하는 일반 부사와는 달리 문장 전체를 수식하는 부사는 문장의 앞에 오건 뒤에 오건 관계없이 독립적인 억양구가 된다.

(46) a. He 'speaks 'English↘naturally.
b. He 'speaks↘English | ↘naturally. (Schubiger, 1958)

위 문장 (46b)에서 naturally는 문장부사로 사용되고 있어 다음처럼 바뀌어도 하나의 억양구로 존재할 수 있다.

(47) ↘Naturally, | he 'speaks↘English.

그러나 동사를 수식하는 일반 부사로 사용된 (46a)는 그는 영어를 자연스럽게 말한다는 뜻이지만, 문장 부사인 (46b)와 (47)의 경우는 화자가 판단하건대 그가 영어를 자연스럽게 말한다는 뜻이 되므로 주의를 요한다.

7.6.2.6 보고절

보고절(reporting clause)이란 he said, she asked, I think, she explains, he replied와 같은 절이 인용된 문장의 다음에 위치하여 인용 문을 보고할 경우에 사용된다. 일반적으로 보고절인 경우는 별도의 억양구가 되지 못하고 선행하는 억양구의 꼬리가 된다.

(48) a. "How are you doing?", he asked.
b. "I don't believe it", she explained. (Wells, 2006:155)

그러나 보고절이 하나의 독립적인 억양구가 될 때에는 그 뜻이 덜 명확하다는 것을 나타낸다.

(49) "He's re↘tired", | I think.

7.6.2.7 구 동사

구 동사(phrasal verbs)는 두 낱말로 구성되어 있다. 동사와 부사적 첨사(adverbial particle)로 이루어지거나 동사와 전치사적 첨사(prepositional particle)로 되어 있다.

동사와 부사적 첨사로 구성되는 경우 부사적 첨사라 함은 부사(away, back, together)나 부사적 기능을 하는 전치사(by, down, on, up)를 뜻한다. 이 때 성조는 부사적 첨사에 할당된다. 다음의 예들에 나타난 바와 같이 자동사를 갖는 문장들에 나타나고 있다.

(50) a. How are you 'getting ↘on?
b. The 'prisoner 'broke ↘down.
c. They 'ran a↘way. (Wells, 2006: 162)

그러나 동사와 전치사적 첨사로 구성된 구 동사는 주로 동사에 성조가 할당된다. 이 경우는 주로 타동사로서 목적어를 취하게 된다.

(51) a. May I↗look at them?
b. Are these the 'books I↗sent for?

그러나 동사와 전치사적 첨사 사이에 명사나 대명사가 위치하여 첨사가 분리되는 경우에는 명사나 첨사에 성조가 할당된다.

(52) a. He 'chatted the↘waitress up.
b. He chatted her↘up. (Carr, 2013: 120)

7.6.2.8 정도 부사

일반적으로 정도를 나타내는 부사들(very, so, incredibly, bloody)들은 성조를 받지 못한다.

(53) a. He's 'very↘tall.
b. He's in'credibly↘arrogant.
c. He's 'bloody↘good. (Carr, 2013: 120)

그러나 강조하기 위해서는 정도의 부사도 성조를 취할 수 있다.

(54) a. He's ↗↘so stupid!
b. He's in↗↘credibly arrogant!.
c. He's ↗↘bloody good!. (Carr, 2013: 121)

7.9.2.9 호격

사람을 부르는 호격(vocatives)인 경우, 그것이 문장의 어느 위치에 오느냐에 의해 독립적으로 성조가 되는지가 결정된다. 예를 들어 다음 문장에서 보듯이 사람을 부를 때 그 이름이 앞에 오면 호격은 별도의 억양구로 기능한다.

(55) ↘ Linda, | could I have a↗word? (Wells, 2006: 195)

그러나 호격이 문장의 앞 위치에 오지 않은 경우는 억양구의 꼬리로 역할을 한다. 다음의 그 예이다.

(56) ↘You, Jimmy, | have a↘mistake. (Wells, 2006: 195)

호격이 인사에서 사용되어 문장의 끝에 위치할 때는 (57a)처럼 별도의 억양구가 될 수도 있다. 물론 이 경우에는 (57b)처럼 선행하는 억양구의 꼬리가 될 수가 있다.

(57) a. Good↘morning, | ↘Andrew.
b. Good↘morning, 'Andrew. (Wells, 2006: 195)

이와 같은 호격에 대한 억양구 설정으로 "Who's there?"란 질문(초인종을 눌러 안에 누가 있는지 물어보는 경우)을 던졌을 때 사용 가능한 억양구는 다음과 같다.

(58) a. It's↘me, | ↘John.
b. Its'↘me, John.

위 (58a)는 안에 있는 사람이 바로, "나야, 존이야"라는 의미로 사용되지만, (58b)는 초인종을 누른 사람이 "나"이고, 집안에 있는 사람이 오히려 존으로 "나야, 존아"라는 뜻을 전할 수 있다(Dalton & Seidlhofer, 1994: 47).

7.7 억양 지도에의 활용

지금까지 화자의 의미 전달과 태도를 표현하는데 중요한 역할을 하는 영어의 억양에 대해 여러 각도로 고찰해 보았다. 위에서 다룬 내용은 발음 교육과 관련하여 결코 간과할 수 없는 것들이다. 조금만 응용하면 영어 학습자들에게 올바른 억양을 지도하는데 활용될 수 있다.

가령 서술문(declarative)의 어순으로 된 문장을 몇 개 준비하여 학생들에게 억양을 달리 하여 읽어준 후 그 문장이 사실에 대해 단순히 진술하는 것인지 아니면 몰라서 물어보는 것인지 확인시킬 수 있다. 예를 들어 다음과 같은 문장을 읽어 주고 어느 문장이 진술의 뜻을 나타내는지 아니면 의문의 뜻을 전하는지 파악하게 할 수 있다.

(59) a. She's dancing.(statement)
b. They're coming.(statement)

c. He's handsome?(question)

만약 위 문장을 듣고 그 억양이 질문으로 들리는 문장에 대해서는 학생에게 그에 맞는 대답을 하여 억양을 더욱 정확히 알도록 할 수 있다.

앞서 설명한 부가 의문문을 사용하여 영어 학습자들에게 억양을 지도할 수도 있다. 즉, 교사가 부가 의문문의 억양을 서로 다르게 하여 읽어준 후 학습자들에게 어느 문장이 확신의 뜻을 나타내는 것인지 또는 상당한 정도의 불확실함을 드러내는 것인지를 지적하게 할 수 있다. 예를 들면 다음과 같은 문장에서처럼 억양 유형을 달리하며 화자가 의도하는 바를 명확히 알도록 할 수 있다.

(60) a. He is a↘lawyer, | ↘ isn't he?(falling intonation)
b. You're↘hungry, | ↗aren't you?(rising intonation)

다음으로 교사는 영어의 억양을 지도하기 위해 하나의 문장을 여러 가지 다른 억양으로 읽어준 후 그 문장이 의도하는 바가 무엇인지를 연결하게 할 수 있다. 예를 들면 "I took the new car."란 문장을 세 가지 다른 억양으로 읽어 주고 그 문장이 어떤 물음에 따른 대답이 되는지를 연결하도록 하면 된다(Prator & Robinett, 1985: 77).

(61)

Original sentence	Intended meaning
1. I took the new car.	a. Did you take the new car, or the old one?
2. I took the new car.	b. Who took the new car?
3. I took the new car.	c. Did you take the new car, or leave it?

즉, 밑줄 친 단어를 강하게 읽어 준 후에 그 의미를 오른 쪽에서

고르면 되는 것이다.

영어의 억양을 자연스럽게 지도하는 또 다른 방법은 짧은 대화를 통해서이다. 예를 들어 다음 두 사람의 짧은 대화를 녹음기를 통해 듣게 하고 B가 말하는 What? 이란 문장의 뜻을 파악하게 하는 방법이다. 물론 B는 What? 을 여러 다른 억양형으로 발음하게 된다. 적어도 억양을 달리 함으로써 다음과 같은 세 가지 다른 의미를 지닌 문장이 나올 수 있다(Celce-Murcia, et al 1996: 212).

(62) A: I've just read a good book.
B: What? 1. Oh really, I didn't think it was published yet. (What book?)
2. I didn't hear what you said.(Could you repeat?)
3. I can't believe you actually read a book. (Unbelievable!)

만약 B가 What?을 1의 의미로 사용하고자 한다면 보통의 의문사가 있는 의문문처럼 하강형 억양으로 발음하면 된다. A가 하는 말에 B는 그게 어떤 책인데, 그 책이 출판되었다고 생각하지 않았는데 하는 정도의 의미로 사용할 때이다. 그러나 B가 What?을 2의 의미로 사용하고자 한다면 메아리 질문에서 제시한 것과 같은 상승형으로 발음하면 된다. 이때는 B가 A가 하는 말을 잘 알아듣지 못했으므로 다시 한번 반복해 달라는 의미로 사용하는 경우이다. 마지막으로 B가 3의 의미로 What?을 말하려 한다면 놀라움을 나타낼 정도의 높은(피치 단계 4) 상승 억양형으로 발음하면 된다. 즉, "당신이 그 책을 읽었다고! 그것은 믿을 수 없어"라는 의미로 사용하는 경우이다.

이와 똑 같은 경우는 Bowen(1975: 187)의 다음과 같은 예에서 발견되고 있다.

(63) (a) I'm reading a book.↓ What?↓ War and peace↓
(b) I'm reading a book.↓ What?↑ I'm reading a book.↓
(c) I'm reading a book.↓ What?↑ Well I am,↓ believe it or not.↓

(63a)는 정보를 알고자 하는 질문이어서 책을 읽는 중이라는데 책의 제목이 무엇인지를 묻는 경우에 사용된다. (63b)는 메아리 질문으로서 말한 것을 다시 반복해 달라고 요구하는 경우이다. (63c)는 불신의 표현으로서 자네가 무엇인가를 읽고 있다는데 그것은 믿기 어렵다는 뜻을 내포하고 있다.

한편, Wh-의문문의 끝을 내려 발음하면 정보를 요구(asking for information)하는 뜻이 되고, 올려 발음하면 반복해 달라고 요구하는(asking for repetition) 뜻이 되는 것을 활용하여 억양을 지도할 수 있다. 다음 대화를 듣게 하고 Wh-의문문이 어떤 억양으로 발음되는지 확인하도록 하는 것이다.

(64) A: When are you leaving for Japan?
B: Next month.
A: When?
B: On the fourteenth of October.
A: When?
B: I said on the fourteenth.

A가 말하는 첫 문장은 보통의 Wh-의문문이므로 하강형의 억양으로 발음하도록 하고, A가 말하는 둘째 문장 When?도 단순히 정보를 물어 보는데 지나지 않으므로 하강형으로 발음하도록 해야 한다. 그러나 셋째 문장의 When?은 무엇이라고 말했는지 반복해 달라는 말이므로 상승 억양형으로 발음하도록 연습시켜야 한다.

이러한 억양 지도 활동은 학습자들을 조로 편성하거나 그룹으로 나누어 얼마든지 실시할 수 있다. 조별 활동(pair work)과 그룹 활동(group work)을 통해 억양을 지도하는 것이다. 가령 앞에서 다룬 7.4.5의 Mm의 다양한 억양을 학습자끼리 정확하고 자연스럽게 익힐 수 있다. 물론 학습자들에게 역할극을 하도록 하여 영어의 억양을 연습하는 것도 좋은 활동이 될 수 있다. 이와 관련된 내용은 제9장을 참조하기 바란다.

제 8 장

영어 발음 지도의 과거와 현재

본 장의 목적은 크게 두 가지이다. 첫째, 영어 학습자의 구두 전달 능력을 효과적으로 신장시키기 위해서는 발음 지도는 종전과는 다른 관점인 의사소통 활동 중심으로 이루어져야 타당하다는 점을 밝히고, 둘째, 영어 교사로서는 구체적으로 어떻게 발음지도를 해야 바람직한 지를 제시하는데 있다.

이를 위해 우선 전통적인 발음 교육의 방법과 그 문제점을 검토하고, 이를 극복하기 위한 방안으로서 의사소통 중심의 발음 지도 방법을 제안하고자 한다. 정확성에 초점을 맞춘 발음 지도 활동과 유창성에 초점을 맞춘 발음 지도 활동으로 나누어 어떻게 하면 영어 학습자의 의사소통 능력이 향상될 수 있는지를 구체적으로 고찰하게 된다.

8.1 발음 교육의 중요성

최근 들어 영어 교육 현장에서는 영어 발음에 대한 지도를 등한시하는 경향이 농후하다. 영어 교육과 관련된 연구를 하는 사람들은 주로 언어의 네 기능 향상 방안과 의사소통 능력(communicative competence)

신장을 위한 듣기와 말하기 지도 방법 등을 탐색하는데 치중하고 있으며, 정작 영어 표현 능력의 핵심을 이루는 발음 부분에 관한 연구는 논의의 초점에서 서서히 배제되는 느낌마저 들고 있다. 영어 교수법의 변천 과정을 보아도 의사소통 능력 중심 교수법이 등장함으로써 언어의 형식적인 측면인 발음에 대한 관심보다 문장의 내용적 측면인 의미 전달에 관한 문제를 더 중요한 과제로 인식하고 있는 실정이다.

그러나 일상생활에서 영어를 사용하여 상대방과 구두로 의사소통(oral communication)을 할 때, 발음을 얼마나 정확하고 자연스럽게 하느냐가 의미 전달에 더 큰 영향을 미친다고 할 수 있다. 예컨대 대화 도중에 "There's a hot dog."란 문장을 접할 때, hot을 강하게 발음하느냐 또는 dog를 강하게 발음하느냐에 따라 그 다음 사용할 수 있는 문장이 "I want one for lunch."인지, 아니면 "Give him a drink."인지 결정된다.

더구나 상대방과 효과적인 의사소통을 하기 위해서는 강한 요소와 약한 요소가 서로 번갈아 나타나며 리듬을 이루는 영어의 특성에 맞는 발음으로 자신이 뜻하는 바를 명확하고 자연스럽게 전달해야 바람직하다. 특히, 강약이 교대로 일어나는 영어의 이러한 특성은 영어를 외국어로 가르치고 배우는 우리나라 영어 교육 현장에서 더욱 중요하게 인식되어 교사의 발음 지도 기법에 적극 반영되어야 바람직하다. 영어다운 발음을 통해 자신이 의도하는 바를 잘 전달할 수 있도록 하는 것이 결국은 영어 학습자의 의사소통 능력을 기르게 하는 우리의 영어 교육의 방향과도 잘 부합될 수 있기 때문이다.

8.2 전통적인 교수법에서의 발음 교육

영어교육이론에서 발음 지도를 의미 있게 고려한 교수법을 크게 나누면 전통적 교수법과 의사소통 중심 교수법으로 분류할 수 있다. 직접식 교수법과 청화식 교수법과 같은 종래의 교수법에서는 영어의 자음과 모음을 정확히 발음하도록 지도하는데 초점을 맞추고 있다. 영어 학습과정의 초기에서부터 자음과 모음의 분명한 조음 지도, 즉 분절음(segmentals)을 정확히 발음하도록 훈련시키며, 발음을 잘못할 경우 올바른 발음을 하도록 즉각적으로 교정해 왔다.

예컨대 직접식 교수법에서는 영어의 /p/음을 가르칠 때, 입술과 혀 등 조음기관의 움직임을 보여 주고 /p/가 들어 있는 단어들을 교사가 시범적으로 발음한 후, 학생이 듣고 그대로 반복하도록 연습시켜 왔다. 좀더 구체적으로 말해 영어의 /p/은 양 입술을 맞부딪쳐 공기가 완전히 빠져 나가지 못하도록 했다가 파열하도록 지도해 왔다. 물론 이 /p/음은 어두에 올 경우 기식음을 동반한 [p^h]로 발음하도록 하며, s 다음에 올 때에는 기식음이 없는 [p']로, 어말에 위치할 때에는 공기를 방출시키지 않은 비개방성 [p˺]로 발음하도록 해 왔다.

이 같은 과정으로 개별 분절음을 정확히 조음하도록 연습시킨 후, 전통적인 교수법에서는 주로 최소 대립(minimal pairs)을 이루는 단어들의 발음을 지도하는 절차를 밟아 왔다. 가령, 청화식 교수법에서는 lock과 rock, seat과 sit등 고립된 단어 내에서 대립이 되는 두 음의 정확한 발음을 포함해서 Look the large (cloud, crowd).와 He (beat, bit) them again. 등 문장 속에 나타난 최소 대립어의 발음을 지도하는데 관심을 기울여 왔다.

특히, 청화식 교수법에서는 영어 발음을 정확히 지도하기 위해서 영어와 한국어의 음성 체계와 비교, 분석하여 발음 지도를 해야 한다고 보고 대조 분석(contrastive analysis)을 시도하였다. 대조 분석 이론에 따르면, 한국어의 음과 서로 다른 영어의 음을 한국인 영어 학습자들에게 효과적으로 가르치기 위해서는 영어 교사로서 두 언어의 음성·음운 체계를 비교하여 유사점과 차이점을 찾아 학습상의 문제점을 예측하고 있어야 한다는 것이다. 가령 한국어의 언어 습관에 젖어 있는 학생들에게 새로운 언어 습관을 계발시켜 주려면 두 언어 간에 가장 문제가 되는 차이점을 발견하여 이를 중점적으로 지도하는 일이 중요한 바, 이런 점에서 영어의 /f/와 /θ/ 등의 음은 한국어에는 나타나지 않은 음이기 때문에 더 많은 주의를 기울여 지도할 필요가 있다는 입장이다.

이렇게 볼 때 전통적 교수법에서 발음 지도의 목표는 주로 고립된 음이나 단어들의 정확한 발성에 두어졌다고 할 수 있다. Pennington과 Richards(1986: 207)도 지적하듯이 발음 지도의 중요한 영역을 분절음 계층에 국한시켰다고 할 수 있다. 이것은 발음은 주로 언어의 지시적(referential) 의미의 반영에 지나지 않으며, 개별 음이나 음운 분절음들은 그 보다 더 상위에 위치하는 의미 계층의 기초로서만 기능 한다는 사실을 나타내고 있다.

그러나 이러한 발음 지도 방법은 몇 가지 문제점이 있다. 먼저 정확한 발음 연습을 목표로 사용하는 자료가 인위적이고 실제적이지 못하다. 문장 속의 최소 대립까지 고려하여 발음 지도를 하고 있으나, 이 때 사용되는 문장은 자연스러운 의사소통의 상황에서 사용되지 못하는 것이 대부분이다. 특히, 교사가 통제한 가운데 실시하는 구조화된 발음 훈련은 학생들로 하여금 영어 학습에 동기 유발을 일으키지 못하게 하는 문제가 있다. 이와 관련하여 Celce-Murcia(1987: 6)은 다음과 같은 언급을 하고 있다.

> While useful on a limited, individual basis for purposes of correction and drill, none of these exercise types is tune with the communicative approach to language teaching. The material they employ is artificial and unauthentic. With the focus on isolated words and/or sentences, there is little transfer from practice to natural communication. The structured and analytic nature of these drills also makes them extremely unmotivating.

이 밖에 청화식 교수법이 강하게 의존하는 대조 분석에 기반을 둔 발음 지도는 실제로 교실에서 학생들의 저지르는 오류에 대한 지도는 아니며, 발음상의 문제점이 무엇인지를 예측하는데 불과하다는 점에서 현실성이 그리 크지 못하다고 말할 수 있다. 게다가 발음 훈련 때 학생이 잘못을 저지를 경우 교사가 즉각적으로 교정하는 전통적인 발음 지도 방법은 다른 학생과 대화 시 의사소통의 단절은 물론 영어 학습에 흥미와 자신감을 잃게 하는 요인으로 작용할 수도 있다.

8.3 의사소통 중심 교수법에서의 발음 교육

이러한 문제점을 해결하기 위해 발음 지도는 의사소통 능력을 신장시키는 관점에서 이루어져야 한다. 의사소통 중심 교수법이 사실적(authentic) 언어 자료를 학생들에게 제시하고 단어 계층을 넘어 보다 광범위한 상황 속에서 유의적(meaningful) 상호 작용을 통해 활동 중심으로 언어 표현의 기능적 사회적 의미를 전달하는데 초점을 맞추듯이, 발음 교육도 이와 비슷한 관점에서 수행될 수 있다는 뜻이다.

그러면 의사소통 중심 발음 지도의 의의는 무엇인가. 그것은 우선 분절음을 정확히 조음하도록 지도하는데 중점을 두기 보다는 강세와 억양 등 초분절음(suprasegmentals)을 자연스럽게 발음할 수 있도록 지도하는 것을 의미한다. 분절음에 대한 지도를 전혀 하지 않는다는 것이 아니라 발음 지도의 중심을 분절음 계층에서 초분절음 계층으로 이동시켜야 한다는 것이다. 그것은 물론 단어와 문장 단위를 넘어선 대화(conversation)나 담화(discourse)의 의미 파악을 위한 발음 교육이 되어야 한다는 취지이다. 과거의 발음 지도가 정확성을 추구하는데 그 목표가 있었다면 여기서의 발음 지도는 유창성(fluency) 내지는 자연성(naturalness)을 기하는데 그 의미가 있다.

따라서 발음 교육은 고립된 단어나 문장 속에 나타난 분절음의 정확한 조음 지도를 넘어 대화의 의미를 자연스럽게 파악할 수 있도록 강세와 억양과 같은 초분절음을 지도하되 유창성을 신장시키는 여러 활동과 결부시켜 이루어져야 바람직하다. 이것은 마치 의사소통 중심 교수법이 영어 학습의 초기 단계에서는 문법적 정확성을 기하는데 관심을 두면서 학습자의 능력이 점차 늘어감에 따라 의사소통의 유창성을 신장시키는 소위 의사소통 활동(communicative activities)을 많이 펼치는 과정과 비슷하다.

다시 말해 다음과 같은 모형으로 단계별 교실 활동을 전개하는 의사소통 중심 교수법의 모형을 발음 교육에 연계시키려 한다.

A: Accuracy activities controlled by the teacher and done with the whole class.
B: Accuracy activities directed by the learners and done in pairs.
C: Fluency activities controlled by the teacher and done with the whole class.
D: Fluency activities directed by the learners and done in groups or occasionally in pairs. (Byrne, 1991: 10-12)

그리하여 필자는 의사소통 중심 발음 지도 활동을 다음 두 가지, 즉 정확성에 초점을 맞춘 활동(accuracy-focussed activities)과 유창성에 초점을 맞춘 활동(fluency-focussed activities)으로 나누어 제시하고자 한다.

8.3.1 정확성에 초점을 둔 발음 지도

필자가 말하는 이 과정은 영어 학습 초기 단계에 영어의 자음과 모음을 정확히 조음하도록 지도하는 단계이나 과거의 발음 지도에서처럼 고립된 음이나 단어 속에 위치하는 음에 대한 지도가 아니라 문장 이상의 단위 속에서 분절음의 정확성을 지도하는 것을 말한다. 예컨대 문장 속에서 최소 대립을 이루는 음을 전체 학생들을 대상으로 지도한 후 간단한 대화를 구성하여 지도하거나, 그룹 활동(group work)이나 짝 활동(pair work)을 통해 발음 교육을 하는 것을 뜻한다.

실제로 문장 속에서 최소 대립을 이루는 음을 어떻게 지도하면 좋은지를 보자.

(1) There's something in my eyes!
There's something in my ice.

위 문장은 eyes와 ice를 어떻게 발음하느냐에 따라 그 의미가 달라진다. 따라서 발음 지도할 때는 [aiz]와 [ais]에서 문제가 되는 [z]와 [s]에 대한 발성 지도가 기본이 되며 그 후 대화를 통해 [z]와 [s]의 차이를 연습시킬 수 있다. 물론 영어에서는 유성음 앞의 모음의 길이가 무성음 앞의 모음의 길이 보다 더 길기 때문에 eyes의 모음을 발음할 때는 ice의 모음을 발음할 때 보다 더 길게 발음하도록 훈련시킨다. 그 절차는 다음과 같다.

(2) [1] Touch your side teeth with the sides of your tongue.

Put your tongue forward.
Force air out over the top of your tongue, making a hissing sound.(Sssssssssss!)
Do not use your voice to make /s/.
Now, say "ice". Repeat "ice".

[2] This time, practice the sound /z/.
Touch your side teeth with the sides of your tongue.
Put your tongue forward.
Force air out over the top of your tongue, making a buzzing sound.(Zzzzzzzzzz!)
Use your voice to make /z/.
Let's say the word "eyes". "eyes". "eyes".
The sound [ai] in "eyes" is longer than [ai] in "ice".
Let's try again, "eyes", "eyes", "ice", "ice".

[3] Question & Answer
A: What's the trouble with you?
B: Oh, There's something in my eyes.
A: Let's call a doctor.
B: Thank you.

[4] Dialog(Dauer, 1993: 146)
A: What beautiful eyes! They're ice blue.
B: I don't trust people with blue eyes. Their hearts are like ice.
A: But your eyes are blue!
B: Opposites attract. Your eyes are brown. My ice melts in your warm eyes.

정확성에 초점을 둔 발음 지도의 또 다른 예는 Celce-Murcia(1987: 6-8)의 /θ/ 와 /ð/를 지도하는 절차에 잘 나타나 있다. 그녀는 먼저

/θ/를 지도하기 위해 /θ/ 음을 포함하는 신체의 일부인 mouth, tooth/teeth, throat, thumb와 thigh에 주목한다. 이 들 단어 속의 문제가 되는 /θ/ 음을 연습시키기 위해 그녀는 의사와 환자의 역할을 하는 역할극(role play)을 활용한다. 환자의 역을 맡은 학생은 아픈 신체의 일부가 그려진 카드를 받게 되며, 의사의 역을 맡은 다른 학생은 어디가 아픈지 질문하게 된다.

(3) Doctor: What's wrong?
Patient: My throat hurts.
Doctor: How long has it hurt you?

이어서 달력을 활용하여 /θ/ 음을 연습시키는데 이를테면 달력의 month, Thursday, seventh, tenth 등에 들어 있는 /θ/을 정확히 발음하도록 지도하고 있다. 2020년 5월 달을 기초로 여기서 사용할 수 있는 표현은 다음과 같다.

(4) A: How many days are there in a month?
B: Thirty-one days.
A: What's the date of first Thursday?
B: The seventh of May.
A: What's the date of second Sunday?
B: The tenth of May.

다음으로 /ð/ 음을 지도하기 위해 /ð/ 음이 들어 있는 친척관계 용어(kinship terms)를 사용한다. 예를 들어 mother, father, brother 안의 /ð/ 음을 연습시키기 위해 다음과 같은 질문과 대답 활동을 실시한다.

(5) A: Is your grandfather alive?

B: Yes.
A: What's your mother's name?
B: Olivia.
A: Do you have any brothers?
B: Yes, two.

마지막으로 /ð/가 들어 있는 친척 관계 용어를 /ð/를 포함하는 영어 이름에 결합시키는 활동을 전개한다. 가령 Thorpe 가족에 Beth, Arthur, Ruth, Garth, Martha, Theodore, Dorothy와 Keith를 연결시키는 과제를 수행하게 된다. 이를 위해 "Who is Garth's mother?"와 "Who is Martha's brother?" 등의 표현이 사용될 수 있다.

정확성에 초점을 맞춘 발음 교육의 다른 좋은 예로 Celce-Murcia (1987: 8-9)는 모음 /i/와 /iy/의 대립을 지도하도록 하고 있다. 먼저 이완 모음 /i/를 지도하기 위해 /i/가 포함된 신체의 일부인 finger, lips, wrist, chin, ribs, hips, shin 등에 주목한다. 학생들에게 짝을 이루거나 그룹을 만들어 위 단어들이 들어있는 문장으로 짧은 대화를 하도록 한 후 다른 그룹의 학생들에게 그 대화를 말해 보도록 한다. 예를 들면 다음과 같다.

A: Bob is mad because he hurt his finger.
B: How do you know he hurt his finger?
C: Because he told me.

정확성에 초점을 맞춘 또 하나의 발음 지도 활동으로 교사가 두 문장을 발음하게 되면 학습자들이 처음 들은 문장의 발음과 다음에 들은 문장의 발음이 같은지 또는 다른지를 말하도록 하는 방법을 생각해 볼 수 있다. 이 활동은 영어를 배우는 한국인 학습자들에게 들어서 구분하기 힘든 발음을 훈련시키는 데 적합한 것이다. 물론 이러한 활동은 단어 속에 나타난 최소 대립이 되는 음을 지도한 후에 실시하는 것이다. 이 활동의 예를 들면 다음과 같다.

(6) T: He wants to sell his boat. He wants to sail his boat. Are they the same? I will say them once more. He wants to sell his boat. He wants to sail his boat. He wants to sell his boat. Are they the same?

S_1: The second was different.
T: Right. Listen again.
John bit the dog. John bit the dog.
Are they the same?
S_2: Different.
T: Listen and repeat.
John bit the dog. John bit the dog.
S_3: The same.
T: Yes, now listen again. Show me your bag. Show me your back. Hand up.

여기서 교사가 제공하는 문장은 두 개나 세 개 또는 네 개가 될 수 있으며, 가끔은 동일하게 때로는 다르게 발음함으로써 문제가 되는 발음을 익히도록 할 수 있다. 보다 자연스런 발음지도를 위해서 교사는 비록 학생이 바른 대답을 할 경우에도 가끔 다시 듣게 하여 답하도록 하는 것이 바람직하다.

그러나 이 활동에서 주의할 것은 최소 대립을 이루는 각각의 문장은 하나의 음만을 다르게 발음하는 것을 제외하고 정확히 똑같게 발음해야 한다는 점이다. 각각의 문장을 처음에 말할 때처럼 동일한 강세와 동일한 억양으로 발음해야 학습자들이 두 문장의 발음이 동일한지 여부를 쉽게 판별할 수 있기 때문이다.

정확성에 초점을 둔 활동으로, 앞에서 다룬 첫 번째 활동과 비슷하나 학습자들에게서 더 많은 활동이 요구되는 다음과 같은 기법을 제시할 수 있다. 앞의 활동처럼 단순히 발화가 같은가 또는 다른가를 결정하는 것이 아니라 발화를 확인(identify)해야 하는 것이다. 이 활동의 예를 들면 다음과 같다.

(7) T: Listen and repeat. He is a real cook[kʊk].
He is a real kook[kuːk]. Let's call 'cook' A and 'kook' B.
T: Now, listen. Which is this?
He is a real kook. Chang-ho?
Chang-ho: It's B.
T: Very good. Now what about this? He is a real cook. Yeong-su?
Yeong-su: It's A.

이 경우 질문에 대한 대답은 구두로 하거나 종이에 써서 할 수 있는데 써서 답할 경우 학생들은 A나 B 또는 문제가 되는 단어 등을 직접 써도 좋다.

전통적인 최소 대립 훈련을 좀 수정하여 발음 지도를 기계적이지 않고 좀 의미 있게 할 수 있는 정확성 중심 발음 지도 활동으로 약간의 상황을 부여한 가운데 단어의 발음을 정확하게 연습시키는 방법을 생각해 볼 수 있다. 이를 유의적 최소 대립 훈련(meaningful minimal pair-drills)이라 할 수 있는데, 예를 들면 교사와 학생은 다음과 상황 속에서 발음 학습 활동(Miller, 2000: 114-115)을 할 수 있다.

(8) T: Is this the pipe red?
S: No, it's black.
T: Is this the pipe lead?
S: No, it's copper.

(9) T: The river froze.
S: Let's go ice skating.
T: The river flows
S: Let's go swimming.

이처럼 상황을 부여하여 발음을 지도하는 예(Brown, 2007: 344)는 명사구(noun phrase)와 복합 명사(compound noun)의 강세의 차이를 대화를 통해서 지도하는 경우에도 발견되고 있다.

(10) T: Where can I buy cold *cream*?
S: At the dairy.
T: Where can I buy *cold* cream?
S: At the drugstore.

강세의 차이만이 있는 명사구와 복합 명사들을 대화 형식을 빌려 인지시키고 훈련함으로써, 전적으로 교사가 말하는 일정한 문형만을 반복적으로 따라 말함으로써 발음 훈련을 하는 전통적인 발음 훈련과는 차이가 있다.

이와 똑 같은 방법으로 발음 교육을 시도하는 예는 Miller(2000: 166-167)에도 잘 나타나 있다. 다만, 이 경우는 두 명의 학습자가 조를 이루어 한 사람은 질문하도록 하고 나머지 한 사람은 그 질문에 대답하도록 하되 초점이 되는 단어들을 강하게 발음하도록 하는 방법이다. 구체적인 대화를 세 가지만 들면 다음과 같다.

(11) S1: What's he doing in the dark *room*?
S2: He's sleeping.
S1: What's he doing in the *dark* room?
S2: He's developing pictures.

(12) S1: What's a *free*way?
S2: A fast highway.
S1: What's a free *way*?
S2: There is no charge.

(13) S1: What are you doing with the *black*board?
S2: Writing on it with chalk.
S1: What are you doing with the black *board*?
S2: Building a bookcase.

다음으로 현장에서 채택 가능한 정확성에 기반을 둔 발음 지도 기법으로 그림을 활용하여 발음을 지도하는 방법을 들 수 있다. 외국어를 가르칠 때 그림은 다양한 목적을 위해 이용될 수 있으며 몇몇 발음상의 어려움도 그림으로 나타냈을 때 더욱 쉽게 극복될 수 있다. 예를 들어 pot(1)과 port(2), sheep(3)과 ship(4), hat(5)과 hut(6), cart(7)와 kite(8), rope(9)와 robe(10), cat(11)과 rat(12) 등을 칠판에 그림으로 그려서 번호를 붙여 보조 자료로 사용하면 아주 훌륭한 발음 연습자료가 될 수 있다.

(14) T: Which is the hat?
S_1: Number 5.
T: Which is the hut?
S_2: Number 6.
T: This is the hat, isn't it?
S_3: Yes, it is.
T: Draw a hat on paper.

이러한 발음 지도 활동을 하고 난 후 교사는 다음과 같은 변형된 교실 기법을 활용하여 발음을 지도할 수 있다.

(15) T: What do people sometimes wear on their heads?
S_1: Hats
T: Right.
T: Do they wear huts on their heads?
S_2: Of course not.
T: Does anyone live in a hat?
S_3: No.
T: Now, listen. Tell me whether I am right or wrong. Some people live in hats.
S_4: Wrong.
T: Some people live in huts.
S_5: Right.

정확성에 초점을 맞춘 발음 지도의 또 다른 예로 정보차 활동(information-gap activities)을 들 수 있다. 예를 들어 학습자들에게 혼동하기 쉬운 자음 /b/와 /v/를 가르치기 위해 /b/와 /v/음을 포함하는 음식물 이름을 가능한 한 많이 머리 속에서 연상해 말해 보도록 한다. 이에 따라 학습자들은 'berry', 'veal', 'liver', 'brown bread', 'vegetables', 'vitamins', 'vanilla', 'beans', 'bacon' 등을 떠올려 말하게 된다. 이번에는 학습자들에게 /b/와 /v/음을 포함하는 사람들의 이름을 생각해 보도록 한다. 그러면 학습자들은 'Bill', 'Bob', 'Vickie', 'Barbara', 'Steve', 'Virgina' 등을 말하게 된다. 관련 단어들이 충분히 발성되어졌다고 생각되면 교사는 종이 위에 사람 이름과 음식에 번호를 붙인 후, 한 그룹에는 짝수 번호가 붙은 음식과 홀수 번호가 붙은 이름이 적힌 종이를 나누어주고, 다른 그룹에는 홀수 번호가 붙은 음식과 짝수 번호가 붙은 이름이 적힌 종이를 나누어주게 된다. 그러면 두 그룹은 서로 다른 정보를 갖게 되는 것이다. 학습자들은 그룹 활동을 통해 누가 가게에서 어떤 음식을 샀는지 서로 물어 보고 대답하는 가운데 /b/와 /v/음을 연습하게 되는 활동이다. 문제의 음이 들어 있는 단어들을 활용하여 대화를 주고받는 가운데 자신들에게 빠진 정보를 채우는 활동이다.

8.3.2 유창성에 초점을 둔 발음 지도

의사소통 중심 발음 지도와 관련하여 우리가 제안하는 이 단계는 정확성에 초점을 맞춘 발음 지도 과정을 기반으로 발음의 자연성을 기하는데 교육의 초점을 두는 단계이다. 정확한 발음 못지않게 자연스런 발음이 중요하므로 발음을 자연스럽게 지도하되 일단 대화를 활용하여 활동 중심으로 발음을 교육하는 것이 특징이다. 물론 강세와 억양 등 초분절음을 중점적으로 지도하지만 축약(contractions or reductions)과 연결(linking) 등 연결된 말(connected speech) 속에서 의사소통 활동을 통해 발음 지도를 하는 것이다.

예를 들어 영어의 의문문에는 많은 축약형이 사용되는데 축약형이 내포된 문장으로 설문조사나 여론조사 방식으로 한 학생이 다른 학생에게 물어 보고 답하도록 하는 가운데 발음을 자연스럽게 지도할 수 있다. 이 때 활용 가능한 유용한 표현들을 Naiman(1992)과 Burns(1992)에서 들면 다음과 같다.

(16) How long've you been looking for an apartment?
Where'd'you live now?
Wheredja live before?
Whyd'ya want to move? (Naiman, 1992: 168)

When didja come?
When de ye wanna go?
De ye know whatcha gonna do? (Burns, 1992: 204)

이와 함께 일상생활에서 많이 사용하는 축약형인 'gonna', 'wanna', 'hafta', 'shoulda', 'woulda', 'coulda', 'kinna', 'donno or dunno' (don'tknow), 'musta', 'sorra'(sort of) 등을 대화 속에서 지도하는 것도 자연스러운 발음 습득을 위해 의미 있는 활동이 될 수 있다.

한편 연속된 말 속에서 발음을 지도하는 활동으로 Morley(1979: 267)가 제시한 소위 각운 대화(rhymalogues)가 유익할 수 있다. 각운 대화란 음절핵(nucleus)과 음절후부(coda)가 각운을 이루며 대화 속에 나타난 경우를 말한다.

(17) Jack: It's start to rain, Jane.
Jane: Then we'd better go back, Jack.

Mr. Dix: I'll meet you at the bank, Frank.
Frank: I'll be there at six, Mr. Dix.

Ben: How long should we wait, Kate?
Kate: Let's wait till ten, Ben.

Lou: You really look sick, Dick.
Dick: I think I have the flu, Lou.

위 대화 속의 질문과 대답에는 각운을 이루는 두 단어들이 문장의 끝에 나타나 있다. 이를테면 rain과 Jane, back과 Jack, bank와 Frank, six와 Dix, wait과 Kate, ten과 Ben, sick과 Dick, flu와 Lou가 그것이다. 이들 단어는 문장 강세를 받기 때문에 다른 단어보다 강하게 발음하도록 지도한다. 이러한 단어의 발음을 지도하기 위해 교사는 학생들에게 짝을 이루게 하거나 그룹을 지어서 서로 질문을 하고 대답을 하도록 하며 각운을 이루는 단어들의 발성을 강하게 하고 나머지는 약하게 하도록 하는 것이 바람직하다.

학생들에게 자연스러운 발음을 가르치기 위해 영어 학습 현장에서는 영어의 고유한 특징인 강세와 리듬을 학습자들에게 지도하는 활동이 요구된다. 영어는 Quirk 등(1985: 971)이 지적하는 리듬 조직의 원리(principle of rhythmic organization)에 따라, 강한 요소와 약한 요소 또는 약한 요소와 강한 요소가 번갈아 나타남으로써 자연스런 리듬을 이루고 있는 바, 이에 대한 훈련은 문장의 의미를 이해하는데 반드시 필요하기 때문이다.

강세와 리듬을 지도하는 방안으로는 교사가 손뼉을 치며 강세음절은 '따안'으로, 비강세음절은 '딴'으로 하여 발음을 교육하는 기법이 있으나 강세 박자는 DA로 약세 박자는 da로 가르치는 것이 영어의 특성에 어울리는 지도법이라 할 수 있다. 이와 관련된 보기를 들면 아래와 같다.

(18) His name is John and he lives in France.
da DA da DA da da DA da DA

He goes to school with his brother.
da DA da DA da da DA

영어교육 현장에서 강세 박자 언어(stress-timed language)로서 영어의 특성을 발음을 통해 자연스럽게 인식시키는 것으로 다음의 대화(Mortimer, 1985: 81)가 적절하다.

(19) **Dialogue 1**

A: Dinner's ready. Come and get it.
B: What's for dinner?
A: Something special.
B: Something special?

A: Chicken curry. Don't you like it?
B: Yes, I love it. What's for pudding?
A: Wait and see.

Dialogue 2

A: This is the furniture.
B: Isn't it terrible?
A: Terrible?
B: Terrible.
A: This is Aunt Agatha's furniture, Margery!
B: She doesn't need it and neither do we.

위 두 대화에서 첫 번째 대화는 강약의 리듬이 조화를 이루며 전개되고 있다. 두 번째 대화에서도 강약약의 교체가 자연스럽게 이루어지고 있다. 밑줄 친 강세를 받는 음절 다음에 강세를 받지 않은 음절이 하나 또는 둘이 번갈아 나타남으로써 자연스럽게 대화가 엮어지고 있다. 이때 교사는 박자를 치면서 강세음절은 강하고 분명히, 비강세음절은 빨리, 때로는 축약시켜 발음하도록 학생들을 훈련시키면 되는 것이다.

다음으로 문장의 주 강세(major sentence stress)를 어떻게 지도하면 좋은지를 고찰하자. 정보가 교환되는 대화 속에서 주 강세를 지도하기에 유익한 자료를 Gilbert(1984: 28-29)의 아래 대화를 보자.

(20) Dialogue 1

A: Where are you going?
B: Europe.

A: Where in Europe? to the north or to the south?

B: Neither. I've already been north and south. I' going east.

Dialogue 2

A: What've you been doing?

B: I've been studying.

A: Studying what? Math or English?

B: Neither. I'm sick of math and English.

I'm studying nutrition, because I'm always hungry.

위 대화에서 보듯이 문장의 강세는 일반적으로 화자가 청자의 주의를 불러일으키는 문장의 내용어(content words)에 할당된다. 내용어란 그 자체로 독자적인 단어가 될 수 있는 것으로 명사, 동사, 형용사, 부사와 의문사 및 지시사를 가리킨다. 문장 강세는 문장의 정보 초점(information focus)이 되는 것으로 보통은 한 문장의 마지막에 나타난다고 보면 된다. 위에서 ●로 표시한 부분을 발음할 때에는 어디까지나 서로에게 관심이 되는 대상임을 유의하여 강하지만 자연스럽게 발음하도록 지도해야 한다.

영어 교사로서 위 대화의 발음을 지도할 때 유의할 것은 이른바 처음 제시되는 신 정보(new information)는 강세를 받지만, 이미 알려진 구 정보(old information)는 강세를 부여해서는 안된다는 사실이다. 가령 위 첫 번째 대화의 B가 말하는 Europe이란 단어는 새로 주어지는 정보이므로 강세를 받지만, A가 말하는 Where in Europe?에서 Europe은 이제 더 이상 신 정보가 아니므로 강세를 받지 않는다.

신 정보가 강세를 받고 구 정보가 강세를 받지 않는 점을 대화를 통해 지도할 수 있는 자료로 Miller(2000: 71)의 예를 들 수 있다.

(21) A: I need to borrow some MOney.
B: How MUCH money?
A: Well, not TOO much money.
B: I have about ten DOLlars.
A: I was hoping to borrow TWENty dollars.

위 대화에서 대문자로 표시된 단어들이 신 정보에 해당하므로 그 단어들을 강하게 발음하도록 훈련시키면 된다.

Hagen과 Grogan(1992: 133-134)의 다음 두 대화를 보아도 신 정보가 구 정보 보다 더 강하게 발음해야 함을 쉽게 예측할 수 있다.

(22) **Dialog 1**

A: I **found** my **key**.

B: **Which** key?

A: My **house key**.

B: Are you **sure** it's not **my house key**?

A: **Sure am. Here's your house key**. You **dropped** it out**side** this **mor**ning.

Dialog 2

A: I'm looking for a **car.**

B: **What type** of **car**?

A: A **used car.**

B: **Any used car**?

A: **No,** an **al**most-**new** car, but **not** at a **new price.**

Dialog 3

A: **Whose dog**?

B: **My dog.**

A: **Your dog!** I didn't **know** you **had** a **dog.**

B: I **didn't have** a dog. She's **new.**

A: New? How new?

B: **Brand new.** I **just got** her **ye**sterday.

한편 영어 학습자의 발음의 유창성을 신장시키고 연음과 억양을 효과적으로 연습할 수 있는 방법으로 문장의 맨 마지막 단어에서 시작하여 점차 앞으로 올라가면서 발음 연습을 시키는 기법(backward buildup)을 들 수 있다. 예를 들면 다음과 같다(Jull, 1992: 213).

(23) keys
my keys
with my keys
did with my keys
I did with my keys
what I did with my keys
remember what I did with my keys
can't remember what I did with my keys
I can't remember what I did with my keys.

문장의 발음을 이처럼 끝에서부터 한 단어씩 왼쪽으로 가면서 연습시키는 이유는 영어의 기본 억양 유형을 계속 유지하도록 지도해야 자연스러운 발음을 낼 수 있기 때문이다. 대체로 영어의 보통 문장에서는 정상적인 소리의 높이로 발음되다가 끝 단어에서 조금 올라간 후 내려오는 2 3 1 유형이 기본적인 억양이기 때문이다. 아울러 문장을 처음부터가 아니라 끝에서부터 훈련시키는 것은 학습자가 영어의 문장을 들었을 때 문장의 가장 마지막에 오는 단어를 쉽게 기억하고 있기 때문이기도 하다.

한편 대화 속에서 영어의 억양을 함께 이해시키면 영어의 발음을 자연스럽게 익히는데 많은 도움이 된다. 이와 관련하여 Kenworthy (1987: 43)는 다음 대화를 예로 들어 연극 기법(drama technique)을 제시한다.

(24) A: What are you doing here?
B: Waiting for somebody.
A: Have you been waiting long?
B: About half an hour.
A: Why don't you sit down?
B: I'm OK. I don't mind standing.

위 대화에서는 같은 의문문의 형식이지만 억양의 유형상 끝을 올려야 하는 경우가 나타나고 있으며, 231의 유형에다가 끝을 내리는 경우 등 여러 형태의 억양이 나타나고 있다. 이때 A는 B의 행동을 의심하는 경비원이 되거나, 우연히 B를 만나게 된 사람이 될 수 있는 바, 그 배경을 호텔로비, 정거장 또는 공원이라 보고 연극화하여 억양을 지도할 수 있다.

끝으로 억양에 대한 지도는 기본적인 억양의 유형을 지도하면서 억양을 달리하여 발음할 때 얼마든지 문장의 의미도 달라질 수 있다는 사실을 인식시키는 것이 중요하다. 대부분의 서술문, 명령문, 감탄문, 의문사가 있는 의문문 등은 231 유형으로 끝을 내려 발음하도록 지도하며, 보통의 의문문에서는 233 유형으로 끝을 올려 발음하도록 연습시키고, 접속사 앞이나 주절과 종속절 사이에서는 바로 앞 소리의 높이를 그대로 지속시켜 232-231과 같은 유형으로 발음하도록 가르치면 된다.

그러나 영어 학습자의 의사소통 능력을 좀 더 신장시키는 관점에서 본다면 억양에 대한 지도 역시 대화 속에서 이루어지는 것이 바람직하다. 가령 다음의 대화(Hancock, 2003: 98)를 사용하여 올바른 억양 유형을 지도할 수 있다. 먼저 교사는 억양에 유의하며 아래 대화를 듣도록 한다. 다음으로 교사는 학생들에게 두 사람이 전하려고 하는 바가 무엇인지를 생각해 보도록 한다. 이 때 교사는 학생들을 몇 그룹으로 나누어 억양 유형에 따른 문장의 의미를 이해하게 할 수 있다.

(25) A: Shh!
B: What?↘
A: Bear! ↘
B: Bear? ↗
A: Bear! ↘

B: Where?↘
A: There!↘
B: Far?↗
A: No!↘
B: Near?↗
A: Yeah!↘
B: Run?↗
A: Run!↘

마지막으로 교사는 위 대화의 내용을 억양 유형과 더불어 다음처럼 명확히 설명해 준다. 먼저 A가 '쉿'이라 하자 B가 무엇이냐 물었는데 A는 "곰이야"라고 대답하고 있다. B가 잘 듣지 못해 "곰이라고 했어"라고 하자 A는 "그래, 곰이야"라고 답하자 B는 곰이 어디 있는지 묻게 된다. A가 "저 위에"라고 하자 B는 그 곰이 멀리 있는지 다시 묻고 있다. A가 동의하지 않자 B는 또 다시 가까운데서 곰을 보았는지를 묻게 되고 A는 그렇다고 답한다. 결국 도망가자는 B의 제안에 A가 동의하는데서 대화가 종료되고 있다.

필요할 경우 교사는 위 한 단어로 구성된 대화를 아래처럼 확대한 대화로 만들어 억양 유형을 적절하게 발성하도록 하면서 대화에서 전하고자 하는 바를 명확하게 이해하도록 도와줄 수 있다.

(26) A: Shh!
B: What is it?↘
A: There's a bear! ↘
B: Did you say 'bear'? ↗
A: Yes.↘ There's a bear! ↘
B: Where is it?↘
A: It's over there!↘
B: Is it far?↗
A: No, it isn't!↘

B: Is it near?↗
A: Yes,↘ it is!↘
B: Shall we run?↗
A: Yes.↘ Let's run!↘

Brown(2007: 342)은 상승 억양과 하강 억양을 지도하는데 적합한 대화로 다음 세 가지를 들고 있는데 그 취지는 위에서 언급한 내용과 같다.

(27)

Conversation 1	Conversation 2	Conversation 3
A: Single?	A: Good?	A: Locked?
B: Double.	B: Delicious.	B: Locked.
A: Double?	A: More?	A: Key?
B: Yes.	B: Please.	B: Key?
A: Cone?		A: Key.
B: Cup.		B: Oh-oh.

첫 번째 대화는 조를 이룬 두 학습자의 역할이 호텔 직원과 손님이라 추측되며, 두 번째 대화는 식당의 종업원과 고객으로 간주되고, 세 번째 대화에서 두 학습자는 같이 방을 쓰는 동료라고 생각하여 억양의 상승과 하강되는 것을 지도하면 된다.

8.4 효과적인 발음 교육의 방향

영어음성학과 영어음운론에서는 이론적으로 자음과 모음에 해당하는 분절음의 조음 방법을 설명하고 목표어의 단어를 제시하여 연습하게 한 후 점차 음절과 강세 및 리듬 그리고 억양과 같은 초분절 단위나 초분절음을 제시하고 연습하는 과정으로 발음 지도의 방향을 제시하는 것이 일반적이지만 이를 발음 교육과 연관시키면 오히려 초분절음 지도에 우선권을 두는 방향으로 발음 지도를 하는 것이 바람직하다. 왜냐하면 영어에서는 분절음보다 초분절음이 언어를 이해하도록 하거나 효과적인 의사소통을 하는데 더 중요한 역할을 하고 있기 때문이다. 아무리 분절음을 정확히 발음해도 강세나 리듬과 억양에서 외국식 말투(foreign accent)를 보인다면 의사소통에서 상대방이 알아듣기가 불편할 수 있기 때문이다. 이와 관련하여 EFL 교사와 학습자들을 위해 집필한 Fraser(2001)는 이론에서는 분절음부터 초분절음을 이해하도록 하고 있으나 실제에서는 초분절음부터 지도하는 것이 효과적이라고 주장하고 있는 점은 눈여겨볼 일이다.

그러나 중등 영어 교사들은 대체로 과거의 전통적인 듣고 반복하기 기법을 주로 학생들에게 적용하여 발음을 가르치는 것을 선호한다는데 문제가 있다. 고립된 단어 속의 최소 대립을 통한 발음 훈련이나 두 문장 속 최소 대립을 보이는 음들을 중심으로 발음 연습을 하게 되면 인위적이고 비실제적인 상황에서 발음 지도를 하는 꼴이 되어 자연스러운 의사소통으로 결코 전이되지 못할 뿐만 아니라 지극히 흥미가 없고 동기 유발이 되지 않는 가운데 발음 연습을 하게 되어 학생들이 지루하고 자신감이 없는 발음 교실로 전락할 우려가 있다(Celce-Murcia, 1987). 그러므로 영어의 다른 기능을 가르칠 때처럼 의사소통 활동 위주로 발음도 가르치는 전략을 마련해야 한다.

중등 영어 교사들은 다음과 같은 Fraser(2001: 11)의 네 가지 의사소통 중심 발음 교육의 원리를 발음 지도의 실제에 반영하는 노력을 해야 할 것이다.

첫째, 교실 밖 진정한 의사소통을 위해 유익한 발음 자료를 가르치도록 한다. 교실 속에서 발음을 배우지만 그것은 교실 밖에서 일어나는 의사소통을 위한 것이기 때문에 일상생활에서 사용되는 생생한 발음 텍스트를 연습해야 한다는 의미이다. 둘째, 발음 지도의 순서는 의사소통에서 청자에게 가장 중요한 것을 가르치는데 토대를 두도록 한다. 청자에게 친숙한 발음이 되어야 한다는 취지이다. 셋째, 학습자들에게 의사소통으로서 언어를 생각하고 청자의 요구에 주의를 기울이도록 한다. 의사소통 중심 교수법에서 언어를 의사전달의 체계로 간주하듯이 영어 교사들은 음성 언어로서 발음이 청자와의 의사소통에 미치는 역할을 중요하게 고려해야 한다. 넷째, 교사와 학생 간에 발음 자체에 대한 좋은 의사소통에 초점을 맞추도록 한다. 발음을 배울 때에는 교사와 학생 사이에 발음에 대한 대화를 많이 갖도록 하는 편이 바람직하다.

발음 교육에서 중등 영어 교사들이 명심해야 할 중요한 점은 오늘날 영어 발음 교육의 목표는 원어민과 유사한(native-like) 수준의 발음을 하도록 하는데 있는 것이 아니라 화자가 말하는 것을 청자가 편안히 알아들을 수 있는(comfortably intelligible) 발음을 하도록 하는데 있다는 점이다. 원어민과 똑같이 유창하게 영어를 발음하는 것은 너무나 이상적이어서 그런 높은 목표에 도달하는 것은 가능하지 않기 때문에 의사소통에 지장을 주지 않고 청자가 이해하는데 불편하지 않은 발음이면 합리적이라는 것이다.

중등 영어 교사들이 활동 중심의 발음 지도에서 고려해야 할 또 다른 사항은 학습자들이 자신들의 영어 발음을 향상시키기 위해 평소 즐겨 사용하는 발음 학습 전략(pronunciation learning strategies)을 고양시켜 줄 필요가 있다는 것이다. 어떤 학생들은 영어 원어민이나 교사의 발음을 그대로 모방하며 발음 학습을 하는 것을 즐기지만, 또 다른 학생들은 영어 CD나 영어 동화를 텔레비전에서 보면서 발음을 따라하는 것을 좋아하는 경우가 있다. 학습자들마다 발음 학습에 대한 상위 인지 전략과 인지 전략 및 기억 전략과 보상 전략 그리고 사회적 정의적 전략에서 서로 다른 양상을 보인다는 것이다. 이 발음 학습 전략들은 성별에 따라 그리고 영어의 능숙도(proficiency)나 흥미도에 따라 다르게 나타나고 있기 때문에 중등 영어 교사들은 이 같은 변수들을 발음 지도할 때 고려하여 학습자들의 흥미를 유발하는 활동 중심의 기법을 실천해야 바람직 할 것이다. 이에 대해서는 11장에서 다루도록 하겠다.

제 9 장

의사소통 활동 중심 발음 지도

본 장에서는 주로 의사소통 중심 교수법의 틀 내에서 교실에서 적극적인 활동이나 놀이 및 게임을 하며 발음을 지도하는 방법을 고찰한다. Brown(1997: 136)에 의하면 원래 활동(activity)이란 학습자들만이 교실에서 수행하는 것을 뜻하지만 여기서 다루고자 하는 활동과 놀이 중심 발음 지도법은 교사가 학습자를 위해 교실에서 펼치는 감각놀이(sensory play)와 역할놀이(role play), 게임(game), 챈트(chant)와 노래(song)를 통해 발음을 지도하는 것이다.

9.1 감각놀이 중심 발음지도

Frimmer(1986)는 영어의 음과 철자 및 단어들을 활용한 활동과 놀이를 통해 영어의 발음을 지도하는 소위 활동/놀이 중심 발음 지도법을 제안하고 있다. 영어 학습자들에게 영어의 음이 어떻게 발성되는지 직접 보고, 느끼고, 듣도록 함으로써 발음을 지도하는 것이기 때문에, 비록 Frimmer(1986) 자신은 그렇게 부른 적이 없으나, 필자가 볼 때 감각놀이 중심 발음 지도법이라 해도 큰 무리가 없다. 왜냐하면 감각놀이란 학습자들이 보고, 듣고, 냄새 맡고, 맛보고, 만져보는 것과 같은 활동, 즉 감각 기관을 최대한 자극하는 활동을 통해 발견의 기쁨을 맛보게 하는 즐거운 놀이이기 때문이다.

특히 이 접근법은 주로 수와 색깔 및 크기와 모양에 관한 낱말들을 비롯하여, 동의어와 반의어 그리고 동음이의어는 물론, 각운(rhymes)과 수수께끼(riddles), 무의미 단어(nonsense words) 등을 폭넓게 활용하여 발음 교육을 함으로써 학습자들에게 흥미를 유발시키고 있다.

9.1.1 감각놀이를 통한 /b/ 음 지도

그러면 이 접근법의 구체적인 발음 지도 절차를 알아보기로 하자. 먼저 영어의 /b/음을 어떤 방법으로 지도하는지 Frimmer(1986: 1-4)을 중심으로 살펴보자. 먼저 교사는 단추가 달린 옷을 입고 들어와 여러 개 준비한 단추들을 학생들에게 나누어주고 다음과 같이 말한다.

교사: There are buttons for you.
There are buttons for me.
There are buttons for everyone.
For everyone, you see.

학생들에게 한 번에 한 문장씩 따라 말하도록 한 후, 위 문장들을 처음부터 끝까지 다시 말하도록 한다. 학급을 네 개의 소그룹으로 나누고 각 그룹에 한 문장씩 배당하여 전체가 함께 위 문장들을 반복하도록 한다. 이번에는 각 그룹에 연습하지 않는 또 다른 문장을 제시하고 학생 전체가 따라 말하게 한다. 그룹마다 위 네 개의 모두 문장을 모두 말할 때까지 활동을 계속한다.

그 후 교사는 자기가 입고 있는 옷의 단추들을 가리키며 다음과 같이 말한다.

교사: Here's a button. Here's another button. One, two, three, four buttons. I have four buttons. Mary, how many buttons do you have?

학생(Mary): I have two buttons.
교사: Mary, ask John to tell you how many buttons he has.
학생(Mary): How many buttons do you have, John?
학생(John): I have three.

이와 같은 식으로 학생들끼리 서로 번갈아 가며 질문과 대답을 하는 상호 작용 활동을 하도록 한다.

이어 교사는 다음과 같이 말하면서 문제의 /b/ 음을 연습시키도록 한다.

교사: The word button begins with the sound /b/. The letter is be. (Write b on the chalkboard.) See my lips come together and move apart. (Says the /b/ sound three times.) Do it three times with me and feel your lips come together and move apart. /b/, /b/, /b/. Close your eyes and hear the sound as you make it. /b/, /b/, /b/. Open your eyes. You can see the sound; you can feel it; and you can hear it.

바로 여기에 학습자들의 감각을 최대한 발휘하도록 하여 발음을 지도하는 감각놀이 중심 발음 지도의 원리가 잘 나타나 있다. /b/ 음이 어떻게 발성되는지 보고(see), 듣고(hear), 느끼게(feel) 하는 활동을 통해 발음을 지도하기 때문이다.

계속해서 교사는 여러 다른 크기의 단추를 한 번에 들어 보이며 다음과 같이 말한다.

교사: Buttons are made in different sizes. This is a big button. This is a little button. This button is not big. It is not little. It is medium size. Lisa, what size button do you have?

학생(Lisa): I have a big button.(or "Here is a big button." or "This is a big button." or "a big one.")

교사: What size button do you have, Lisa?

학생: 모든 학생들이 위와 같은 질문에 답하여 활동이 다 끝나면 학생들은 단추를 교사에게 돌려준다.

교사: /b/ 음이 들어있는 다른 라임을 들려주고 따라 말하게 한다.
Here's a rhyme about a bug.
Bug, bug, bug,
Crawling on the rug.
Bug, bug, bug,
Don't ask for a hug.

학생: 교사를 따라 반복하도록 한다.

교사: Bug rhymes with dug and hug. What other words rhyme?

학생: Jug, lug, mug, rug, tug, snug, chug, plug.

교사: /b/가 들어간 단어로 된 다른 라임을 반복하도록 하고 학생들에게 그 단어와 rhyme을 이루는 다른 단어들을 말해보도록 유도한다.
I like beans,
You like beans,
We all like beans,
All kinds of beans.

Bean rhymes with Dean and Jean and...

학생: Mean, lean, queen, seen, teen, green, clean.

교사: Now you know some words that begin with the /b/ sound. What are they?

학생: Beans, bug, big, button, boy.

교사: There are boys in our class John is a boy. Robert is a ... (대답을 기다린다.) George is a ... (모든 학생들의 이름이 나올 때까지 계속한다.) Boy begins with the sound. . . (대답을 기다린다.)

끝으로 교사는 녹음기로 영시를 들려주며 그 속의 /b/를 포함하는 단어들을 잘 듣고 확인하도록 하면 된다.

교사: Listen for the /b/ words in this poem.

Bottle, bottle, on the table
Tell me why, if you are able,
When I shake you and then stop,
Bubbles rise up to the top.

Bubble, bubble, at the top,
Are you just a little drop?
But, of course, I have to say
When at rest, you drop away.

9.1.2 감각놀이를 통한 /l/ 음 지도

이번에는 /l/ 음을 어떻게 지도하면 좋은지 Frimmer(1986: 36-39)를 통해 알아보자. 교사가 교실 안으로 들어오면서 손을 귀에다 대고 주의 깊게 듣는 모습을 하며 다음과 같이 말한다.

교사: I'm listening. Are you listening? Let's listen together. Listen to the bells ringing. Listen to the noise in the hall. Listen to cassettes playing. We listen with our eyes. What do we with our eyes?

학생: We look at things.

교사: Look here.
Look there.
Look, look.
Everywhere

학급 학생 전체가 다함께 발음하도록 한 후 교사는 다음과 같이 말한다.

교사: Let's look at all the things we can see in our room. Look at the chalkboard. Look at the floor. Peter, tell us what to look at. (여러 학생들로 하여금 그들이 무엇을 보고 있는지 말해 보도록 한다.)

이어서 교사는 다음과 같이 말하며 감각을 활용한 발음 지도 절차에 들어간다.

On your way home from school today, look at all the things there are to see. Look at all the things in your house. And listen to all the sounds you hear.

<u>See</u> the tip of my tongue go up and down for the /l/ sound at the beginning of the words <u>look</u> and <u>listen</u>. <u>Feel</u> the tip of your tongue go up and down.(학생들이 두 단어를 말하는 것을 기다린다.) <u>Hear</u> the /l/ sound when you say the words with your eyes closed. (대답을 기다린다.) Open your eyes. You <u>hear</u> the sound; you <u>see</u> it; and you <u>feel</u> it. The sound is ... (대답을 기다린다.) The letter is <u>l.</u> (문자를 강조하기 위해 칠판에 /l/을 먼저 쓰고 그 밑에 look과 listen이란 단어를 쓴다.) Another word that begins with <u>l</u> is... (학생들이 letter이란 단어를 보충해서 칠판에 쓸 때까지 기다린다.) Name some other letters.(대답을 기다린다.) My name begins with the letter <u>b.</u> Mary, what does your name begin with?

교사로부터 지명 받은 학생 Mary는 다음과 같이 말한다.

학생: My name begins with the letter <u>m.</u>
교사: Mary, ask John what letter his name begins with.(모든 학생이

질문에 답할 때까지 이 과정은 계속된다.)
Sometimes we use the word letter in another way. We use it to mean something else, something different. (편지나 편지를 그린 그림을 보여 준다.) This is a letter. You may write a letter to someone. You may receive a letter from someone. In your mailbox at home you may find... (대답을 기다린다.)

I live at _____. Kevin, where do you live? (대답을 기다리고 다른 몇 학생들에게 간다.) The word live begins with... (대답을 기다리고 live란 단어를 칠판에 쓴다.) When you hear something funny, you...(대답을 기다린다.) I like to laugh; do you? Laugh begins with...(대답을 기다리고 나서 laugh란 단어를 칠판에 적는다.)

Another /l/ word is light. There are ceiling lights and wall lights and lamp lights. There are other kinds of light also. (그림들을 보여주고 대답을 기다린다.) Sunlight, moonlight, starlight, firelight, candlelight, flashlight, nightlight and headlight. Light begins with the sound... (대답을 기다려 보고 light이란 단어를 쓴다.) Lamp begins with /l/ also. (lamp란 단어를 적는다.) Lamp rhymes with ramp and Gramp and...

학생: Camp, damp, clamp, stamp, champ.

교사: Leg begins with /l/. (칠판에 leg란 단어를 쓴다.) People have legs. Animals have legs. Even furniture has legs. A table has four legs. A chair has four... People have... Dogs have... Birds... Fish... Fish? I didn't fool you, did I? What about fish?(학생들의 대답을 기다린다.)

끝으로 교사는 녹음기로 동시를 들려주며 /l/ 음을 잘 듣고 확인하게 한다.

Little Lost Lamb

The little lost lamb
Is standing on a hill.
No one sees him
Alone and cold and still.

Oh, little lost lamb,
Go and find a light.
Look high and look low
There'll be no moon tonight.(Howers, 1963: 82)

9.1.3 감각놀이를 통한 /r/ 음 지도

이번에는 한국인 영어 학습자에게 종종 문제가 되는 /r/음을 어떻게 지도하면 좋은지를 Frimmer(1986: 82-85)을 중심으로 살펴보도록 하겠다.

먼저 교사는 단어 속에 /r/ 음이 포함된 두 개의 물건을 갖고 교실에 들어와 그 물건을 책상 위에 놓으며 이름을 말하면서 학생들의 감각을 활용한 /r/ 음 지도가 시작된다.

교사: rope, ruler. They begin with the sound /r/. The letter is r. (칠판에 철자 r 과 두 단어 rope와 ruler를 쓴다) Feel your tongue pull back when you say /r/. (대답을 기다린다.) Hear the /r/ sound as you say the two words after me.(다시 대답을 기다린다.) You can't see the /r/ sound because it's made all the way back inside your mouth. You can only feel it and hear it.

(이어서 교사는 rain이란 단어를 칠판에 쓴다.)
The word rain begins with /r/. Rain, brain, Jane. Tell me what I'm doing. (대답을 기다린다.) Yes, I'm rhyming. You can do it, too.

학생: Train, cane, pain, chain, plain, stain.

교사: (무지개(rainbow)를 그린 그림을 보여주며)
Sometimes when the sun shines after a rain, a rainbow appears in the sky. A rainbow has many colors. The next time the sun shines after a rain, look for a rainbow in the sky. Rain and bow are the two little words in the rainbow. What kind of a word is rainbow?

학생: A compound word.

교사: What other compound words can you think of that use rain? (학생들에게 rain과 관련된 단어들을 최대한 연상해 보도록 한 후 학생들이 말하면 교사가 칠판에 쓴다. 이는 rain이란 단어를 중심에 넣고 다른 많은 관련 단어들을 생각하게 함으로써 어휘를 가르치는 소위 brainstorming technique과 같다고 보면 된다.)

학생: Raincoat, rainhat, raindrop, rainstorm, raincheck.

교사: How many compound words are there on the board?(대답을 기다린다.)

학생: Five

교사: (자전거, 말 등 탈 것을 그린 그림을 보여주며 칠판에 ride란 단어를 칠판에 쓰고 다음과 같이 말한다.) Ride begins with /r/. I can ride a motorcycle. I can ride a horse. What can you ride?

학생: I can ride a bicycle. I can ride in a car.

교사: Side rhymes with ride. What other words rhyme with ride?

학생: Wide, bried, tried, hide.

교사: Here's a rhyme using the /r/ words.
Run the race.
Run it fast.
Don't be last.

Say the /r/ words in the rhyme.

학생: Run, race.

교사: All right. Let's run up to sing a song.
Row, row, row your boat
Gently down the stream

Merrily, merrily, merrily, merrily
Life is but a dream.

앞에서 감각놀이를 통해 /l/과 /r/을 지도하는 기법의 실제를 보였다. 이 두 개의 음의 차이를 명확히 하기 위해 마지막으로 영국의 시인 Lewis Carroll(1832-1898)의 How Doth the Little Crocodile이란 시를 감상해 보기로 하자.

How doth the little crocodile
  Improve his shining tail,
And pour the waters of the Nile
  On every golden scale!

How cheerfully he seems to grin!
  How neatly spreads his claws,
And welcomes little fishes in
  With gently smiling jaws!

/l/과 /r/ 음의 조음상의 차이를 정확히 연습하면서 위 시는 약강이 번갈아 오는 리듬을 형성하고 있음을 이해하도록 할 필요가 있다. 아울러 첫째 연과 둘째 연의 제1행과 제3행, 제2행과 제4행이 각운을 이룬다는 점을 지적할 필요가 있다.

지금까지 감각놀이 중심 발음 접근법에 대해 고찰해 보았다. 이 접근법은 앞에서도 지적했듯이 영어 학습자들에게 시각, 청각, 미각, 후각, 촉각의 감각을 최대한 활용하여 발음 교육을 할 뿐만 아니라 간단한 동요나 동시 등을 발음 지도 자료로 많이 활용하기 때문에 우리나라 초등학교와 중학교 학습자에게 적합한 방법이라 할 수 있다. 이 방법이 영어 교육 현장에서 보다 더 효율적이고 활성화되기 위해서는 무엇보다 발음 지도에 사용할 각운이 다양할 필요가 있다. 초등학교와 중학교 영어 학습자의 수준에 맞게 각운은 간단한 것부터 다양하게 준비해야 한다. 예를 들면 다음과 같다.

(1) **Lambs**

Baa, baa, baa,
The lambs all
Give their call,
Baa, baa, baa (Howers, 1963: 2)

(2) Please Porridge

Please porridge hot.
Please porridge cold.
Please porridge in the pot
Nine days old.
Some like it hot.
Some like it cold.
Some like it in the pot
Nine days old. (Claire, 1988: 92)

(3) **All Aboard!**

All aboard! All aboard!
Get on the train
We're going to Maine,
All aboard! All aboard!(Howers, 1963: 6)

(4) **Biting**

Bite the penny,
Bite the key,
Bite the knife,

But don't bite me!(Howers, 1963: 4)

(5) **Sea Shell**

Sea shell, see shell,
The tales you tell
I like so well.
You have me in your spell.(Howers, 1963: 87)

(6) **A Really Hot Meal**

A really hot meal
Doesn't appeal
To a Seal
Its favorite dish
Is very cold fish! (Taylor, 1993: 95)

(7) English Has Begun

English has begun
When we're all done
We'll say a little,
Play a little,
Have a little fun. (Claire, 1988: 92-93)

(8) **The Rabbit**

That rabbit eats my cabbage,
He nibbles it at night.
I'll hide behind a cabbage
And he will have a fright.(Howers, 1963: 7)

(9) **Flying Flock**

See the flock of birds
Flying through the air,
There aren't any words
To tell a sight so fair.(Howers, 1963: 92)

(10) My friends Gladys

Oh the sadness of her sadness, when she's sad!
Oh the gladness of her gladness, when she's glad!
But the sadness of her sadness,
And the gladness of her gladness,
are nothing like her madness–when she's mad!
(Morley, 1979: 266)

아울러 감각놀이 중심 발음 교육이 더 효과를 거두려면 교사와 학생 간에만 상호 작용(interaction)을 할 것이 아니라 학생과 학생 간에도 활동이 있어야 한다. 다시 말해 학생들을 몇 개의 그룹으로 나누어 앞에서 다룬 방법으로 발음 연습을 하도록 하는 것이 학습상의 문제가 되는 발음을 훈련하는 데나 영어로 의사소통하는데 많은 기회를 갖게 된다. 조별 활동(pair work)과 그룹 활동(group work)이 주는 여러 이점을 발음 교육에 활용해야 한다는 것이다.

9.2 역할놀이를 통한 발음 지도

9.2.1 가게 점원과 손님 역할

이 방법은 두 학습자에게 교실 밖 상황(situation) 속에서 학생이 아닌 다른 사람의 역할(role)을 하도록 하여 대화를 나누는 과정에서 발음을 지도하는 방법이다. 예를 들어 학습자 A는 가게에서 물건을 사고자 하는 사람으로, 학습자 B는 가게의 점원으로 가정하고 해당 역할을 수행할 수 있다. 좀 더 구체적으로 학습자 A는 자신이 사야 할 물건 목록 중 해당 물건의 위치를 찾기 위해 학습자 B에게 도움을 청하도록 할 수 있다. 이 때 두 사람의 대화(Miller, 2000: 40)는 다음과 같이 전개될 수 있다.

A: I'm looking for the **CE**real. Do you know where I can **FIND** it?
B: The cereal is on aisle **NINE**.
A: I **LOOKED** on aisle nine, but couldn't find the kind of cereal I **WANT**ed.
B: I'll check to see if we're **OUT** of it. Is there anything **ELSE**?
A: **YES**, I need some **PEP**per. Do you have fresh ground **PEP**per?

위 대화에서 대문자로 된 부분이 발음 교육과 관련하여 주목해야 할 것들이다. 즉, 그것들은 각 문장 속에서 가장 강하게 발음해야 할 이른바 초점이 되는 단어들(focus words)이다. 영어에서 초점이 되는 단어라 함은 보통 내용어로서 하나의 문장 속에서 가장 강한 강세를 받는 것을 말한다(Miller. 2000: 60). 예를 들어 I FOUND a DOLlar in my POCKet. 란 문장에서 대문자로 된 단어들은 모두 내용어들인데 그 중 POCKet란 단어가 가장 강한 강세를 받으므로 초점을 받는 단어가 되는 것이다.

그러므로 교사는 역할놀이를 수행하는 두 학습자들에게 각 단어 속의 강세음절은 길게 발음하도록 하면서, 특히 대문자로 된 초점이 되는 부분은 가장 강하게 발음하도록 지도해야 한다. 위 대화문에서 보통문의 끝을 내려 발음하도록 하거나, yes-no questions의 경우 끝을 올려 발음하도록 하는 것은 재삼 강조할 필요가 없다.

9.2.2 여행 예정자와 항공사 직원 역할

역할놀이를 통한 발음 지도의 또 다른 예로 학습자 A가 여행을 계획한 사람의 역을 하고 학습자 B가 항공사에 근무하는 직원의 역을 해보도록 할 수도 있다. 학습자 A는 항공사에 전화를 걸어 비행기에 관한 정보를 수집하게 된다. 학습자 B는 항공사 직원으로서 학습자 A와 여행에 관한 적절한 대화를 나누게 된다. 학습자 A와 B가 나눌 대화의 적절한 주제로는 비행기 시간, 목적지, 이용 가능한 좌석, 비행기 요금, 직행 여부, 기내 식사 등이 된다. 예를 들어 학습자 A가 사용할 유용한 표현으로는 I'm going from Vancouver to Boston. Do you have any nonstop flights?을 들 수 있다. 이 때 교사는 학습자가 평소 어려움을 느끼는 분절음 [v]와 [b], [fr]와 [fl] 등을 정확히 발성하도록 지도하고, 문장 속의 강세와 억양 등을 고려하여 첫째 문장은 231 억양형으로, 둘째 문장은 233 억양형으로 자연스럽게 발음하도록 지도하면 된다.

9.2.3 식당 손님과 웨이터 역할

역할놀이를 활용한 발음 교육의 더 좋은 예로 두 학습자가 각각 식당의 웨이터와 손님의 역을 하도록 하여 영어 모음을 연습하는 방법을 들 수 있다. 학습자 A와 B에게 메뉴 판을 복사한 것을 주고 그 자료를 사용하여 식당의 종업원과 손님으로 가정하여 대화를 통해 영어 모음 /i/와 /ɪ/를 지도하는 것이다. 메뉴 판에는 연습할 모음 /i/와 /ɪ/ 가 포함된 단어들이 있다(Baker, 1993: 5).

MENU

Soup

leek soup or pea soup
Meat:
Veal or beef
Vegetable:
beans or peas
Sweets:
cheesecake or ice-cream
or peaches
coffee or tea

이 때 두 학습자가 나누는 대화는 다음과 같이 전개될 수 있다.

A: What would you like first?
B: I'd like p**ea** **soup**.
A: What will you have next?
B: I want b**eef**.
A: Which vegetable?
B: Some **peas**, please.
A: And for your dessert?
B: **Coffee,** please.

9.2.4 파티 준비자 역할

역할놀이로 발음 지도를 할 수 있는 또 다른 예는 파티를 열 계획을 하는 두 학습자의 짧은 대화에서 찾을 수 있다. 가령 두 명의 학습자가 새 일자리를 얻은 친구를 위해 파티를 열 예정이지만 둘 다 바빠서 가능한 한 많은 것을 사전에 준비해야 한다고 하자. 이 때 두 학습자는 서로 대화하며 해야 할 일들을 하게 되는데 준비할 목록 중에서 끝에 나오는 단어들을 강하게 발음하도록 하며, 미리 준비해야 할 일, 하루 이틀 앞서서 해야 할 일, 파티 당일 날 해야 할 일들에 대해 이야기하게 된다. 예를 들면 아래 대화의 문장 끝에 오는 GUESTS와 DISHES란 단어를 강하게 발음하도록 하면서 역할을 수행하도록 할 수 있다. 물론 파티를 위해 해야 할 여러 일들 중에서 대문자로 표시한 부분을 강하게 발음하도록 하는 활동이 뒤따라 계속될 수 있다 (Miller, 2000).

(16) A: When should we make a list of the **GUESTS**?
B: Let's do it in **Advance**.
A: When should we borrow some **DISHES**?
B: Let's do it the day of the **Party**.

"to do" list	in advance	a day or two ahead	the day of the party

address the inviTAtions
borrow some **CHAIRS**
arrange the **FLOW**ers
set the TAble
clean the aPARTment
buy the **FOOD**
plan the **ME**nu
mail the inviTAtions
prepare the **FOOD** (Miller, 2000: 53)

9.3 게임을 통한 발음 지도

9.3.1 문장 이어가기 게임

활동 중심으로 발음을 지도하는 방법으로 게임을 활용하지 않을 수 없다. 먼저 영어 학습자의 발음상의 정확성을 기하기 위한 게임으로 문장 이어가기 게임 또는 기억력 게임(memory game)을 제시할 수 있다. 문장 이어가기 게임이란 소위 가르치고자 하는 목표 음(target sound)이 들어있는 단어들을 계속 이어 말하도록 하면서 발음을 지도하는 것이다. 예를 들어 교사는 여러 동물들이 그려진 그림들을 이용하여 마치 동물원에 여행간 것으로 생각하도록 하여 긴장 모음 /i/를 지도할 수 있다. 물론 동물들은 당연히 긴장 모음 /i/를 포함하는 단어들로 되어 있어야 한다. 이를테면 zebra, seal, cheetah, emu, peacock, beaver 등이다. 교사는 학생들을 그룹으로 나누어 다음과 같은 활동을 펼치도록 한다.

(17) S1: We went to the zoo and saw a *zebra.*
S2: We went to zoo and saw a *zebra* and a *seal.*
S3: We went to the zoo and saw a *zebra*, and a *seal,* and a *cheetah.*

기억력 게임은 일명 슈퍼마켓 게임(supermarket game)이라고도 하는 것으로 슈퍼마켓에 가서 물건을 샀던 경험을 발음 지도에 활용하는 것이라 보면 된다. 예를 들어 영어 학습자들에게 발음상 문제가 되는 /l/과 /r/이 들어있는 품목을 계속하여 기억에서 되살리게 함으로써 두 음을 자연스럽게 게임을 통해 연습하는 것이다. 물론 이러한 발음 지도는 문장만 정확히 발성하면 되므로 목표음의 정확성을 기하기 위한 활동에 속한다. 그 예는 다음과 같다.

(18) S1: I went to the supermarket and bought an *apple.*
S2: I went to the supermarket and bought an apple and a *lemon.*
S3: I went to the supermarket and bought an *apple*, and a

lemon, and an *umbrella.*

이러한 게임은 식당의 메뉴판을 이용하여 발음상 어려운 음을 지도하는 게임으로 발전시킬 수 있다. 예를 들면 다음과 같다.

(19) S1: I went to the restaurant to eat *beef.*
S2: I went to the restaurant to eat *beef* and *peas.*
S3: I went to the restaurant to eat *beef,* and *peas,* and *cheesecake.*

9.3.2. Simon Says Game

게임을 활용하여 /l/과 /r/의 발음을 훈련시키는 방법도 있다. 신체의 일부에 /l/과 /r/이 들어간 어휘를 중심으로 소위 Simon Says 게임을 하며 문제의 발음을 훈련하는 것이다. 주지하듯이 이 게임은 교사가 명령문 앞에 Simon Says를 붙여 말하면 학생은 그 지시에 따라 행동으로 직접 보여야 하고, 게임 도중에 갑자기 Simon Says를 빼고 지시문만 말하게 되면 지시에 따라 행동해서는 안 되는 게임이다. 이러한 게임을 통해 /l/과 /r/의 발음을 연습시키는 것이므로 학생들이 행동으로 나타내 보일 때에는 지시문을 직접 발성하며 해당 분절음을 훈련하던가, 아니면 몇 개의 그룹을 만들어 한 학생의 교사가 되고 나머지는 학생이 되어 두 음을 연습시키는 것이 효과적이라 본다.

(20) Simon says, touch your <u>elbow</u>.
Simon says, <u>blink</u> your eyes.
Move your <u>eyebrows</u> up and down.
Simon says, <u>clap</u> your hand.
Wave your <u>right</u> hand.

9.3.3. 추측하기 게임

영어 학습자의 의사소통 능력을 신장시키면서 발음을 자연스럽게 지도하는 기법으로 Pennington(1996: 78-79)의 추측하기 게임(guessing game)이 효과적이다. 이 기법은 한 학생이 눈을 감고 있는 동안에 다른 학생이 책가방(backpack)과 가방(bag)의 어딘가에 껌 한 통을 숨기면 처음 학생이 질문을 던져 대화를 하게 함으로써 껌의 위치를 알아맞히도록 하는 게임이다. 물론 이 경우 위치를 나타내는 전치사 in, beside, under, between 등이 사용되며 발음 지도에 관한 한 대화 속에서 짝 활동을 통해 수행되는 것이 종전의 지도 방법과는 다르다.

(21) Student A: Where's the gum?
Student B: Is the gum in the back?
A: Yes, the gum is in the back.
B: Is the bag in the backpack?
A: No, the bag is not in the backpack.
B: Is the backpack in the bag?
A: Yes, the backpack is in the bag.
B: So the gum is in the backpack.
A: Yes, the gum is in the backpack,
B: and the backpack is in the bag?
A: and the backpack is in the bag.

9.3.4 텅 트위스터 게임

이 게임은 혀가 꼬여 발음하기 어려운 문장을 습자들에게 빠르게 말하도록 하면서 발음을 지도하는 것이다. 예를 들어 "She sells sea shells by the sea shore."라는 문장은 동일한 /s/음이 어두에 반복되기 때문에 혀가 뒤틀려 발음하기 어려운데, 이 문장을 처음에는 천천히 그 다음은 보다 빨리 발성하도록 함으로써 정확하면서도 재미있게 발음을 연습하는 게임이라 할 수 있다. 교사는 조별로 또는 그룹별로 얼마나 빨리 발음하는가를 확인하게 된다.

이 게임의 절차는 다음과 같다. 먼저 학습자들을 그룹별로 나누고 그룹 별 구성원들은 목표로 하는 첫 음을 선택하고 그 음으로 시작되는 단어들을 가급적 많이 생각하도록 한다. 이어서 각 그룹은 생각한 단어들을 다른 그룹과 공유하도록 한다. 다음으로 전체 학생들이 그룹별로 생각한 음들이 포함된 단어들을 사용하여 텅 트위스터를 하도록 한다. 그리고 나서 개별 학습자들에게 텅 트위스터를 하도록 요구한다.

이 게임은 앞에서 본 문장 이어가기 게임의 형태로도 변형이 가능하다. 예를 들어 한 그룹이 “Brandon, Brian, and Bryan discovered brown brachiosaurus and brontosaurus bones in Brazil.”이라고 문장을 빨리 읽게 되면, 다른 그룹은 “Brandon, Brian, and Bryan discovered brown brachiosaurus and brontosaurus bones and brains under a bridge in Brazil.”이라고 몇 개의 단어를 덧붙이며 게임을 할 수 있다(Dahl, Scharer, Lawson, & Grogan, 2001: 69).

물론 텅 트위스터 게임은 반복되는 첫 자음만을 주의하도록 지도하는 것은 아니다. 문장 속에는 계속 되는 자음 이외에 모음을 적절히 지도할 수 있는 상황의 텅 트위스터들을 발견할 수 있다. 예를 들어 Morley(1979: 266)는 전설 모음들을 숫자(see의 모음은 1, it은 2, say는 3, yes는 4, fat은 5)로 표시하여 모음도 텅 트위스터를 통해 연습시키는 방법을 제안하고 있다.

(22) Peter Piper picked a peck of pickled peppers.
     1 2 4 2 4
     If Peter Piper picked a peck of pickled peppers,
     2 1 2 4 2 4

Where is the peck of pickled peppers Peter Piper picked?
2 4 2 4 1 2

Tina Taylor the ticket-taker takes tea at ten past ten.
1 3 2 3 3 1 4 5 4
If Tina Taylor is taking tea, who's taking tickets at ten past ten?
2 1 3 2 3 1 3 2 4 5 4

9.4. 챈트와 노래를 통한 발음 지도

9.4.1 챈트를 통한 발음 지도

이번에는 챈트를 통해 영어의 리듬을 지도하는 법을 지적하기로 하자. 챈트는 일상생활에서 사용되는 구어(spoken form)에서 발견되는 영어의 자연스러운 리듬과 억양을 취하고 있으므로 영어 학습자들의 발음 교육을 위해 유용한 자료가 되기에 충분하다. Graham(1978, 1979)의 챈트는 질문과 대답하는 형식으로 되어 있는 것들이 있어 교사가 묻고 학생이 대답하는 형태로 챈트에 나타난 리듬을 지도하기에 편리하다. 예를 들어 Graham(1978: 23)의 챈트에 다음과 같은 것이 있다.

(23) **Where's Jack?**

● ●
Where's Jack?
● ●
He's not here.
● ●
Where did he go?

● ●
I don't know.
● ●
Where's Mary?
● ●
She's not here.
● ●
Where did she go?
● ●
I don't know.
● ●
Where are Sue and Bobby?
● ●
They're not here.
● ●
Where did they go?
● ●
I don't know.
● ●
Where's Mr. Brown?
● ●
He's over there.
●
Where?
●
Over there,
● ●
asleep in the chair.

9.4.2 노래를 통한 발음 지도

챈트 못지않게 노래(song) 역시 영어 학습자의 발음 교육에 절대적으로 필요한 실물 자료(realia)가 될 수 있다. 영어 노래는 언어의 네 기능을 신장시키는데 도움을 줄 뿐만 아니라 영어를 말하는 사람들의 사고와 문화 및 생활 양식을 생생히 반영하고 있다. 특히 우리가 관심을 두는 발음 지도와 관련해서 보아도 노래를 통해 분절음과 초분절음의 발음을 모두 적절하게 지도할 수 있는 장점이 있다.

Paul(2005: 58)은 노래는 그것을 사용하지 않는다면 밋밋할지도 모를 언어 연습에 느낌과 리듬을 더해주고 아이들에게 사물을 보다 쉽게 기억하도록 도와주며 수업에 보다 깊숙이 빠져 들게 하고, 수업이 끝나서도 노래를 부르는가 하면 집에 가면서도 흥얼거림으로써 영어 발음을 배우는데 유익함을 지적하고 있다. 그러면 Nunan(2011: 118)이 제시한 다음 노래를 통해 발음을 어떻게 지도할 수 있는지 생각해 보자.

(24) What do you want?
What do you want?

Do you want water?
No, thanks. No, thanks.
Do you want milk?
No, thanks. No, thanks.
Do you want soda pop?
No, thanks, No, thanks
I want juice.
I want juice, please.
I want juice.

위 노래는 마치 두 사람이 대화하듯이 가사가 이어지고 있다. 노래 가사 속의 water, thanks, milk, juice에는 한국인 영어 학습자가 어려움을 느낄만한 분절음들인 [t], [θ], [l], [ʤ], [ɑː], [æ], [ɪ], [uː]들이 들어 있다. 교사는 먼저 이 음들의 조음 장소와 조음 방법에 대해 간단히 설명하고 해당 음들을 발성한 후에 여러 번 따라하도록 한다. 이어서 노래에 나온 의문문인 "What do you want?"와 "Do you want water?"의 억양형에 유의하도록 하여 231 억양형과 233 억양형의 차이를 구별하도록 연습하게 한다. 그러는 가운데 문장 속 어느 단어가 초점어가 되고 성조 음절이 되어 강하게 발음해야 하는지를 설명하도록 한다. 이를테면 "What do you want?"에서는 What과 want 중에서 want가 성조 음절이 되어 더 강하게 발성해야 하며, "Do you want water?"에서는 want와 water 중에서 water를 더 강하게 발성하도록 해야 하는 것이다.

노래는 아이들이 부르는 동요(nursery rhymes)나 유아에게 들려주는 자장가(lullabies), 성인이 부르는 포크송이나 팝송 등 어떤 장르도 발음 지도에 유익하다. 아동들을 위한 영어 노래로는 Graham(2004)의 *Let's Chant, Let's Sing*이라는 책에 잘 나타나 있다.

이어서 미국의 1930년대 대공항 시기에 우디 거스리(Woody Gutherie)가 일자리를 찾기 위해 캘리포니아로 가는 도중에 여러 주들을 방황하며 작사하여 부른 "This Land Is Your Land"란 노래를 통해 발음 지도를 어떻게 할 수 있는지 Miller(2000: 168-170)을 토대로 지적해 보자. 이 서정적 풍의 포크송은 YouTube를 통해 손쉽게 감상할 수 있다.

먼저 교사는 노래를 전체적으로 한번 들려주도록 한다. 다음으로 노래 가사 일부에 빠져 있는 초점어(focus words)들을 노래를 다시 들려주면서 채워 보도록 한다. 사전에 교사는 초점이 되는 단어들은 좀 강하게 들린다는 것을 인지시키는 것이 바람직하다. 노래는 다음과 같이 시작된다.

(25) 1. As I was __________ that ribbon of **High**way,
I saw__________ me that endless **Sky**way,
I saw __________ me that golden __________.
This land was made for __________ and __________.
Chorus
This land is________ land, This land is _________land,
From Cali**FOR**nia to the New York__________
From the redwood________________
To the Gulf Stream_______________,
This land was made for **You** and **Me**.

2. I've roamed and **RAM**bled, and I followed my **FOOT**steps,
To the sparkling **SANDS** of her diamond_________;
And all ________ me, a voice was **SOUND**ing,
"This land was made for ________ and __________."
Chorus

3. When the sun came_________, and I was **STROLL**ing,
And the wheat fields **WAV**ing, and the dust clouds ________,
As the fog was ________, a voice was **CHANT**ing,
"This land was made for ________ and __________."
Chorus

위 노래의 억양을 주목할 때 제7장에서 언급한 대조 강세(contrastive stress) 또는 대조 강세가 눈에 뜨인다. 교사는 이점에 착안하여 This is My land. This is Your land.에서 대조가 되는 My와 Your를 강하게 발음하도록 지도해야 하며, 특히 This land was made for You and Me.라는 가사에서는 You와 Me를 더 강조하도록 할 필요가 있다.

다음으로 교사는 위 노래에서 명사구(noun phrase)와 복합 명사(compound noun)의 강세의 차이를 지도할 필요가 있다. 명사구는 주로 관사와 형용사 다음에 명사로 구성되기 때문에 명사에 강세가 붙고, 명사와 명사의 결합으로 이루어지는 복합 명사는 주로 앞 명사에 강세가 온다는 것을 가르쳐야 하는 것이다. 위 노래 가사에서 지도할 것을 찾으면 다음과 같다.

(26) 명사구 / 복합 명사

명사구	복합 명사
a golden_________	her diamond_________
an endless_________	
the sparkling_________	

그러나 명사구 속에 들어간 복합 명사는 the [dust clouds]_______와 the [wheat fields]_________에서 보듯이 전체적으로는 명사구의 앞 요소라 보아 강세 역시 뒷 요소에 온다는 것도 유의해야 바람직하다.

한편 교사는 위 노래를 마치 이야기하듯이 각 절 각 행의 가사를 읽으며 초점이 되는 단어의 발음이나 하강형의 소리의 높이를 가르칠 수 있다. 이 때 교사는 학생들을 3개의 그룹으로 나누어 각각 1개의 절을 포즈(pause)를 정확히 두며 말하도록 하면서 발음을 자연스럽게 지도할 수 있다. 예를 들어 다음의 노래 가사에서 대문자 고딕체는 초점이 되는 단어들이며, 빗금은 포즈에 해당한다.

(27) 1. As I was **WALK**ing /that ribbon of **HIGH**way, / I saw a**BOVE** me /that endless **SKY**way./ I saw be**LOW** me /that golden **VAL**ley. /This **LAND** was made for **YOU** and **ME**./

2. I've roamed and **RAM**bled/ and I followed my **FOOT**steps/ to the sparkling **SANDS**/ of her diamond **DE**serts/ and all a**ROUND** me/ a voice was **SOUND**ing/ "This **LAND** was made for **YOU** and **ME**."

3. When the sun came SHINing/ and I was STROLLing/ and the wheat fields WAVing/ and the dust clouds ROLLing/ as the fog was LIFTing/ a voice was CHANTing/ "This LAND/ was made for YOU and ME."

9.5 스토리텔링을 통한 발음 지도

일반적으로 스토리텔링(storytelling)은 EFL 교실에서 학생들에게 보다 유창한 읽기와 쓰기 기능 및 효율적으로 듣고 효과적으로 말할 수 있는 능력을 신장시키는 기회를 제공하는 기법으로 알려져 있다(Wright, 2008). 말하기 기능 중에서는 특히 발음 기능을 향상시키는 데 매우 유용하게 활용할 수 있다.

초기 영어 학습자에게 적합한 스토리들은 'Goldlocks and the Three Bears", "The Owl and the Mouse", "The Little Duckling", "The Lion", "Mouse" 등으로 영어 교사들은 위 이야기들을 목소리의 높이(pitch)에 다양하게 변화를 주며 적절한 속도(pace)를 유지하면서 쉬어야 할 곳에서 적절한 포즈(pause)를 두고 읽어 가면서 특히, 영어의 리듬에 따라 강하게 읽어야 할 부분과 약하게 읽어야 부분에 유의하여 다양한 느낌이 들도록 스토리를 말하면 된다(Wright, 2008).

앞 절에서 노래를 통한 발음 지도에 대해 살펴본 바 있는데, 여기서는 노래를 스토리로 개작한 것을 통해 영어 발음을 어떻게 가르칠 수 있는지를 생각해 보겠다. 노래를 이야기 텍스트 형태로 바꾸어 스토리텔링 방식으로 지도하는 자체는 Griffee(1992)에 나타나 있으나, 필자는 이를 발음 지도에 활용해 볼 것이다. 노래는 우리들에게 크리스마스 캐롤로 잘 알려진 "루돌푸 사슴코"로서, Johnny Marks가 작사와 작곡을 하고 Dean Martin 가수가 부른 "Rudolf the Red-nosed

Reindeer"가 되겠다. 이 노래는 다음과 같이 시작된다.

Rudolph the Red-Nosed Reindeer
had a very shinny nose
And if you ever saw it
You would even say it glows

All of the other reindeer
Used to laugh and call him names
They never let poor Rudolph
Join in any reindeer games

(중략)

위 노래를 이야기 식으로 바꾼 텍스트는 Giffee(1992: 45-46)에 다음과 같이 제시되어 있다.

Rudolph was a reindeer who lived in the north land where there is a lot of snow and ice. He was normal or usual-looking except for his nose. He was the only reindeer with a red nose. In fact, his nose would shine and glow in the dark. At night he could always see because of his nose. But the other reindeer didn't like Rudolph because his nose made him look different. They laughed at him. Also they would not let him play games with them.

(중략)

이제 위 이야기를 통해 어떻게 발음을 지도하는가를 고려해 보기로 하자. 영어 교사는 노래가 이야기 버전으로 바꾸어졌기 때문에 앞서 지적한 것처럼 적절한 억양으로 적절한 곳에 포즈를 두며 강하게 읽을 초점어와 그 초점어 내에서도 강하게 발음해야 할 성조 음절이 어딘가를 지적하는 것이 무엇보다 중요하다. 물론 위 단락 속의 단어들에 내포된 어려운 자음들과 모음들은 영어 교사가 이야기를 읽어가면서 학생들에게 연습시키면 된다. 그 보다는 오히려 초분절 자질인 강세와 리듬 그리고 억양을 얼마나 자연스럽게 하고 무드(mood)를 다양하게 하면서 의미를 전달하는 것이 관건이다.

이를 위해 기본적으로는 위 단락을 6장과 7장에서 지적한 억양구 분할에 의한 포즈 설정 원칙에 따라 다음처럼 포즈를 두고 포즈 속 맨 오른 쪽 내용어를 강하게 읽으면서 발음을 하도록 지도해야 할 것이다.

> Rudolph was a reindeer who lived in the north land /where there is a lot of snow/and ice./ He was normal /or usual-looking/ except for his nose./ He was the only reindeer/ with a red nose. In fact,/ his nose would shine/and glow in the dark. At night/ he could always see/because of his nose./ But/ the other reindeer didn't like Rudolph/because his nose made him look different./ They laughed at him./Also/ they would not let him play games with them./

가령, 첫 문장을 예를 들어 설명하면 억양구 별로 맨 오른쪽 내용어에 가장 강한 강세가 할당된다고 설명하면서 시작한다. 첫 번째 억양구에서는 land에, 두 번째 억양구에서는 snow에, 세 번째 억양구에서는 ice가 초점어가 되고, 바로 그 단어들은 1음절어이기 때문에 성조 음절이 되어 강하게 발음하도록 지도해야 하는 것이다. 첫 문장에서 선행사인 reindeer 다음, 관계사 who 앞에도 억양구 경계가 주어질 것 같으나 이 경우는 관계절의 제한적 용법이기 때문에 그러지 못한다는 것을 덧붙일 수 있다.

제 10 장

영어 발음 평가

일반적으로 우리가 영어를 유창하게 구사한다고 할 때 그것은 우선 발음을 두고 하는 말이다. 발음은 정확해야 하지만 또 자연스러워야 한다. 앞에서 지적했듯이 고립된 단어를 아무리 정확히 발음해도 의사소통의 과정에서 강세나 억양 등이 자연스럽지 못해 외국식 말투(foreign accent)를 보이게 되면 결국 영어를 잘 말한다고 보기가 어렵다. 비근한 예로 한 학습자가 영어 말하기 대회에 나가 좋은 등급을 받았다면 그것은 원고의 내용과 더불어 발음이 좋았다는 뜻이다. 여기서는 영어 학습자의 발음을 어떻게 평가하면 좋은지에 대해 그 평가 방법과 평가 기준에 대해 다루고자 한다.

10.1 발음 평가 종류

10.1.1 진단 평가

발음 진단 평가(diagnostic evaluation)는 학습자의 현재의 발음 수준을 평가함으로써 학습자가 과연 발음 관련 과제를 적절하게 수행할 수 있는지를 점검하기 위해 실시되는 것이다. 진단 평가는 교사가 발음 실러버스(pronunciation syllabus)를 설계하거나 발음을 가르치기 위해 학습자의 요구를 분석하는데 적절히 활용될 수 있다.

학습자의 발음을 진단하기 위해서 교사는 최소 대립을 이루는 자음과 모음을 들어서 식별하게 하거나, 단어의 어느 음절에 강세가 할당되는지, 발화를 듣도록 하여 문장 속 어디에 문장 강세가 있는지를 표시하게 할 수 있다. 또한 평서문과 의문문을 비롯한 다양한 형태의 문장을 듣고 억양 유형을 확인하도록 하거나 연결된 발화 속에 축약형이나 자모음 연결 관계를 잘 이해하고 있는지도 진단하게 된다.

특히, 발음 관련 요구 평가(needs assessment)는 학습자가 현재 갖고 있는 발음에 대한 지식은 물론 발음에 대한 강점과 약점을 파악하게 해 준다. 영어 교사는 이를 바탕으로 학습자의 요구나 수준에 맞는 발음 학습 목표를 정하거나 발음 학습 과정을 설계하게 되는 것이다. 요구 평가는 발음 관련 진술을 학습자가 읽고 자신에게 해당되는 척도(scale)에 표시를 하도록 하면 된다.

학습자의 발음 요구를 평가하기 위해서 영어 교사들은 학생들에게 약간의 대화를 하도록 함으로써 그들의 발음 능력을 진단할 수도 있다. 이 경우 학생들의 대화는 더 정확한 발음 능력 진단을 위해 녹음을 하는 것이 바람직하다. Fraser(2001)는 이런 상황에서 학습자들을 발음 능력에 따라 다음과 같이 초급, 중급, 고급의 세 단계로 범주화 함으로써 학습자들의 발음 수준을 진단할 것을 제안하고 있다(Fraser, 2001: 72).

Pronunciation elementary: a learner at intermediate to advanced level in general language skill, but whose pronunciation is difficult for an untrained person of moderate goodwill to understand, requiring a lot of reliance on context and gesture

Pronunciation intermediate: intermediate or advanced learner whose pronunciation is comprehensible to an untrained person of moderate goodwill, but only with some effort; s strain to listen to more than a few minutes

Pronunciation advanced: intermediate or advanced learner whose pronunciation is easy for a person with moderate goodwill but no special training to understand, though with a noticeable foreign accent, and the occasional mispronounced word.

10.1.2 배치 평가

학습자들을 수준별로 가르치기 위해 발음 능력 수준에 따라 반을 편성하기 위해 실시하는 평가를 말한다. 학기가 시작되기 전에 학습자들의 발음을 평가하여 그들 수준에 맞는 반에 배치하기 위한 것이다.

우리나라 EFL 상황에서는 영어 시간에 다른 언어 기능을 가르치면서 발음을 가르치는 형편이므로 발음 반(pronunciation class)이 편성되는 경우에 활용 가능하다. 이 경우에도 내용 타당도(content validity)를 갖춘 영어의 분절음과 초분절음에 대해 간단한 문항을 제시하고 평가하게 된다.

10.1.3 구두 숙달도 평가

이 평가는 학습자들에게 발음에 대한 지각(perception)보다는 발성(production)에 초점을 맞추어 구두 숙달도를 평가하는 것이다. 문장을 큰 소리로 읽도록 하던가, 그림을 묘사하게 하던가, 여러 장의 그림을 순서대로 이어가며 말하게 하거나, 문장을 완성하는 것을 비롯하여 논쟁이 되는 주제에 대해 의견을 표명하게 하거나 잘 아는 대상에 대해 기술하도록 함으로써 학습자의 전반적인 발음 구사력을 평가하기 위한 것이다.

우리나라 EFL 환경에서는 말하기 수행평가를 할 때 이 평가 유형이 적절하게 활용될 수 있다. 간단한 그림을 보여주고 영어로 표현하게 하면서 발음 능력을 얼마든지 평가할 수 있다.

10.2 발음 평가 방법

10.2.1 분리 평가와 통합 평가

언어 능력을 평가하는 방법에는 크게 두 가지가 있다. 분리 평가(discrete-point test)와 통합 평가(integrative test)가 바로 그것이다. 전자는 언어를 구성하는 세부적인 요소에 대한 지식 정도를 측정하는 것이며, 후자는 언어 사용의 전반적인 능력을 측정하는 것이다. Rivers (1981: 357)는 이 두 평가법의 차이를 다음과 같이 잘 지적하고 있다.

> Testing knowledge of the details of a language (grammatical structures, word order, acceptable production of certain sounds, items of vocabulary, or spelling) has been called discrete-point testing. The form of the test focuses the attention of the student on specific points. Properly constructed, a discrete-point test should require that the student relate the point at issue to a context of language (even if only within one sentence) in order to respond to the item correctly. testing degree of control of the language in actual use is called global or integrative testing. An integrative test requires that the examinee pay less attention to "specific structure points or lexicon than to the total communicative effect [of the utterance or material]. It entails a broader and more diffuse sampling over the

total field of linguistic items and thus depends less upon the specific course of training.[The test tries] to ascertain how well the examinee is functioning in the target language.

영어의 다른 기능 평가에서와 마찬가지로 발음 영역에 대한 평가도 분리 평가(discrete-point test)와 통합 평가(integrative test)로 나누어 생각해 볼 수 있다. 발음에 있어 분리 평가란 발음의 세부 구성 요소인 자음과 모음, 강세와 리듬 및 억양 등을 얼마나 정확하고 자연스럽게 발음하는지 평가하는 것이며, 통합 평가란 말하기의 전반적인 과정에서 어느 정도 자연스럽게 의사소통하는지를 주로 평가하는 것이다.

예를 들어 학습자가 발음하기 힘들다고 보이는 영어의 특정 자음과 모음이 어떤 음으로 소리가 나는지, 또 강세는 어느 음절에 붙으며, 억양 형태는 어떻게 표시되는지를 객관식 지필 고사로 평가하는 방식이 분리 평가법이다. 그러나 구두 면담(oral interview), 구두 발표(oral presentation), 역할극, 그림 묘사(picture description) 등을 수행하도록 한 후 의사소통 과정에서 발음을 전반적으로 측정하는 것은 통합 평가에 해당한다.

10.2.2 분석적 채점법과 총괄적 채점법

영어과 평가, 특히 수행평가(performance assessment)에서는 학생의 언어 기능에 대한 수행의 정도를 평가할 때 두 가지 방법으로 채점을 한다. 분석적 채점법과 총괄적 채점법이 그것이다. 분석적 채점법은 학생의 수행이나 수행 결과를 독립적인 세부 영역으로 나누어 여러 가지 측면에서 점수를 부여하는 것이며, 총괄적 채점법은 학생의 반응에 대해 전체적인 인상에 의해 점수를 부여하는 것이다. 이와 관련하여 Hart(1994: 73)는 다음과 같이 언급한다.

> Using scoring rubrics and benchmarks, evaluators generally score student work in one of two ways. The first method is holistic scoring, scoring based on an overall impression of a sample of student work looked at as a whole. Holistic scoring produces a single number, typically based on a four-to six- point scale, and is used when a relatively quick yet consistent scoring method is needed, as with many large-scale assessments.
>
> The second method used with the new assessments is analytic scoring. This approach involves the awarding of separate scores for different traits or dimensions of a student's work. When the traits being emphasized are specific to a certain genre of writing or type of task, this method may be called primary trait scoring.

교사가 영어 학습자의 발음을 평가할 때 사용할 수 있는 채점 방법도 다른 기능을 평가할 때처럼 두 가지로 나눌 수 있다. 분석적 채점법(analytic scoring)과 총괄적 채점법(holistic scoring)이 그것이다. 분석적 채점법은 발음을 평가하면서 그 발음 영역을 구성하는 세분화된 요소별로 채점하는 방식을 말한다. 총괄적 채점법은 학습자의 영어 발음을 세분화된 영역으로 구분하여 채점하지 않고 그에 대해 교사의 전반적이며 종합적인 인상이나 판단으로 채점하는 방식을 나타낸다.

가령 분석적 채점법에서는 학습자가 영어 자음과 모음을 발음하는 동안 해당 분절음의 조음 위치와 조음 방법이 맞는지, 모국어(한국어) 영향은 어느 정도 나타나는지, 강세, 리듬, 억양은 어느 정도 자연스러운지 등을 세분해서 채점하게 된다. 반면에 총괄적 채점법에서는 학습자가 의사소통의 상황에서 영어를 사용하는 동안에 전체적인 인상에 비추어 보아 발음이 어떤 수준인지 채점하게 된다.

어떤 채점법을 따를 것인가의 문제는 평가자의 의도나 목적이 어디에 있는가에 따라 결정할 문제이다. 학습자가 어느 정도 발음을 잘 하는가를 정확하고 세밀하게 진단하기 위해 발음을 평가하려면 발음에 영향을 미치는 여러 양상을 고려하여 채점하는 분석적 채점법이 타당도를 높일 수 있다. 분석적 채점법은 채점자들에게 각 평가 영역에 대해 비교적 명료한 기준을 제공하기 때문에 채점의 일관성과 신뢰성을 높일 수 있다. 그러나 분석적 채점법은 발음의 세부적인 요소별로 나누어 평가를 해야 하므로 채점자들이 채점 기준에 익숙하기까지 시간이 많이 걸리며, 실제로 발음 평가를 할 때 많은 시간이 소요된다.

반면에 총괄적인 채점법은 학습자가 전반적인 의사소통을 위해 발음을 어느 정도 잘 구사하는지를 다양한 영역별로 구분하지 않고 종합적으로 판단하여 점수를 부여하는 방법이므로 진단 시험이나 성취도 시험(achievement tests)보다는 숙달도 시험(proficiency tests)에 더 적절할 수 있다. 이러한 총괄적 채점법은 채점하기 용이하고 채점 시간도 빠르다. 그러나 총괄적 채점법에서는 채점자의 전체적인 인상에 근거하여 학습자의 발음 구사력을 채점하게 되므로 채점 기준이 객관적이지 못해 발음 평가의 타당성과 신뢰성을 상실할 우려가 있다.

따라서 우리는 분석적 채점법과 총괄적 채점법을 절충해서 영어 학습자의 발음 능력을 평가하는 방법도 생각해 보아야 할 것이다. 중학교 수준에서 특히, 영어 발음의 정확도를 평가하고자 한다면 분석적 채점법을 사용해야 바람직하며, 고등학교 상급 수준의 학생들을 대상으로 영어 발음의 유창성을 측정하려면 총괄적 채점법을 활용하는 것이 더 효과적일 것이다.

10.3 발음 평가 기준

10.3.1 좋은 발음의 의미

학습자의 영어 발음을 어떤 기준으로 측정하는 것이 바람직한가? 오래 전에 Hockett(1972: 62)는 외국어에 대한 좋은 발음을 다음과 같이 정의한 바 있다.

> A good pronunciation is one which will not draw the attention of a native speaker of that language away from what we are saying to the way in which we are saying it.

즉, 좋은 발음이란 우리가 말하는 내용에서 방법에 이르기까지 모국어 화자의 관심을 끌지 않는 발음이라는 것이다. 외국식 말투를 내지 않고 자연스럽게 발음을 하니까 영어를 모국어로 하는 사람의 귀에 주목되지 않는다는 의미이다. 좋은 발음에 대한 그의 이러한 태도는 발음을 평가할 때 모국어 화자의 귀에 어느 정도 거슬리느냐 여부, 바꿔 말하면 영어 학습자의 경우 한국어 식 발음을 어느 정도 하는가에 관심을 두어야 함을 시사하는 것이다.

10.3.2 기본 의사소통을 위한 발음

한편 바로 앞 9장에서 영어를 외국어로 배우는 학습자들에게는 발음에 있어 꼭 넘어야 할 문지방 단계(threshold level)가 있다고 했는데, 어느 정도 알아듣기 쉬워야 그것을 넘었다고 말할 수 있는가. 이에 대한 Celce-Murcia 등(1996: 403)의 견해는 다음과 같다.

Level	Description	Impact on communication
1	Speech is basically unintelligible; only an occasional word or phrase can be recognized.	Accent precludes functional oral communication
2	Speech is largely unintelligible; great listener effort is required constant repetition and verifications are required.	Accent causes severe interference with oral communication.
	Communicative Threshold A	
3	Speech is reasonably intelligible, but significant listener effort is required because of the speaker's pronunciation or grammatical errors, which impede communication and distract the listener; there is an ongoing need for repetition and verification.	Accent causes frequent interference with communication through the individual features of mispronunciation and the global impact of the variant speech pattern.
4	Speech is largely intelligible; although sound and prosodic variances from the native speaker norm are obvious listeners can understand if they concentrate on the message.	Accent causes interference primarily via distraction; the listener's attention is often diverted away from the content to focus instead on the novelty of the speech pattern.

Communicative Threshold B

5	Speech is fully intelligible; occasional sound and prosodic variances from the native norm are present but not seriously distracting to the listener.	Accent causes little interference; speech is fully functional for effective communication.
6	Speech is near-native; only minimal features of divergence from native speaker speech can be detected; near-native sound and prosodic patterning.	Accent is virtually nonexistent.

발음의 첫 문지방(A 단계)를 처음에 넘으려면 우선 화자의 말을 청자가 듣고 어느 정도 제대로 알아들을 수 있어야 한다. 그러나 청자로서는 화자가 발음과 문법에서 오류를 보여 의사소통에 간섭을 일으키기 때문에 주의가 요구되는 단계이다. 발음의 다음 문지방(B 단계)를 지나가려면 화자의 말을 청자가 완전히 알아들을 수 있을 정도의 외국식 말투가 거의 없는 발음이 되어야 하며 가끔 분절음과 초분절음의 발음에서 모국어 화자와는 다른 형태의 발음이 존재하지만 청자에게 심각하게 주의 산만을 느끼게 하지 않는 단계이다.

10.3.3 발음 평가 기준 설정 시 고려사항

그런데 Celce-Murcia 등(1996)이 제시한 위 내용은 오히려 영어 학습자의 발음을 평가하는 기준으로 삼을 수 있다는 점에서 시사하는 바가 더 크다. 영어 학습자의 발음이 어느 정도 좋은지를 위에서처럼 6 등급으로 나누어 총괄적으로 측정할 수 있다는 뜻이다.

이를 볼 때 영어 학습자의 발음을 평가하는 기준을 설정할 때는 크게 다음 네 가지 사항을 고려할 필요가 있다. 첫째는 영어 발음을 했을 때 어느 정도 알아듣기 쉬운지 여부, 즉 이해도(intelligibility)의 문제가 고려되어야 하며, 둘째는 한국어식 액센트가 의사소통에 어느 정도로 영향을 미치는지 여부(accentedness)가 반영되어야 한다. 셋째는 발음의 정확성(accuracy)이요, 넷째는 발음의 유창성(fluency)이다.

Derwing과 Munro(2005: 385)에 의하면, 이해도(intelligibility)라 함은 화자의 의도된 발화가 청자에 의해 사실상 이해되는 정도(The extent to which a listener actually understands an utterance)를 뜻한다. 이에 대한 Kenworthy(1987: 13)의 언급은 이해도가 무엇을 뜻하는지를 명확히 보여 준다.

> Intelligibility is being understood by a listener at a given time in a given situation, So, it's the same as 'understandability'. Substituting one word for another usually doesn't get one very far, let's try for a more operational definition, one that we can 'put to work': "The more words a listener is able to identify accurately when said by a particular speaker, the more intelligible that speaker is." Since words are made up of sounds, it seems that we are talking about is the issue of equivalence of sounds. If the foreigner speaker substitutes one sound or feature of pronunciation for another, and the result is that the listener hears a different word or phrase from the one the speaker was aiming to say, we say that the foreigner's speech is unintelligible. Likewise, if the foreign speaker substitutes a sound in a particular word, but that word is nonetheless understood, then we say the speech is intelligible.

위 내용을 간단히 요약하면 이해 가능한 발음이란 영어를 배우는 외국인 화자가 목표어인 영어의 정확한 음과는 약간 다른 음으로 대치해서 발음해도 청자가 알아들을 수만 있으면 된다는 뜻이다. 청자가 화자가 말하는 단어들을 더 많이 이해하면 이해할수록 화자는 더 이해가능하다고 할 수 있다. 결국 영어 학습자의 발음은 영어의 모국어 화자와 똑 같을 수는 없으므로 의사소통 과정에서 모국어 화자와 아주 유사한 (close enough) 정도가 될 때 이해가능도가 높다고 할 수 있다.

이해도(intelligibility)와 비슷한 용어로 이해가능성(comprehensibility)이란 단어도 사용되고 있다. 이 단어는 발화를 이해하는 것이 얼마나 어려운지에 대해 청자가 인지하는 것(A listener's perception of how difficult it is to understand an utterance)으로 발화를 이해하려고 할 때 부딪치는 어려움에 대해 청자가 아는 것을 말한다(Derwing & Munro, 2005: 385). 굳이 구분하자면 이해도가 화자가 발성하는 음패턴이 영어로 어느 정도 인식되는가를 말하는 것이라면 이해가능성이란 말해지는 바의 의미가 청자에 의해 이해될 수 있는 것을 뜻한다. 전자가 발화의 실제 단어를 표기하기 위한 판단자의 능력이라면 후자는 화자를 이해하는 것이 얼마나 쉬운가에 대해 전반적으로 등급을 매기는 것이라 보면 된다(Field, 2005: 399).

발음 평가 기준을 설정할 때 고려해야 할 두 번째 요소는 액센트성(accentedness)라는 것이다. 이는 화자의 액센트, 곧 화자의 발음이 모국어 사회, 또는 모국어 화자와 비교하여 얼마나 다른가를 청자가 인식하는 것(A listener's perception of how different a speaker's accent is from that of the L1 community)을 의미한다(Derwing & Munro, 2005). 쉽게 말해 한국인 영어 학습자가 영어를 발음할 때 한국어식 어투로 발음하게 되면 영어 모국어 화자는 자신의 언어인 영어와 비교해서 얼마나 발음이 다른가를 안다는 것이다. 앞에서 좋은 발음이 무엇인지를 말할 때 가급적 외국식 말투가 없는 것이 좋은 발음이 될 수 있다고 했으므로 발음 평가할 때는 액센트성이 어느 정도 화자의 발음에 포함되어 있는지를 고려해야 한다는 것이다.

셋째, 발음을 평가할 때 조음의 정확성(accuracy)은 고려되어야 하는 또 하나의 요소이다. 특히, 자음과 모음을 발성할 때 조음 장소와 조음 방법 및 성대 진동의 여부에 따라 정확히 발성되고 있는지를 발음 평가할 때 기준으로 삼아야 한다.

넷째, 발음을 평가할 때 명심해야 할 또 다른 요소로 발음의 유창성(fluency)이다. 유창성이란 발화의 전반적인 템포나 흐름, 즉, 전달 속도(delivery speed)를 의미하는 것으로 화자가 주저하거나 머뭇거리지 않고 메시지를 적절히 전달하고 있는가의 문제라 할 수 있다.

10.4 학자들의 발음 평가 기준

10.4.1 Harris(1969)의 발음 평가 기준

이러한 사실은 외국어 교육 이론에서 평가를 연구한 여러 학자들의 평가 기준을 보면 잘 알 수 있다. 가령 Harris(1969: 84)는 구두 면접 평가 기준을 제시하면서 발음 영역에 관한 한 다음과 같은 척도를 들고 있다.

-5. Has few traces of foreign accent.
-4. Always intelligible, though one is conscious of a definite accent.
-3. Pronunciation problems necessitate concentrated listening and occasionally lead to misunderstanding.
-2. Very hard to understand because of pronunciation problems. Must frequently be asked to repeat.
-1. Pronunciation problems so severe as to make speech virtually unintelligible.

학습자가 외국식 말투를 어느 정도 보이는지, 발음했을 때 이해가 어느 정도 가능한지, 발음 문제로 얼마나 반복을 요구하는지가 그 기준이 되고 있다.

10.4.2 UCLES(1990)의 발음 평가 기준

이와 비슷하게 Cambridge 대학 지역 평가사(University of Cambridge Local Examinations Syndicate: UCLES, Weir, 1990: 177-178)도 발음 평가 기준을 다음과 같이 제시하고 있다.

Level 1
It is acceptable for pronunciation to be heavily influenced by L1 if it is generally intelligible.

Level 2
Pronunciation must be clearly intelligible even if still obviously influenced by L1.

Level 3
Pronunciation must be clearly intelligible even if some influence from L1 remain.

Level 4
Pronunciation must be easily intelligible though some residual accent is acceptable.

여기서도 모국어가 발음에 미치는 영향과 이해도에 따라 발음 평가 기준이 달라지고 있음을 알 수 있다.

10.4.3 AEB(1990)의 발음 평가 기준

특히 연합 평가 위원회(The Associated Examining Board: AEB, Weir. 1990: 148)의 구두 시험(oral test) 평가에서는 이해도(intelligibility)를 하나의 평가 기준으로 삼을 만큼 중요하게 고려하고 있다.

Intelligibility

0 Severe and constant rhythm, intonation and pronunciation problems cause almost complete unintelligibility.
1 Strong interference from L1 in rhythm, intonation and pronunciation; understanding is difficult, and achieved often only after repetition.
2 Rhythm, intonation and pronunciation require concentrated listening, but only occasional misunderstanding is caused or repetition required.
3 Articulation is reasonably comprehensible to native speakers; there may be a marked 'foreign accent' but almost no misunderstanding is caused and repetition required only infrequently.

즉, 분절음의 발음은 물론 리듬과 억양이 어느 정도 이해에 영향을 미치는가, 다시 말해 어느 정도로 서투른 발음이나 외국식 말투를 보임으로써 내용 이해에 어려움을 주는가를 4등급으로 측정하고 있다.

10.4.4 Brown(1994)의 발음 평가 기준

Brown(1994: 380)이 제시한 구두 숙달도 평가 범주(Oral Proficiency Test Scoring Categories)의 발음 평가 기준도 위에서 언급한 기준과 크게 벗어나지 않고 있다.

1. Errors in pronunciation are frequent but can be understood by a

native speaker used to dealing with foreigners attempting to speak his language.

2. Accent, though often quite faulty, is intelligible.
3. Errors never interfere with understanding and rarely disturb the native speaker. Accent may be obviously foreign.
4. Errors in pronunciation are quite rare.
5. Equivalent to and fully accepted by educated native speaker.

이 기준도 발음, 특히 음소상의 문제와 외국식 말투 및 억양형이 어느 정도 영어 모국어 화자들에게 이해하기 힘들게 하거나 쉽게 하는가를 5등급화하고 있다.

10.4.5 저자의 발음 평가 기준

지금까지 고찰한 여러 학자들의 발음 평가 기준을 바탕으로 본 서에서는 영어 학습자의 발음 평가 기준을 두 가지 각도에서 설정하고자 한다. 하나는 영어 학습자의 발음 평가를 분석적으로 할 때이며, 다른 하나는 총괄적으로 할 경우이다.

먼저 분석적 채점법으로 그 영역과 기준을 제시하면 다음과 같다.

1. 자음과 모음을 잘 구분하여 정확히 발음하는가?
(inaccurate --- accurate)
2. 단어 강세를 적절히 인식하여 정확한 강세 유형을 보이고 있는가?
(inaccurate---accurate)
3. 축약형의 발음과 비강세음절에서 모음의 약화는 적합한가?
(unsuitable---suitable)
4. 단어나 문장에서의 연결은 적절하게 이루어지는가?
(unnatural---natural)
5. 문장에서의 강과 약의 조화로움, 즉, 적절한 리듬 패턴을 형성하고 있는가? (inappropriate---appropriate)

6. 억양은 화자가 의도하는 바를 전달하고 화자의 태도를 나타내는데 자연스러운가? (unnatural---natural)

위에 제시한 대로 분석적 채점법에서는 발음을 구성하는 요소별 평가 영역을 정도별로 1에서 5등급으로 나누어 평가하게 된다.

반면에 영어 학습자의 발음 능력을 총괄적으로 채점하는 법의 영역과 기준을 제시하면 아래와 같다.

1. 화자가 한 말을 청자가 어느 정도 이해할 수 있는가?
unintelligible 1 2 3 4 5 intelligible

2. 모국어의 간섭으로 인한 외국식 말투가 어느 정도인가?
foreign 1 2 3 4 5 native

3. 화자의 강세, 리듬 및 억양은 얼마나 자연스러운가?
natural 1 2 3 4 5 unnatural

제 11 장

영어 발음 교육과 교사의 인식

교사 인식(teacher cognition)에 대한 연구는 1970년대 인지심리학의 발전과 더불어 일반교육학에서 관심사로 떠올랐다. 교사의 행위에 영향을 미치는 교사의 사고와 판단 및 의사 결정을 인지 과정으로 기술해 보려 한 것이다. 모국어와 제2 언어 교육과 및 외국어 교육 이론 또는 제2 언어 교사 교육 분야에서는 1990년대 중반 이후부터 교사들이 언어 교육과 교수 학습 활동 및 교육과정과 학습자 등에 대해 갖고 인식에 대한 탐구가 본격적으로 이루어져 왔다.

본장에서는 김종훈(2012a, 2012b, 2013a, 2013b, 2014)을 바탕으로, 이 같은 교사의 인식이라는 주제가 영어 발음 교육과 어떻게 연관되어 연구되고 있는지를 알아보려고 한다. 영어 발음 교육에 대한 교사의 인식을 다루기 전에 먼저 언어 교사의 인식 분야에서 고찰되어온 주제들을 검토해 보도록 하겠다.

11.1 교사 인식의 정의

일반적으로 인식이라는 용어는 어떤 명제(propositions)의 진위(truth

or falsity)에 대해 개인이 알고 있거나 판단하는 것을 의미한다(Pajares, 1992; Borg, 2003, 2006, 2009, 2011; 김종훈, 2014). 명제가 객관적으로 사실로 입증되거나 그렇지 못하더라도 개인이 보통 생각하거나 믿고 있거나 알고 있는 것을 뜻한다. 예를 들어 '초콜릿을 먹으면 여드름이 생긴다'라는 말은 사실은 아니지만 누군가 그렇게 믿는다는 점에서 인식이 된다. 많은 학자들의 연구에 의하면 초콜릿이 여드름을 유발하는 것이 아니라 스트레스나 수면 부족이 오히려 여드름을 생기게 하기 때문에 위 명제는 사실이 아닌 신념이 된다.

인식이란 용어는 학자에 따라 신념(beliefs), 사고(thinking), 지식(knowledge), 태도(attitudes), 판단(judgements), 지각(perceptions), 성향(dispositions), 실행 규칙(rules of practice), 실행 원리(practical principles), 내적 정신 과정(internal mental processes)이라 바꿔 사용되기도 한다. Pajares(1992: 309)의 다음과 같은 언급은 인식이란 개념이 얼마나 다양하게 쓰이고 있는지를 잘 보여준다.

> They travel in disguise and often under alias-attitudes, values, judgments, axioms, opinions, ideology, perceptions, conceptions, conceptual systems, preconceptions, dispositions, implicit theories, explicit theories, personal principles, internal mental processes, action strategies, rules of practice, practical principles, perspectives, repertories of understanding, and social strategy, to name a few.

이렇게 볼 때 교사의 인식은 예비 교사나 현직 교사가 가르칠 내용과 교수법, 학습자 및 교실 활동 그리고 교육 과정 등에 대해 갖고 있는 생각이나 신념 또는 지식이라 할 수 있다. 교사 인식이 무엇을 뜻하는지는 Kagan(1990: 421)의 다음과 같은 진술에 잘 나타나 있다.

> The term teachers' cognition is defined as any of the following:

pre-or inservice teachers' self-reflections; beliefs and knowledge about teaching, students, and content; and awareness of problem-solving strategies endemic to classroom teaching.

11.2 언어 교사 인식과 인식 형성 요인

11.2.1 언어 교사 인식의 개념

앞 절에서 설명한 교사 인식이라는 개념을 바탕으로 언어 교사 인식(language teacher cognition)이란 결국, 모국어와 제2 언어 또는 외국어를 가르치는 교사들이 언어 교수법 이론과 학습 이론, 교사와 학습자, 교육 내용과 교육 과정, 교수 학습 활동 및 교수 자료 등에 대해 생각하고(think), 알고(know), 믿고 있는(believe)것을 의미하는 것이라 할 수 있다(Borg, 2003: 81).

11.2.2 언어 교사 인식의 중요성

언어 교사가 교실에서 언어를 가르치는 행위는 근본적으로 그 교사가 갖고 있는 사고와 지식과 신념이 반영된 결과라 할 수 있다. 그러므로 언어 교사가 평소 어떤 인식을 갖고 교실에서 어떻게 가르치느냐에 따라 학생들의 학업 성취에 변화를 초래한다는 점에서 언어 교사의 인식을 탐구하는 일이 주요한 관심사가 되었다.

Shavelson과 Stern(1981)은 교사들이 교실에서 가르치는 행동은 그들이 무엇을 생각하느냐에 의해 지배를 받으며, 교사의 이론과 신념은 많은 교육적 판단과 결정을 내리는 필터로서의 역할을 한다고 지적함으로써 언어 교사의 인식이 중요하다는 점을 시사하고 있다. 다시 말해 언어 교사가 평소 갖고 있는 인식은 언어를 가르치는 교실에서 교육적인 판단과 의사 결정(decision making)을 내리는데 상당한 영향을 미치기 때문에 그만큼 중요하다는 뜻이다.

보통 언어 교사의 의사 결정은 3단계로 구성된다. 수업을 가르치기 전에 이루어지는 계획 결정(planning decisions)과 수업을 하는 도중에 내리는 상호 작용 결정(interactive decisions), 그리고 수업을 끝마치고 난후 해야 하는 평가 결정(evaluative decisions)이 바로 그것이다.

가령 영어교과서의 어떤 단원(unit)을 가르친다고 할 경우, 영어 교사는 계획 결정 단계에서는 학습 목표를 어떻게 기술하며, 어떤 활동이나 과제를 포함시키고, 학생의 수준과 요구에 따라 가르칠 내용의 양은 어느 정도로 할 것인지, 어떤 학습 자료나 도구를 사용하고, 조별 활동과 그룹 활동을 어떻게 전개하며, 단원을 어떻게 단계별로 조직하고, 각 활동에 대한 시간은 어느 정도 배당할 것인지, 수업하며 문제가 생길 경우의 대안은 무엇인지 등에 대해 사전에 계획하게 된다.

이처럼 영어 교사가 수업에 대해 사전에 계획한다 하더라도 역동적이고 변화가 많은 영어 수업의 특성상 계획한대로 수업이 진행되지 못하는 경우가 많다. 예를 들어 영어 교사는 듣기 말하기를 가르치면서 받아쓰기 활동을 하도록 계획하였으나, 수업 도중에 받아쓰기가 학생들의 흥미를 유발하지 못할 뿐만 아니라 듣기와 말하기 능력을 신장시키는데 도움이 되지 못한다는 것을 알게 되어 그 대신에 일상생활의 실제 대화를 듣고 말하게 하는 활동을 하도록 결정을 내리게 된다. 이처럼 수업을 하는 현장에서 학생들의 이해, 학생들의 동기와 참여, 학생들의 언어 능력과 정의적 욕구, 학생들의 주의 산만과 시끄러움 등의 문제가 확인될 때 교사가 최적한 학습 지원을 위해 원래 계획한 것을 바꾸거나 조정하는 것을 상호 작용 결정이라 한다.

마지막으로 평가 결정이란 영어 교사가 영어 수업을 다 하고 나서 자신의 수업의 성공적이었는지 수업의 강점과 약점은 무엇이며, 학생들은 배우고자 의도한 것을 배웠는지, 수업은 학생들의 요구와 수준에 적절했는지, 학생들의 수업 참여와 흥미 유발을 가져오게 했는지, 수업 준비가 충분했으며, 다른 교수 전략을 이용해야 했는지 등에 대한 평가를 하는 것을 뜻한다.

결국, 언어 교사는 이 같은 결정을 내리는데 있어 보통 그 판단 기준을 언어 습득과 언어 교수법 및 교수 학습 활동에 대해 평소 갖고 있는 개인적 신념이나 인식에 토대를 두기 때문에(Woods, 1991), 언어 교사의 인식이 언어 교육에서 중요하다고 말할 수 있다.

11.2.3 언어 교사 인식의 형성 요인

언어 교사의 인식 형성에는 다양한 요소들이 영향을 주고 있는 것으로 알려져 있다(Borg, 2006; Richards & Lockhart, 1996; Richardson, 2003). 그 중 몇 가지만 들면, 언어 교사의 개인적인 경험, 학교에서나 연수 중 학습자로서 교육을 받은 경험, 학술적 지식을 쌓은 경험, 교생 실습의 경험들이다. 가령 언어 교사의 성격이 외향적인 경우와 내성적인 경우 교수 학습 활동에 대한 인식이 달라 서로 다른 활동을 교실에서 펼치게 된다.

1) 개인적 경험

언어 교사들은 개인적 인생 경험, 개성, 지적, 도덕적, 정서적 특성, 학교와 사회와의 관련성 이해와 그 밖의 다른 사람, 가족, 문화에 대한 이해, 인종 및 사회 경제적 배경, 성별이 다를 경우 서로 다른 인식이 형성된다.

2) 학습자로서의 경험

학습자로서 과거에 학교에서 언어 교사를 관찰한 경험이나 언어를 배운 경험, 그리고 교사가 된 후 교사 전문성 신장(professional development) 프로그램 또는 교사 교육(teacher education) 프로그램 참여 경험이 언어 교사의 인식 형성과 인식 변화에 중요한 영향을 미친다. 예를 들어 오래 전에 학교에서 영어를 읽고 번역하는 것을 강조하는 영어 교사에게서 영어를 배운 영어 학습자는 자신이 영어 교사가 되었을 때 과거 교사에게서 배운 그 같은 방식이 긍정적 또는 부정적인 영향을 미친다.

3) 학술 지식의 축적 경험

언어 교사의 인식에 영향을 미치는 또 다는 요인은 그들이 갖는 학술적 배경이다. 예를 들어 제2 언어 습득 이론, 심리학에서 학습 이론과 가르치는 과목의 내용에 대한 지식(subject matter knowledge)과 교실관리, 교수 모형, 교실 환경 등과 같은 주제에 관한 교육학적 지식(pedagogical knowledge)이 그들의 인식 형성에 영향을 미친다. 영어 교사가 언어 습득 및 학습 이론을 포함하여 교육학에서의 지식이 많을 경우 교실에서 그 지식을 활용하는 것이 효과적이라 믿는 경향이 있다.

4) 교생 실습의 경험

예비 언어 교사로서 교생 실습(practicum)에서 가르치고 배운 경험이나 현직 언어 교사로서 언어를 가르친 경험이 언어 교사의 인식 발달에 영향을 미친다.

11.3 언어 교사 인식 연구의 다양한 주제들

언어 교사의 인식 연구는 Borg(2003, 2006)에서 보듯이, 교사 인식과 과거 학습 경험, 교사 인식과 교실에서 수업 실천과의 관계, 교사 인식과 교사 교육, 교사 인식과 상황 요인이라는 네 가지 관점에서 수행되어 왔다. 아래에서 그 네 가지 언어 교사 인식 연구의 논제들에 대해 살펴보도록 하겠다.

11.3.1 언어 교사 인식과 과거 언어 학습 경험

이 주제에 대한 연구는 크게 두 가지 흐름을 보이고 있다. 첫째는 과거 제2 언어 학습자 또는 외국어 학습자였을 때 자신들의 스승인 언어 교사에게서 배운 경험이 정식 언어 교사가 되었을 경우 교사 인식에 어떤 영향을 미치는가에 대한 연구이다. 둘째는 예비 언어 교사로서 교생 실습을 한 경험이 현직 언어 교사가 되어 제2 언어나 외국어를 가르칠 때 또 어떠한 영향을 미치고 있는가를 연구하는 것이다. 전자가 Lortie(1975)와 Kennedy(1990)의 관심 주제라면, 후자는 주로 Johnson(1994)과 Numrich(1996) 등이 다룬 논제에 해당한다.

Lortie(1975: 61)는 보통의 학생은 고등학교 졸업 때까지 약 1,3000 시간 정도 교사를 접촉하고 관찰하며 도제처럼 배우는 동안 (apprenticeship of observation)에 교사의 많은 행위를 학생은 내재화한다고 하면서 그렇게 많은 시간을 교사들과 함께 한 것이 교사가 되어 가르칠 때도 영향을 미친다고 보고 있다.

이와 비슷하게 Kennedy(1990: 4)도 우리가 학사 학위를 받게 될 때까지 약 3,060일 동안 교사를 관찰하며 학습을 해 왔는데, 교사 준비 프로그램은 교실에서 약 75시간 정도의 교직 경험을 요구하고 있는 바, 그 정도의 짧은 시간으로 과거 3,060일 동안 이미 배운 것을 바꾸기에는 어렵다는 주장을 하고 있다. 이미 오래전 배운 학습자로서의 경험이 예비 교사의 인식에 영향을 주고 있음을 암시하고 있다.

언어 학습자로서의 경험이 예비 영어 교사의 인식에 영향을 미친 구체적 사례는 Johnson(1994)에게서 찾아볼 수 있다. 그녀는 MATESL 프로그램에 참여한 4명의 예비 영어 교사들이 교생 실습 때 교육 및 교실에서 수업에 대한 인식을 고찰한 결과 자신들이 다녔던 학교에서 공식적으로 언어를 배운 경험과 그들이 미국에 가서 폭넓게 언어를 배운 경험이 교생 실습 기간 교실 활동과 교수 기법 및 교수 자료 선택에 많은 도움이 되었다고 보고 있다(김종훈, 2013b).

이와 유사하게 MATESOL 프로그램에 참여한 26명의 예비 영어 교사들의 교생 실습 활동을 탐구한 Numrich(1996)은, 김종훈(2013b)에서 다룬바 있듯이, 제2 언어를 배운 경험이 제2 언어를 가르치는데 자주 사용되고 있음을 발견하였다. 예를 들어 연구 참여자들 중 27%의 예비 영어 교사들은 영어를 가르치면서 문화를 통합시켜 가르쳤는데 그 이유는 그들이 다른 언어를 배울 때 문화를 함께 학습한 긍정적인 경험이 동기화가 되었기 때문이며, 23%의 예비 영어 교사들은 학생들에게 의사소통할 수 있는 욕구를 부여하려고 노력했는데, 그 이유 또한 다른 교사들로부터 그렇게 배운 언어 학습 경험 때문이라는 것이다.

11.3.2 언어 교사 인식과 수업 실천

이 주제는 언어 교사들이 평소 갖고 있는 인식이 교실에서 수업 실천을 할 때 어떻게 반영되어 나타나는지를 다루는 것이다. 논의의 초점은 언어 교사들의 지식이나 생각 또는 신념이 교실에서 행해지는 수업 실천과 어느 정도 일치하고 있는지 여부(consistency, congruence, match, correspondence vs. inconsistency, incongruence, mismatch, discrepancy)를 검토하는데 있다. 이 주제를 다룬 연구들은 인식과 수업 실천이 전반적으로 일치되는 경우와 부분적으로만 일치되는 경우로 구분되고 있다.

예를 들어 Johnson(1992)는 30명의 ESL 교사들이 비모국어 영어 화자들에게 리터러시 교육을 하는 동안에 교사의 신념과 수업 실천 사이에 어떤 관계가 있는지를 연구한 결과 그 중에서 18명의 교사들이 그들이 평소 적절하다고 생각하는 리터러시 지도법을 교실에서 실제로 가르치는데 적극 반영함으로써 리터러시 지도에 대한 인식과 실천 간에 대체로 일치되는 경향이 있음을 발견하였다.

또한 4명의 태국 예비 영어 교사들이 형태-초점 교육의 중요성에 대해 갖는 인식과 수업 실천 간의 관계를 조사한 Vibulpol(2004)은 형태-초점 교육의 중요성을 이해하고 있는 3명의 교사들은 교실에서 문법과 어휘에 대한 명시적 설명과 문법 중심 활동을 하도록 하였으며, 의미-초점 교육의 중요성을 잘 알고 있는 한 명의 교사는 교실에서 의사소통 활동을 하도록 함으로써 언어 교사 인식과 수업 실천이 일치되고 있음을 지적하였다.

또한 Farrell과 Kun(2008)은 교실에서 학생들이 Singlish를 사용하는데 대한 교사들의 신념과 수업 실천에 대해 고찰한 결과 그 둘의 관계가 아주 일치하는 것으로 밝혀졌다. 다시 말해 연구에 참여한 3명의 교사들은 자신들의 평소 인식, 즉 학생들이 Singlish를 사용할 때마다 매번 고쳐져서는 안 된다는 신념에 따라 수업 도중에 Singlish를 사용하는 학생들에게 오류 수정을 하지 않았다.

그러나 Farrell과 Lim(2005)는 싱가포르의 초등학교 두 명의 교사인 Daphne과 Velma를 대상으로 문법 지도에 대한 인식과 수업 실천과의 관계를 고찰한 결과에서는 일치되는 것과 그렇지 않은 것이 동시에 나타났다. 예를 들어 문법 규칙에 관한 명시적 교육을 받으며 영어를 학습한 적이 있는 Daphne는 학생들도 명확히 문법을 지도받아야 도움이 된다고 생각하고 실제 수업할 때도 문법 항목과 구문에 대해 정확히 설명하는 것으로 확인되었다. 그러나 평소 간접적 문법 지도법에 대한 신념을 갖고 있었던 Velma는 말하기, 쓰기와 읽기에 문법이 통합되어 지도되어야 한다고 보고, 시와 이야기를 쓰는 활동에서 문법 항목을 통합하여 가르쳤으나 양태 부사(adverbs of manner)를 가르칠 때에는 오히려 Velma 자신의 인식과는 달리 문법적으로 정확히 설명했으며 그 지도 활동도 유의적 의사소통 상황을 제시하지 못한 가운데 수행됨으로써 인식과 실천 간에 모순을 보여 주었다.

11.3.3 언어 교사 인식과 교사 교육

이 주제는 교사 전문성 신장 프로그램이 언어 교사들에게 어떠한 영향을 미치는 지에 관한 것이다. 일정 기간 언어 교사들에게 언어를 가르치는데 필요한 지식과 기능을 습득하게 한 후에 그 이전과 교사의 인식에서 어떤 변화를 보였는지를 검토하는데 관심을 둔다.

이 분야에서의 연구 결과도 교사 교육이 예비 교사나 현직 교사의 인식 변화에 상당한 영향을 미친다는 부류와 제한된 영향을 미친다는 부류로 나누어지고 있다. 예컨대 Borg(2011)는 6명의 영국의 영어 교사들에게 8주간 집중 교사 교육 프로그램을 투입한 결과 프로그램을 실시하기 전과 비교하여 전반적으로 그들의 영어 교육에 대한 신념과 학습자 중심 교수 학습 활동에 분명한 변화가 일어났음을 발견하였다.

이와는 대조적으로 홍콩의 시립대학교에서 3년 이상에 걸쳐 영어 교육 프로그램을 받은 146명의 예비 교사들의 신념 변화를 연구한 Peacock(2001)에 의하면, 제2 언어 학습에 관한 신념에서의 변화가 프로그램을 시작하기 전이나 후에 큰 변화가 없었다고 한다. 예를 들어 프로그램 시작 전의 신념, 즉 제2 언어 학습은 어휘와 문법 규칙을 많이 배우는 것이라고 생각한다는 것이 프로그램이 끝나서도 별다른 차이를 보이지 않았다는 것이다.

11.3.4 언어 교사 인식과 상황 요소

이 주제는 언어 교사들이 근무하는 사회적, 제도적, 교육적, 물리적 상황 요소들(contextual factors)이 그들의 인식과 수업 실천에 인식 형성과 수업 실천에 어떤 영향을 미치는가를 연구하는 것이다.

여기서 상황 요소란 Borg(2003, 2006), Phipps와 Borg(2009), Richards와 Pennington(1998)이 지적하듯이, 시간 제약, 학급의 학생 규모, 교육과정, 시험 압박, 교사의 과중한 업무 부담, 학생의 부족한 영어 능력, 학생들의 시끄러움, 학교나 사회 및 국가의 교육 정책 등과 같은 교실 안팎의 상황 등을 포함한다. 이런 상황 요소들은 언어 교사들에게 인식을 반영한 수업 실천을 하지 못하도록 방해한다는 연구 결과로 이어지고 있다.

예를 들어 Crookes와 Arakaki(1999)는 언어 교사들의 과중한 업무부담 때문에 더 좋은 활동을 준비하려고 해도 시간이 모자라서 그런 활동을 선택하지 못함으로써 교사의 어려운 업무 상황이 자신들의 교육적 결정에 중요한 영향을 미친다고 지적하였다. 이와 비슷한 시각에서 Richards와 Pennington(1998)은 홍콩의 다섯 명의 교사들은 영어를 가르칠 때 TESL 프로그램에서 배운 의사소통 중심 교수법의 원리를 교실에서 적용하려고 하였으나 학급의 학생 수가 많고 동기화

되지 못한 학생들과 더불어 시험 부담과 같은 현실적 교실 상황 때문에 신념을 실천하지 못한 결과를 보고하고 있다.

언어 교사에게서 상황 요소가 중요한 이유는 그것이 교사의 인식과 수업 실천에 상당한 영향을 미칠 수 있기 때문이다. 언어 교사가 아무리 가르치는 일에 몰두하고자 해도 교육 이외의 외적인 일로 방해를 받게 되면 교사의 인식이나 교실에서의 기법은 변화하지 않은 채 정해진 자료나 익숙한 교수법에 안주하게 될 우려가 크다.

11.4 영어 발음 교육에 대한 교사의 인식

11.4.1 개관

영어 발음 교육에 대한 영어 교사의 인식에 대한 연구는 현재까지 일반 영어 교육에 대한 교사의 인식 연구보다 그렇게 많이 이루어지지 않았다. Baker와 Murphy(2911)만 하더라도 발음 지도의 실제에 대한 교사의 인식 연구가 빈약하다고 보고 발음 지도에 요구되는 교사들의 내용 지식과 신념은 어떻게 구성되며, 영어 비원어민들에게 발음을 지도할 때 교실에서 어떤 방법으로 실제로 가르치는 것이 효과적인지에 대한 교실 중심 발음 지도에 대한 교사의 인식 연구가 필요함을 역설하고 있다(김종훈, 2013a)

이 분야에 대한 지금까지의 연구는 주로 영어 발음을 지도할 때 필요한 지식이나 기능에 대한 ESL/EFL 교사의 신념은 무엇이며 영어 발음 교육의 목표와 발음을 지도하는 방법이나 발음 교육 프로그램에 대해 교사가 어떤 생각을 갖고 있는지를 다루는데 초점을 맞추고 있다. 아울러 대학이나 대학원에서 음성학 또는 음운론을 배운 경험이 발음 지도에 도움이 되는지에 대한 생각을 다룬 연구들도 눈에 뜨인다.

11.4.2 ESL 교사들의 인식

먼저 ESL 교사들의 발음 교육에 대한 인식을 연구하기 위해 호주의 언어교육센터의 8명의 교사들과 인터뷰를 실시한 Macdonald(2002)는 교사들이 학생들에게 발음 지도하는 것을 꺼리거나 발음 지도를 피하는 경향이 있으며 연수 기관의 공식적인 교육 과정에서 발음을 가르치도록 권장하지 않기 때문에 발음 지도에 대한 교사들의 동기나 관심이 부족하다고 느끼는 것으로 나타났다. 게다가 그들은 학생들의 발음상 진전을 평가하거나 모니터 하는 것이 어려울 뿐만 아니라 발음 평가 기준에 대한 지식과 기능이 모자라다고 생각하고 있는 것으로 분석되었다. 게다가 오늘날 발음 교육의 목표가 원어민과 유사한 발음(native-like pronunciation)에서 이해도(intelligibility)로 옮겨가고 있지만 여러 교사들이 이해도가 무엇이며 어떻게 그것을 측정하는지에 대한 지식이 모자란 것으로 밝혀졌다. 뿐만 아니라 발음 지도를 의사소통적 관점에서 통합적으로 지도하는 방법에 대해서도 잘 알지 못하고 임시방편의 발음 지도법을 활용하는 것으로 확인되었다. 또한 발음 영역에 대한 양질의 자료가 다른 언어 기능과 비교할 때 그리 많지 않다고 생각하는 것으로 조사되었다(김종훈, 2013a).

ESL 상황에서 영어 발음 교육에 대한 교사의 인식과 교실에서 발음 수업에 대해 고찰한 것으로 Baker(2011a)을 빼놓을 수 없다. 그녀는 미국의 남동부에 위치한 한 대학교의 집중영어과정을 이수하는 6년 이상의 경력이 있는 5명의 교사들에게 3회의 반구조화 인터뷰, 5회의 수업 관찰, 두 번의 자극 회상 인터뷰를 통해 발음 지도와 관련된 그들의 인식은 무엇이며, 그 인식은 어떻게 발전되어 왔으며 또 수업에는 어떻게 반영되고 있는지를 논의하였다. 결과는 영어의 자음, 모음, 음절, 단어 강세, 리듬과 억양으로 구성된 발음 지도 영역을 포함하는 MATESOL 프로그램이 교사들의 발음 교육에 대한 지식 형성과 발음 지도에서의 자신감에 중요한 영향을 미치는 것으로 나타났다. 또한 L2를 배운 경험을 되돌아보면 문법과 리터러시 기능과는 달리 발음은 좀처럼 배우지 못하거나 부분적으로만 배운 것 같아서 영어 발음에 대한 적절한 지식도 없고 영어 발음을 가르치는 방법에 대한 충분한 지식도 없다는 인식을 드러냈다.

담화 운율과 6명의 ESL 교사들의 신념 및 수업 실천을 다룬 Baker (2011b)에서는 담화 운율을 연구한 것이 자신들의 발음 전문성 신장이나 교실 수업을 하는데 영향을 미쳤는데 그것은 대학원에서 배운 발음 관련 과목 때문이었다는 견해를 보였다. 이런 영향을 받아 참여자들 중 한명을 제외하고 5명이 단어 강세, 문장 강세, 리듬, 억양과 같은 운율 자질들이 발음 교육에서 우선적으로 강조되어야 한다고 생각하는 것으로 조사되었다.

11.4.3 EFL 교사들의 인식

Timmis(2002)는 45개국 180명의 교사들과 14개국 400명의 학생들을 연구 대상으로 하여 EFL 발음과 영어 모국어 발음에 대한 신념을 분석하였다. 두 집단에게 자신들의 영어 발음에 대해 다음 세 가지 중 어떤 것을 선호하는지를 물었다. 첫째 영어 발음을 영어 원어민처럼 하고 싶은지, 둘째 영어 원어민과 비원어민에게 상호 이해가능한(intelligible) 정도의 영어를 발성하고 싶은지, 셋째 그 어느 것도 아닌지를 지적하도록 하였다. 영어 원어민 교사들이건 또는 그렇지 않건 간에 대체로 교사들은 두 번째가 더 좋다고 생각하였으나, 학생들은 인도, 파키스탄, 남아공 출신을 제외하고 대부분 영어 원어민과 같은 발음을 하고 싶다는 반응을 보였다.

그리스 공립학교 초중고 EFL 교사 421명의 인식과 수업 실천을 조사한 Sifakis와 Sougari(2005)는 대다수의 교사들(91%)이 자신들의 발음에 만족하고 자부심을 느끼는 것으로 조사되었다. 그들은 영어 원어민 수준의(native-speaker norms) 발음이 중요한 모형이라고 보고 학생들도 원어민과 유사한(native-like) 발음을 배우는 것이 그들에게 자신감을 심어주는데 도움이 되기 때문에 중요하다고 생각하는 것으로 밝혀졌다. 물론, 고등학교 교사들 중 일부는 이해가능한 발음을 하도록 하는 것이 발음 교육의 적절한 목표라는 인식을 드러냈다. 대부분의 교사들은 교실에서 원어민들 간 사실적인 대화를 활용하고 원어민의 역을 강조하는 역할극을 활용하는 등 원어민 중심 접근법을 사용하는 있다고 지적하였다. 아울러 약 73% 이상의 교사들은 영어의 소유권은 영어 원어민과 영어를 능숙하게 말하는 사람들에게 있다고 응답하였다.

한편 세계 공통어로서 영어 교사의 신념을 연구한 바 있는 Jenkins (2007)은 9개국 17명의 비원어민 교사들이 세계 공통어로서 영어 발음을 가르치는 것에 대해 이론상으로는 좋지만 실제 교실에서 가르치는 것은 비현실적인 것으로 간주하는 경향이 있음을 지적하였다. 영어 원어민 발음을 선호하는 학부모나 행정 당국 및 교육 기관들이 주는 부정적 영향 때문에 그렇게 생각하는 것으로 확인되었다.

우리나라 EFL 상황에서 예비 영어 교사들의 발음 교육에 대한 인식은 김종훈(2013a)에 의해 연구된 바 있다. 설문지와 수업 관찰 및 인터뷰를 통해 35명의 예비 영어 교사들의 인식을 조사한 결과 먼저 발음 교육의 목표는 의사소통에서 청자가 알아 듣기에 편안한 발음이어야 한다는 응답이 94.3%에 달했다. 또한 발음 교육에 대한 방법이나 기법으로 의사소통 능력을 신장시키는 과제들인 게임, 노래, 역할극 등을 수행하게 하는 것이 효과적이라 보았으며(82.9%), 자음과 모음과 같은 분절음의 정확한 발성보다는 강세와 억양과 같은 초분절음의 자연스러운 발화에 지도의 강조점을 두어야 한다고 보는 예비 영어 교사들도 91.4%나 되었다. 게다가 영어 발음은 영어의 다른 기능을 지도할 때 포함시켜 통합적으로 가르치는 것이 효과적이며(91.4%), 영어 모국어 화자의 목소리를 컴퓨터로 듣게 하면서 그룹 활동을 하도록 하는 것이 발음 향상에 도움이 된다는데 동의하는 것으로 확인되었다(94.3%). 다만 예비 영어 교사들의 대다수(82.9%)는 영어 발음 지도에 활용할 수 있는 적절한 자료들이 모자라다는 의견을 보였다. 마지막으로 앞으로 정규 영어 교사가 되어 발음을 가르칠 때, 중고등학교에서 영어 발음을 배운 경험(68.5%)보다는 대학에서 영어 발음 관련 과목을 수강한 경험(91.4%)이 발음을 가르칠 때 도움이 될 것이라는 비율이 훨씬 높았다.

최근 Bai와 Yuan(2019)는 홍콩에서 영어를 가르치는 16명의 비원어민 교사들의 발음 교육에 대한 인식을 고찰하였다. 그들은 발음 교육이 중요하다는 점과 학생들도 영어 발음을 잘 배울 수 있다고 믿고 있었으나 교사들 자신은 발음에 자신감이 없고 발음을 가르칠 수 있는 능력이 모자라다고 생각하는 것으로 조사되었다. 이에 따라 교사들 대상으로 영어 발음에 대한 교사 교육이나 전문성 신장 프로그램 도입이 필요하다는 의견을 보였다.

제 12 장

영어 발음 향상을 위한 학습 전략

본 장의 목적은 김종훈(2017)을 기반으로 영어를 배우는 학습자들이 영어 발음을 즐겁고 용이하게 배우기 위해 사용하는 발음 학습 전략(pronunciation learning strategies)에 대해 살펴보도록 하겠다. 언어 학습자가 자신의 모국어나 제2 언어 또는 외국어를 배울 때 즐겨 사용하는 언어 학습 전략이 있듯이 영어 학습자들은 영어의 발음을 향상시키기 위해 사용하는 전략이 있다. ESL/EFL 분야에서 영어 발음 학습전략은, 따라서, 언어 학습 전략을 토대로 다루어져 왔기 때문에 언어 학습 전략부터 고찰해 보기로 하겠다.

12.1 언어 학습 전략의 정의와 중요성

12.1.1 언어 학습 전략의 정의

전략(strategy)이란 단어는 원래 전쟁을 이길 목적으로 장군들이 취하는 조처나 행동을 뜻하는 고대 그리스어의 'strategia'에서 유래된 것이다. 현대에 오면서 이 단어에서 전쟁의 의미는 점차 없어졌으나

통제와 목표 지향성이라는 원래의 취지는 아직도 남아있다(Oxford, 2001: 362)

학습 전략을 거의 처음으로 연구한 Rubin(1975: 43)에 의하면, 학습 전략이란 학습자가 지식을 습득하기 위해 사용하는 기법이나 장치(techniques or devices which a learner may use to acquire knowledge)를 말한다. Rubin(1975)은 훌륭한 언어 학습자는 추측을 잘하는 사람으로 정보를 효과적인 방법으로 수집하여 저장함으로써 그 정보를 쉽게 불러올 수 있다고 덧붙임으로써 학습자에게는 지식이나 정보를 쉽게 처리하는 장치가 있음을 암시하고 있다.

학습 전략에 대한 가장 광범위한 연구는 Oxford(1989, 1990, 2001, 2011)에 의해 수행된 바 있다. 그녀는 학습 전략을 다음과 같이 정의한다.

> Learning strategies are behaviors or actions which learners use to make language learning more successful, self-direct and enjoyable (Oxford, 1989: 235).

학습자들이 언어를 더 성공적이고 더 자기 주도적이며 더 즐겁게 학습하기 위해 학습자들이 사용하는 행위나 행동이라는 것이다. 만약 어떤 학습자가 영어를 배울 때 잘 알지 못하는 단어들의 의미를 파악하기 위해 어원이나 다른 단서들을 주로 사용한다면 그것이 학습 전략이 된다는 것이다. Oxford(1990)에 따르면 성공적인 학습자들은 자료, 과제, 자신들의 목표, 요구 및 학습 단계에 적합한 학습 전략을 사용하는 경향이 있다고 한다. 이와 유사한 견해는 Oxford와 Nyikos(1989)에 의해서도 지적된 바 있다.

> Better language learners generally use strategies appropriate to their own stage of learning, personality, age, purpose for learning

the language, and type of language(Oxford & Nyikos, 1989: 291).

Oxford(1989)의 학습 전략은 Oxford(1990, 1999)에 의해 좀 더 구체적으로 제시된 바 있다.

> specific actions taken by the learner to make learning easier, faster, more enjoyable, more self-directed, more effective, and more transferable to new situations(Oxford, 1990: 8)

> specific actions, behaviors, steps, or techniques that students use to improve their own progress in developing skills in a second or foreign language. These strategies can facilitate the internalization, storage, retrieval, or use of the new language(Oxford, 1999: 518)

결국, Oxford(1989, 1990, 1999, 2001)을 종합할 때, 학습 전략이란 학습을 보다 쉽고, 보다 빠르고, 보다 즐겁고, 보다 자기 주도적이고, 보다 효과적이며, 새로운 상황에 더 전이될 수 있도록 하기 위해 학습자가 사용하는 특수한 행동으로 정의 된다. 한마디로 학습자들이 자신들의 언어 학습을 용이하게 하기 위해 사용하는 특수한 행동이나 사고를 말하는 것이다. 이런 학습 전략의 개념을 반영하여 Oxford (1990)가 개발한 50항목의 언어 학습 전략 목록(Strategy Inventory for Language Learning(SILL)은 영어 학습자의 학습 전략을 점검하는 매우 유용한 도구가 되고 있다.

인지 심리학의 발달에 영향을 받은 O'Malley, Chamot, Stewne-Manzanares, Kupper와 Russo(1987)를 비롯하여 O'Malley와 Chamot (1990), 그리고 Chamot(2005)은 학습 전략을 정보 처리의 특별한 방식으로 파악하고 있다. 예를 들어 O'Malley와 Chamot(1990)은 학습 전략을 다음과 같이 기술하고 있다.

Special thoughts and behaviors that individuals use to help them comprehend, learn, or retain information(O'Malley & Chamot, 1990: 1)

물론 그들의 학습 전략의 개념은 1970년대 Rigney(1978)에 의해 연구된 것과 별반 다르지 않다.

a set of operations used by the learner to aid the acquisition, storage, and retrieval of information(Rigney, 1978: 165)

이보다 좀 더 구체적인 학습 전략에 대한 언급은 Chamot(1998)에 잘 나타나 있다.

Learning strategies are the thoughts that students have and actions that they can take to assist comprehension, recall, production, and management of their language learning(Chamot, 1998: 4)

학습 전략이란 학습들이 갖는 사고로서 새로운 정보를 이해하고 학습하며, 유지하도록 도와주기 위해 취할 수 있는 행동이라는 것이다. 그들이 분류한 세 가지 학습 전략은 인지 학습이론에 입각한 정보 처리의 과정을 반영하고 있다. 이에 대해서는 다음 절에서 언급하기로 하겠다.

12.1.2 언어 학습 전략의 중요성

언어 학습 전략이 언어를 쉽게 배우기 위해 학습자들이 즐겨 사용하는 단계나 행동이기 때문에 학습 전략은 학습을 적극적이고 의식적으로 조절할 수 있는 유용한 도구가 된다는 점에서 의미가 있다. Oxford(1990: 1)는 전략은 적극적이고 자기 주도적 참여를 위한 도

구가 되는데, 그것은 의사소통 능력을 신장시키는데 중요한 기여를 한다고 지적한다. 더욱이 적절한 학습 전략을 발전시켜온 학습자들은 더 많은 자신감을 갖고 더 효과적으로 배우기 때문에 학습 전략을 이해하는 것은 교사나 학습자에게 중요한 과제가 될 수 있다.

Chamot(2005: 112)는 언어 학습 전략은 제2 언어 교육에서 두 가지 이유 때문에 중요하다고 역설하고 있다. 첫째는 언어 학습을 하는 동안에 제2 언어 학습자들의 사용하는 전략을 점검함으로써 언어 학습과 관련된 상위 인지적, 인지적, 사회적, 정의적 과정에 대한 통찰력을 얻을 수 있다. 둘째, 덜 성공적인 언어 학습자들에게는 새로운 전략을 가르침으로써 더 나은 언어 학습자가 될 수 있도록 도와준다. 이와 같은 맥락에서 Oxford(2001)가 언어 학습 전략이 학습자들에게 더욱 독립적이고 독자적인 평생의 학습자가 될 수 있도록 해준다고 지적한 점은 시사하는 바가 크다.

Purpura(2014)에 의하면, 제2 언어 또는 외국어 교육의 성공 여부는 학습자들이 언어에 대한 지식과 의사소통하기를 바라는 것에 대한 지식과 더불어 학습자들이 계획하고, 질문하고, 연관시키고, 기억하며, 중심 사상과 세부적인 정보를 구분하고, 학습 과정을 모니터하고, 언어 학습과 언어 사용에 융통적으로 접근할 수 있는 능력에 달려 있다. 이와 같은 학습자의 사고나 행동은 전략 능력(strategic competence)의 일부로서 제2 언어나 외국어를 배우고 사용하는데 매우 중요하다고 여겨지고 있다. 전략 능력은 어떻게 학습자들의 제2 언어나 외국어 입력을 이해하고, 어떻게 새로운 정보를 기억할 수 있도록 조직하며, 의사소통하기 위해 어떻게 기억에서부터 정보를 불러오는지를 통제하기 때문에 중요하다고 할 수 있다. 게다가 전략 능력은 학습자들에게 언어 학습과 의사소통의 사회적, 상호 작용적, 정서적 측면을 이해하고 조정하기 때문에 의미가 있다(Pupura, 2014: 533).

12.2 언어 학습 전략의 분류

12.2.1 Oxford(1990, 2011)의 언어 학습 전략

〈표 12.1〉 Oxford(1990: 39-48, 137-145)의 전략 목록

Direct Strategies	Indirect Strategies
1. Memory Strategies: creating mental linkages, applying images and sounds, reviewing well employing action	1. Metacognitive Strategies: centering your learning, arranging and planning your learning, evaluating your learning
2. Cognitive Strategies: practicing, receiving and sending messages, analysing and reasoning, creating structure	2. Affective Strategies: lowering your anxiety, encouraging yourself, taking your emotional temperature
3. Compensation Strategies: guessing intelligibility, overcoming limitations in speaking and writing	3. Social Strategies: asking questions, cooperating with others, empathizing with others

Oxford(1990)는 먼저 전략 사용을 학습에 직접적인 영향을 미치는 직접 전략(direct strategies)과 학습을 간접적으로 지원하는 간접 전략(indirect strategies)으로 구분하고 있다. 직접 전략은 학습자들에게 새로운 정보를 저장하고 검색하는 것을 도와주는 기억 전략(memory strategies), 학습자들에게 목표언어 자료를 직접적으로 조작할 수 있도록 해주는 인지 전략(cognitive strategies), 목표 언어에 대한 지식이 모자란 것을 극복하기 위해 사용하는 보상 전략(compensatory strategies)을 포함한다. 간접 전략은 학습자들에게 학습 과정을 계획, 점검, 평가하도록 해주는 상위 인지 전략(metacognitive strategies), 학습자들에게 감정, 동기, 태도를 조절해 주도록 도와주는 방법인 정의적 전략(affective strategies)과 학습자들이 목표언어를 통해 다른 사람들과 상호 작용을 하는 사회적 전략(social strategies)으로 구성된다. 이를 알기 쉽게 도표로 나타내면 위의 〈표 12.1〉과 같다.

Oxford(2011: 24)는 Oxford(1990)의 언어 학습 전략을 전략 능력의 새로운 모형으로 제시한데 의미가 있다. 그녀는 사회문화 이론을 기반으로 학습자들이 어떻게 언어 학습 행위를 조절하기 위해 전략을 사용하는지에 초점을 맞추고 행동 전략을 유도하는 상위 전략(metastrategies)의 개념을 새롭게 도입하고 있다. 종전에 제안했던 언어 학습 전략 중에서는 인지 전략과 정의적 전략은 그대로 두고 학습자에게 학습하고 의사소통하기 위해 상호 작용하는 것을 돕는 사회 문화-상호 작용 전략(sociocultural-interactive strategies)을 추가하여, 그 같은 전략들을 학습자들이 통제하는 것을 도와주는 상위 전략들을 새롭게 선보이고 있다. 상위 전략들은 상위 인지 전략(metacognitive strategies), 상위 정의적 전략(meta-affective strategies), 상위 사회 문화-상호 작용 전략(meta-sociocultural-interactive strategies)으로 구분된다.

12.2.2 O'Malley와 Chamot(1990)의 언어 학습 전략

O'Malley와 Chamot(1990)은 학습 전략을 크게 상위 인지 전략(metacognitive strategies), 인지 전략(cognitive strategies), 사회정의적 전략(socioaffective strategies)으로 분류하고 있다. 정보 처리 모형에 기반을 둔 학습 전략에서 상위 인지 전략은 높은 수준의 정보 처리 단계에서 계획, 감독, 평가, 조직을 통해 자신의 학습 과정과 수행을 조절하는 기술을 의미한다. 인지 전략은 분석, 변형, 반복, 요약, 이미지화를 통해 학습 자료나 입력을 조작하거나 변형하는 기술을 뜻하고, 사회 정의적 전략은 정보 처리 과정에서 다른 사람들과 협력하며

생산적인 상호 작용을 유지하고 긍정적인 마음가짐을 바탕으로 자신의 감정과 동기 및 태도를 조절하는 기술을 말한다. 그들의 언어 학습 전략을 도표로 제시하면 다음 〈표 12.2〉와 같다.

〈표 12.2〉 O'Malley와 Chamot(1990: 119-120)의 전략 목록

Metacognitive Strategies: advance organizers, directed attention, selective attention, self-management, advance preparation, self-monitoring, delayed production, self-evaluation
Cognitive Strategies: repetition, resourcing, directed physical response, translation, grouping, note taking, deduction, recombination, imagery, auditory representation, keyword, contextualization, elaboration, transfer, inferencing
Socioaffective Strategies: cooperation, quest for clarification

12.3 언어 학습 전략 선택에 영향을 주는 요인

언어 학습 전략을 선택하는데 영향을 미치는 요인들은 다양하게 나타나고 있다. 일찍이 학습 전략에 관심이 많았던 Rubin(1974)은 학습 과제, 학습 단계, 나이, 학습 상황, 개인 스타일, 문화적 차이에 따라 학습 전략이 다르게 선택된다고 보았다. 또한 Oxford(1989)는 언어 학습전략 선택의 변인들로 나이, 성별, 태도, 동기, 언어 학습목표, 동기 지향성, 학습 스타일, 적성, 진로 성향, 국적, 언어 교수법, 과제 요구사항, 학습 대상어, 학습 기간, 인식 정도를 꼽았다. 학습 전략 선택에 영향을 주는 이런 변인들은 Oxford와 Nyikos(1989)에서도 거의 똑같이 제시되고 있다. 즉, 학습 대상어, 언어 능숙도 수준, 상위 인지 인식 정도, 성별, 태도, 동기 및 언어 학습 목표와 같은 정의적 변인,

학습 스타일, 진로 지행성 및 전공, 국적, 적성, 언어 교수법, 과제 요구사항, 전략 훈련 유형이 언어 학습 전략을 선택하는데 영향을 미친다는 것이다.

그러나 이런 요인들 중에서 어느 것이 학습자의 전략 선택에 가장 큰 영향을 미치느냐에 대해서는 학자들마다 일치하지 않고 있다. 예를 들어 Oxford와 Nyikos(1989)는 동기, 언어 능숙도, 외국어 공부하는데 보낸 연수, 성별, 전공이 영향을 많이 준다고 보고하고 있으며, 그 중에서 동기가 가장 큰 영향을 주는 요인이라 지적하였다. 동기가 높은 학생들이 동기가 낮은 학생들보다 거의 모든 학습 전략을 더 자주 사용했다고 한다. 아울러 말하기, 읽기, 듣기 능력이 좋은 학생들이 그렇지 못한 학생들보다 언어 학습 전략을 더 많이 사용했으며, 외국어를 더 많이 공부한 학생들과 여학생들이 언어 학습 전략을 더 자주 사용하는 것으로 나타났다. Green과 Oxford(1995)도 언어에 능숙한 학생들이 그렇지 않은 학생들보다, 여학생들이 남학생들보다 언어 학습 전략을 전반적으로 더 많이 사용한다고 보았으나, 학습 전략에 따라 그렇지 못한 경우들도 발견되었음을 지적한 바 있다.

그러나 55명의 대학 집중영어과정 학생들의 언어 학습 전략을 조사한 Hong-Nam과 Leavell(2006)에서는 중급반 학생들이 초급반이나 상급반 학생들보다 학습 전략을 더 자주 사용하는 것으로 보고되었으며, 성별로 분석했을 때도 여학생들은 사회적 정의적 전략에서 더 많이 사용하는 것을 발견하였다.

12.4 영어 발음 학습 전략 이론과 실제

본 절에서는 앞에서 살펴본 언어 학습 전략을 토대로 ESL/EFL 학습자들이 발음을 학습하거나 발음을 향상시키기 위해서 즐겨 사용하는 영어 발음 학습 전략에 대해 검토해 보기로 하겠다. 영어 발음 학습전략의 정의와 중요성을 알아보고 발음 학습 전략을 분류한 후에 발음 학습 전략에 영향을 주는 요인들에 대한 검토에 이어 영어를 가르치는 교실에서 발음 학습 전략을 어떻게 활용할 수 있는지를 생각해 보기로 한다.

12.4.1 영어 발음 학습 전략의 개념

영어 발음 학습 전략을 처음으로 연구한 Peterson(2000)은 Oxford (1990)가 제안한 언어 학습 전략에 기반을 두어 발음 학습 전략을 개념화하고 있다.

> Based on Oxford's(1990) definition of learning strategies, pronunciation learning strategies can be thought of as steps taken by students to enhance their own pronunciation learning(Peterson, 2000: 7)

발음 학습 전략은 학생들이 자신들의 발음 학습을 향상시키기 위해 취하는 단계라는 것이다.

이보다 좀 더 구체화된 발음 학습 전략은 Pawlak(2010)에서 찾아볼 수 있다.

> Pronunciation leaning strategies can be defined as deliberate actions and thoughts that are consciously employed, often in a logical sequence, for learning and gaining greater control over the use of various aspects of pronunciation(Pawlak, 2010: 191).

학생들이 목표어의 발음을 잘 배우고 발음의 여러 측면들, 이를테면 분절음과 초분절음의 특징을 보다 잘 통제하고 이해하기 위해 의식적으로 이용되는 정교한 행동과 사고라는 취지이다.

발음 학습 전략에 대한 최근의 전반적인 연구는 Pawlak과 Szyszka (2018)에 의해 이루어진 바 있다. 그들은 발음 학습 전략을 다음과 같이 특징화 하고 있다.

> PLS can be characterized as teachable, dynamic thoughts and behaviors that learners consciously select and employ in specific contexts to improve their self-regulated, autonomous L2 pronunciation development for effective task performance and long-term proficiency(Pawlak & Szyszka, 2018: 295)

언어 학습 전략이 잘 배울 수 있고 융통적이며 종종 의식적일 뿐만 아니라 학습자들을 자기 주도적이 되도록 허용하는 것처럼, 발음 학습 전략도 학습자들이 자기 조절적이고 독립적인 제2 언어 발음 능력을 향상시키기 위해 특정 상황에서 학습자들이 의식적으로 선택하여 사용하는 사고와 행동이라 할 수 있다.

12.4.2 영어 발음 학습 전략의 중요성

성공적인 언어 학습자가 되기 위해 언어 학습 전략을 알아야 하듯이, 자신의 발음을 향상시키고 발음을 즐겁게 배우기 위해 영어 학습자가 발음 학습 전략을 잘 이해해야 한다는 점은 당연한 일이다. 앞서 지적한 것처럼 언어 학습 전략이 제2 언어 또는 외국어 학습자에게 비판적 사고력과 인지적 학술적 언어 능력을 길러 근본적으로 주어진 상황에서 의사소통 능력을 신장시키도록 해 주기 때문에 발음 학습 전략도 이와 유사한 관점에서 그 중요성을 파악해야 한다.

영어를 배울 때 영어 학습자들이 발음 학습 전략을 이해하여 활용하게 되면 영어 발음에 대해 평소 어색하거나 자신감이 없다고 느끼는 학습자들도 발음 학습을 즐겁고 용이하게 할 수 있는 기회를 갖게 될 뿐만 아니라 자신들의 발음에 대해 스스로 조절할 수 있는 자기 주도적이고 자율적인 발음 학습자가 되도록 해 준다. 더욱이 영어 학습자들은 다양한 발음 학습 전략을 선택하여 사용함으로써 발음 구사력을 제고시켜 근본적으로는 구두 의사소통 능력(oral communicative competence)을 신장시키는데 많은 도움을 받을 수 있다(김종훈, 2017).

12.4.3 영어 발음 학습 전략 분류

12.4.3.1 Peterson(2000)의 발음 학습 전략

Peterson(2000: 26-27)은 Oxford(1990) 분류를 따라 발음 학습 전략을 6개 그룹 즉, 기억 전략, 인지 전략, 보상 전략, 상위 인지 전략, 정의적 전략, 사회적 전략으로 구분하고, 12개의 전략, 43개의 세부 전략으로 하위 범주화하고 있다. 기억 전략에는 발음을 기억 속에 새기기, 인지 전략에는 자연스럽게 연습하기, 규칙적으로 발음 연습하기, 발음 체계 분석하기가 포함되어 있다. 보상 전략으로는 근접한 발음으로 조음하기, 상위 인지 전략에는 목표어 발음 파악하기, 학습 목표와 목적 설정하기, 언어 과제 계획하기, 자기 평가하기가 들어 있다. 정의적 전략으로는 불안감 낮추기 위해 유머 사용하기를, 사회적 전략으로는 도움 요청하기와 동료들과 협력하기가 내포되어 있다. 그녀의 발음 학습 전략을 표로 제시하면 다음 〈표 12.3〉과 같다.

〈표 12.3〉 Peterson(2000: 26-27)의 발음 학습 전략 목록

Strategy Group	Pronunciation Learning Strategies	Pronunciation Learning Tactics
Memory	Representing sounds in memory	• making up songs or rhythms to remember how to pronunciation words • using phonetic symbols or one's own codes to remember how to pronounce something
Cognitive	Practicing naturally	• trying to recall how a teacher pronounced something • trying to recall and imitate a teacher's mouth movements • listening to tapes/television/movies/music • concentrating intensely on pronunciation while speaking, etc.
	Formally practicing with sounds	• pronouncing a difficult word over and over • practicing words using flash cards • practicing saying words slowly at first and then faster • memorizing and practicing TL phrases, etc.
	Analyzing the sound system	• forming and using hypotheses about pronunciation rules • noticing contrasts between native and TL pronunciation, etc.
Compensation	Using proximal articulations	
Metacognitive	Finding out about TL pronunciation	• acquiring a general knowledge of phonetics • reading reference materials about TL rules, etc.
	Setting goals and objectives	• deciding to focus one's learning on particular sounds • deciding to memorize the sounds(or the alphabet) right away, etc.
	Planning for a language task	• preparing for an oral presentation by writing difficult-to-pronounce words very large in one's notes
	Self evaluating	• recording oneself to listen to one's pronunciation
Affective	Using humor to lower anxiety	• having a sense of humor about mispronunciations
Social	Asking for help	• asking someone else to correct one's pronunciation • asking someone to pronounce something
	Coopering with peers	• studying with someone else • teaching or tutoring someone else

12.4.3.2 Eckstein(2007)의 발음 학습 전략

〈표 12.4〉 Eckstein(2007: 35)의 발음 학습 전략 목록

Kolb's(1984) Learning Cycle Construct	Pronunciation Acquisition Construct	Pronunciation Learning Strategies
Concrete experience	Input/Practice	Input: • Intent listening • Focusing on articulatory gestures of other • Active listening, etc. Practice: • Reading aloud • Practicing new sounds • Imitating and/or mimicry of native speakers
Reflection on observation	Noticing/Feedback	Noticing: • Noticing intricate differences between L1 and L2 pronunciation, etc. • Focusing on segmentals of language • Distinguishing errors among other speakers, etc Feedback: • Self-monitoring • Using phonetic symbols and transcriptions • Asking for help, etc.
Abstract conceptualization	Hypothesis forming	• Monitoring and eliminating negative interference • Self-correcting • Acquiring a general knowledge of phonetics, etc.
Action based on new conceptualization	Hypothesis testing	• Repeating new words according to new hypotheses • Skipping difficult words • Rehearsing sounds, etc.

Eckstein(2007)은 대학의 영어센터에 등록한 영어 수준이 중하, 중, 중상에 해당하는 183명의 학생들 대상으로 발음 학습 전략과 발음 능력과의 상관 관계를 연구하기 위해 발음 학습 전략을 설계하였다. Eckstein (2007)의 발음 학습 전략의 특징은 발음 습득 과정을 본질적으로 잘

반영하고 있는 Kolb(1984)의 경험 학습 이론에 토대를 두어 발음 학습 전략이 개발되었다는 점이다. 예컨대 Klob(1984)의 구체적 경험 단계는 발음 습득 과정에서 입력(input)과 연습(practice)과 연결되고, 관찰에 대한 성찰 단계는 발음 습득 과정에서 주목(noticing)과 피드백(feedback)에 연결되며, 추상적 개념화 단계는 발음 습득 과정에서 가설 형성(hypothesis forming)으로 이어지고, 새로운 개념화 기반 행동 단계는 가설 검증(hypothesis testing)과 연결시켜 각 단계와 과정별로 구체적인 발음 학습 전략을 마련하였다. Eckstein(2007: 35)의 구체적인 발음 학습 전략은 위의 <표 12.4>와 같다.

12.4.3.3 Pawlak(2010)의 발음 학습 전략

Pawlak(2010: 194-195)은 발음 학습 전략을 O'Malley와 Chamot (1990)을 따라 상위 인지 전략, 인지 전략, 사회 정의적 전략으로 분류하고 있다. 먼저 상위 인지 전략은 특수한 발음 특징에 초점 맞추기로 결정하는 것과 새로운 음을 연습할 기회를 찾기, 그리고 자신의 발음을 스스로 평가하기 위해 목소리를 녹음하는 방법이 포함된다.

인지 학습 전략에는 음들을 기억하기 위해 음성 기호나 부호 사용하기, 발음 규칙에 대한 가설을 세우고 시험하며, L1과 L2 음 체계의 유사점과 차이점에 주목하고, 조음 과정에 설명을 비롯하여, 새로운 단어의 발음을 암기하고 색깔이나 음 연상 활용. 교사나 녹음 자료 따라 하기, 큰 소리로 읽기, 리듬 연습에서 제스쳐 사용하기, 사전 속 단어의 발음 찾기 등이 들어 있다.

정의적 학습 전략에는 발음상 어려움에 직면했을 때 편안해 지고, 발음에 진전이 있을 경우 스스로를 격려하는 일 등이 내포되어 있다. 사회적 학습 전략은 다른 학생들과 발음의 여러 측면을 연습하고, 발음 오류에 대해 다른 사람에게 고쳐 달라고 하는 것 등이 포함된다.

〈표 12.5〉 Pawlak(2010: 194-195)의 발음 학습 전략 목록

Strategy Group	Pronunciation Learning Strategies
Metacognitive	• deciding to focus on particular pronunciation features • looking for opportunities to practice new sounds • recording oneself to self-evaluate one's pronunciation, etc.
Cognitive	• using phonetic symbols or one's own codes to remember sounds • forming and resting hypotheses about pronunciation rules • noticing similarities and differences between the sound systems of L1 and L2 or other known languages • making use of articulatory descriptions(e.g. charts, diagrams, etc.) • memorizing the pronunciation of new words • using color or sound associations • repeating after the teacher or a recording • reading aloud • using rhythmic gestures that accompany speech practice • looking up pronunciation in a dictionary • deliberately using words that are difficult to pronounce in spontaneous communication, etc.
Affective	• using relaxation techniques when countering problems with pronunciation • rewarding oneself for making progress in phonetics, etc.
Social	• practicing aspects of pronunciation with other students • asking others for correction of pronunciation errors, etc.

12.4.4 영어 발음 학습 전략 선택의 변인

언어 학습 전략에 영향을 미치는 요인과 비슷하게 발음 학습 전략 선택에 영향을 주는 요인들도 다양하게 나타나고 있다. 다시 말해 언어 능숙도, 성별, 발음 구사력, 발음 관련 과목 이수 여부 등에 따라 발음 학습 전략이 더 많이 사용되거나 특정 발음 학습 전략이 선호되는 양상을 보이고 있다. 예를 들어 Peterson(2000)은 언어 능숙도가 좋은 학생들이 그렇지 않은 학생들보다 전반적으로 발음 학습 전략을 더 자주 사용한다고 지적하였다. 또한 Derwing와 Rossiter(2002)는 100명의 ESL 성인 학습자들의 발음 학습 전략을 연구했는데 영어 수준이

높은 학생들이 그렇지 않은 학생들보다 바꿔 표현하기(paraphrase) 전략을 더 자주 선택하였다고 한다.

성별의 차이도 발음 학습 전략 선택에 영향을 미치는 중요한 요인이다. Yetkin(2017)은 터키의 예비 영어 교사 27명을 대상으로 성별, 학년, 영어 학습 기간에 따른 발음 학습 전략 고찰한 결과 성별의 차이에서만 통계적으로 유의미한 결과를 보였다고 한다. 즉, 여학생들이 남학생들보다 발음 학습 전략을 더 많이 사용하였다는 것이다. Berkil (2008)도 터키의 40명의 영어영문과 학생들의 발음 학습 전략 연구를 통해 여학생들이 남학생들보다 많은 발음 학습 전략을 사용한다는 점을 발견하였다. 총 69명의 한국의 예비 영어 교사들의 발음 학습 전략을 분석한 김종훈(2017)에서도 35개 문항 중 31개 문항에서 여학생들이 남학생들보다 발음 학습 전략을 더 흔하게 사용하는 것으로 나타났다.

발음 학습 전략 선택에 영향을 미치는 또 다른 변인으로 발음 구사력을 들 수 있다. 예컨대, Eckstein(2007)에서는 발음 구사력이 좋은 학생들이 그렇지 않은 학생들보다 많은 발음 학습 전략들을 사용하는 결과를 보였다. 그러나 Berkil(2008)에서는 52개 발음 학습 전략 항목 중 3개에서만 발음 구사력이 좋은 학생들과 그렇지 않은 학생들 간에 통계적으로 유의미한 차이가 나는 것으로 분석되었다.

발음 관련 과목을 이수했는지 여부도 발음 학습 전략 선택에 또 다른 변인이 되고 있다. Akyol(2013)은 터키의 대학교 영어과 학생 82명에 대해 발음 관련 과목 이수 여부에 따라 발음 학습 전략을 어떻게 선택하는지 연구한 결과 전략 별로 음성학을 이수한 학생들과 비이수 학생들 간에 발음 학습 전략이 다르게 선택되는 것을 보였다. 예를 들어 똑같은 기억 전략에서도 발음 관련 과목 이수자들은 단어의 발음을 기억하기 위해 노래나 라임을 만들거나 목표어인 영어 발음을 터키 발음에 연관시키는 전략을 선호하였지만, 발음 관련 과목을 이수하지 않은 학생들은 교사들이 발음을 어떻게 가르쳐 왔는지를 기억하는 것을 선호하였다.

김종훈(2017)에서는 35문항 중 4개 문항, 즉 음성학 지식을 배우려 하거나 발음 규칙 관련 자료를 읽고, 음성 기호와 발음 표기를 외우기로 하고, 대화 속에서 초분절음 중심 발음 연습을 한다는 문항에서만 음성학 이수자와 비이수자 사이에 통계적으로 유의미한 차이를 보이는 것으로 확인되었다.

12.4.5 교실에서 영어 발음 학습 전략 활용

영어 교사들은 앞에서 분류된 학습자의 발음 전략 그룹에서 집단에 따라 또는 개인에 따라 자주 사용하는 전략이 다를 수 있음을 주목할 필요가 있다. 예를 들어, 김종훈(2018)은 69명의 한국의 예비 영어 교사들의 발음 학습 전략 고찰에서 상위 인지 전략보다 인지 전략을 가장 많이 사용하는 것으로 보고하였으나, 63명의 폴란드 대학 영어과 학생들의 발음 전략을 분석한 Rokoszewska(2012)에서는 상위 인지 전략을 가장 많이 사용하고 인지 전략은 덜 사용하는 것으로 나타나고 있다. 그러나 영어 발음이 좋은 학생들은 상위 인지 전략을 더 자주 사용한다는 연구(Szyszka, 2015)가 시사하는 것처럼 영어 교사들은 영어 발음이 취약한 학생들에게 영어 발음 학습을 계획하고 점검하고 스스로 평가하도록 하는 상위 인지 전략에 대한 제고에 노력할 필요가 있다. 이를 위해 영어 교사들은 학습자들이 자신들의 영어 발음을 녹음하여 자주 듣도록 하면서 발음 상 어려워하거나 취약한 부분은 실제 고쳐주어 발음이 실제적으로 향상되도록 노력해야 하겠다.

영어 학습자들은 일반적으로 자신들의 영어 발음이 좋다고 생각하지 않은 경향이 있다. 이 사실은 Kim과 Kim(2016)에서 101명의 대학생 영어 학습자들을 대상으로 한 연구에서 57.4%의 학생들이 그렇게 응답한 결과에서 뒷받침 된다. 영어 학습자들은 오히려 발음 능력은 타고 나는 것이라 믿을 정도로 자신들의 발음에 대해 자신감이 없어한다. 다른 사람들과 영어로 말할 때 발음에 실수할 것을 걱정하는 불안으로 가득 차 있다(Kim & Kim, 2016). 영어 학습자들은 정의적 발음 학습 전략 선택에 취약하다는 점이다.

따라서 영어 교사로서는 교실에서 영어를 가르칠 때 발음에 대해 두려움을 느끼지 않도록 편안한 분위기에서 발음 연습을 거듭하는 모험을 격려하고, 발음에 대한 자신감을 갖도록 함으로써 내재적 동기를 높이도록 하는 기법을 적용해야 한다. 학생들이 영어 발음 시도에 대한 모험을 격려하고(encourage risk-taking), 자신감을 길러주며(build students' self-confidence), 내재적 동기를 신장하도록 도와주며(help students to develop intrinsic motivation), 동료들 간 협력 학습을 도모하는(promote cooperative learning) 전략을 비롯하여 Brown(2007: 270)이 제시하는 10가지 전략 기법을 발음 지도에 얼마든지 활용하는 것이 가능하다. 예를 들어, 영어 교사들은 학생들이 그룹별로 친근한 분위기에서 영어 발음에 대한 지식을 공유하고 영어로 서로 대화하는 기회를 많이 갖도록 한 후에 전체 학생들 앞에서 영어로 말하게 할 때 항상 칭찬과 격려를 해주어 발음에 자신감을 심어주는 것이 매우 중요하다. 발음을 연습하기 위해 휴대폰 속 원어민의 목소리를 편안히 듣고 따라하게 하는 가운데 원어민의 발음에 유의하여 그룹 구성원들과 발음에 대한 생각을 나눠보고 큰 소리로 따라하거나 스스로에게 말해보고 나서 전체 학생들 앞에서 영어로 즐겁게 말을 하는 짧은 대화나 역할극 활동을 하는 것이 도움이 될 것이다. 그러는 가운데 학생들은 자음과 모음의 발음을 정확하게 발성하고 강세와 리듬 및 억양에 유의하여 상대방과 자연스럽게 발화하고 연습하는 기회를 갖게 될 것이다.

우리나라 영어 교육 현장에서 영어 발음 지도는 영어 시간에 다른 기능이나 영역을 가르칠 때 함께 가르쳐져야 하는 것이 현실이다. 그나마 영어 발음을 아예 가르치지 않은 것보다는 훨씬 바람직한 것이다. 의사소통 능력을 신장시키기 위한 틀 내에서 영어를 가르치면서 영어 발음도 얼마든지 의사소통 활동 중심으로 가르칠 수 있다는 점을 이해하고 그 같은 관점에서 영어의 발음을 지도한다면 지금보다는 학습자들이 영어 발음을 즐겁게 연습하여 자연스럽게 구두 의사소통 능력을 향상시키는 결과로 이어질 것이다.

참고문헌

Akyol, T. 2913. A study on identifying pronunciation learning strategies of Turkish EFL learners. *Procedia-Social and Behavioral Sciences*, 70, 1456-1462.

Allen, V. F. 1971. Teaching intonation: From theory to practice. *TESOL Quarterly*, 5(1), 73-81.

Asher, J. J. 1977. *Learning another language through actions: The complete teacher's guidebook. Los Gotos,* CA: Sky Oaks Productions.

Avery, P., & Ehrlich, S. 1992. *Teaching American English pronunciation.* Oxford: Oxford University Press.

Bai, B., & Yuan, R. 2019. EFL teachers' beliefs and practices about pronunciation teaching. *ELT Journal*, 73(2(, 134-143.

Baker, A. 1993. *Ship or sheep? an intermediate pronunciation course.* Cambridge: Cambridge University Press.

Baker, A. A. 2011a. ESL teachers and pronunciation pedagogy: Exploring the development of teachers' cognitions and classroom practices, In J. Levis & K. LeVelle (Eds.). *Proceedings of the 2nd pronunciation in second language learning and teaching conference* (pp. 82-94), Ames, IA: Iowa State University.

Baker, A. A. 2011b. Discourse prosody and teachers' stated beliefs and practices, *TESOL Journal*, 2(3), 263-292.

Baker, A,. & Goldstein, S. 1990. *Pronunciation pairs.* Cambridge: Cambridge University Press.

Baker, A. A., & Murphy, J. 2011. Knowledge base of pronunciation teaching: Staking out the territory, *TESL Canada Journal*, 28(2), 29-50.

Bauer, L., Dienhart, J. M., Hartvigson, H. H., & Jakobsen, L. K. 1980. *American English pronunciation.* Copenhagen: Gyldendal.

Berkil, G. 2008. *A closer look at pronunciation learning strategies, L2 pronunciation proficiency and secondary variables influencing pronunciation ability.* MA thesis, Bilkent University.

Bolinger, D. 1962. Binomials and pitch accent. *Lingua*, 11, 34-44.

Borg, S. 2003. Teacher cognition in language teaching: A review of research on what language teachers think, know, believe, and do. *Language Teaching*, 36, 81-109.

Borg, S. 2006. *Teacher cognition and language education: Research and practice.* London: Continuum.

Borg, S. 2011. The impact of in-service teacher education on language teachers' beliefs. *System*, 39(3), 370-380.

Bowen, J. D. 1975. *Patterns of English pronunciation.* Rowley, Mass: Newbury House.

Bronstein, A. J. 1960. *The pronunciation of American English.* New York: Appleton Century-Crofts Inc.

Brown, H. D. 1994. *Teaching by principles.* New Jersey: Prentice Hall Regents.

Brown, H. D. *Teaching by principles*(3rd ed.). NY: Pearson Education.

Burns, I. M. 1992. Pronunciation-based listening exercises. In P. Avery & S. Ehrlich. 1992. *Teaching American English pronunciation.* Oxford: Oxford University Press.

Byrme, D. 1991. *Teaching for classroom interaction.* London: Longman.

Catford, J. C. 1977. *Fundamental problems in phonetics.* Bloomington: Indiana University Press.

Carr, P. 2013. *English phonetics and phonology.* Chichester: Willey-Blackwell.

Celce-Murcia, M. 1983. Teaching pronunciation communicatively. *MEXTESOL Jouranl*, 7(1), 10-25.

Celce-Murcia, M. 1987. Teaching pronunciation as communication. In J.

Morley(Ed.), *Current perspectives on pronunciation: practices anchored in theory.* Washington, D.C.: TESOL: 1-12.

Celce-Murcia, M., Briton, D. M., & Goodwin, J. M. 1996. *Teaching pronunciation.* Cambridge: Cambridge University Press.

Chamot, A. U. 1998. *Teaching learning strategies to language students.* Washington, DC: Center for Applied Linguistics.

Chamot, 2005. A. U. 2005. Language learning strategy instruction: Current issues and research. *Annual Review of Applied Linguistics,* 25, 112-130.

Claire, E. 1988. *ESL teacher's activities kit.* New Jersey: Prentice Hall.

Cookes, G., & Arakaki, L. 1999. teaching idea sourses and work conditions in an ESL program. *TESOL Journal,* 8(1), 15-19.

Cooper, W. E., & Ross, J. R. (1975). Word order. In R. E. Grosman, L. J. San & T. J. Vance (Eds.), *Papers from the parasession on functionalism* (pp. 63-111). Chicago: Chicago Linguistic Society.

Couper-Kuhlen, E. 1986. *An introduction to prosody.* Cambridge: The Hague: Mouton.

Crystal, D. 1975. *The English tone of voice: Essays in intonation, prosody and paralanguage.* London: Edward Arnold.

Dahl, K. L., Scharer, P. L., Lawson, L. L., & Grogan, P. R. 2001. *Rethinking phonics.* Portsmouth: Heinemann.

Dalton, C., & Seidlhofer, B. 1994. *Pronunciation.* Oxford: Oxford University Press.

Dauer, R. M. 1993. *Accurate English: A comprehensive course in pronunciation.* New Hersey: Prentice Hall Regents.

Derwing, T. M., & Rossiter, M. J. 2002. ESL learners' perceptions of their pronunciation needs and strategies. *System,* 30(2), 155-166.

Eckatein, G. T. 2007. *A corelation of pronunciation learning strategies with spontaneous English pronunciation of adult learners.* MA thesis. Brigham Young University.

Ellis, R. 1986. *Understanding second language acquisition.* Oxford: Oxford

University.

Farrell, T. S. C., & Lim, P. C .P. 2005. Conceptions of grammar teaching: A case study of teachers' beliefs and classroom practices. *TESL*, 9(2), 1-12.

Farrell, T. S. C., & Kun, S. 2008. Language policy, teachers' beliefs and classroom practices. *Applied Linguistics*, 29(3), 381-403.

Field, J. 2005. Intelligibility and the listener: The role of lexical stress. *TESOL Quarterly*, 39(3), 399-423.

Foley, J. 1970. Phonological distinctive features. *Folia Linguistica,* 4: 87-92.

Fraser, H. 2001. *Teaching pronunciation: A handbook for teachers and trainers*. New South Wales: DETYA.

Fries, C. C. 1945. *Teaching and learning English as a foreign language*. Ann Arbor: University of Michigan Press.

Frimmer, B. 1986. *Sounds and languages: A work/play approach*. Danville: The Interstate Printers & Publishers.

Fromkin, V. A. 1971. The non-anomalous nature of anomalous utterances. *Language*, 47, 27-52.

Fromkin, V. A. 1973a. *The speech errors as linguistic evidence*. The Hague: Mouton.

Fromkin, V. A. 1973b. Slips of the tongues. *Scientific American*. 229(6), 110-116.

Giegerich, H.J. 1992. *English phonology: An introduction*. Cambridge: Cambridge University Press.

Gilbert, J. B. 1984. *Clear speech: Pronunciation and listening comprehension in American English*. Cambridge: Cambridge University Press.

Gimson, A.C. 1980. *An introduction to the pronunciation of English*. London: Edward Arnold.

Gleason, H. A. Jr. 1961. *An introduction to descriptive linguistics*. New York: Holt, Rinehart & Winston.

Graham, C. 1978. *Jazz chants*. New York: Oxford University Press.

Graham, C. 1979. *Jazz chants for children.* New York: Oxford University Press.

Graham, C. 2004. *Let's chant, let's sing.* Oxford: Oxford University Press.

Green, J. M., & Oxford, R. 1995. A closer look at learning strategies, l2 proficiency, and Gender. *TESOL Quarterly,* 29(2), 261-297.

Griffee, D. T. 1992. *Songs in action.* New York: Prentice-Hall.

Hancock, M. 2003. *English pronunciation in use: Intermediate.* Cambridge: Cambridge University Press.

Hagen, S. A., & Grogan, P. E. 1992. *Sound advantage: A pronunciation book.* Englewood Cliffs, New Jersey: Prentice-Hall, Inc.

Harris, D. P. 1969. *Testing English as a second language.* New York: McGraw-Hill Book Co.

Hart, D. 1994. *Authentic assessment: A handbook for educators.* Menlo Park, California: Addison-Wesley Publishing Co.

Hockett, C. F. 1972. Learning pronunciation. In K. Croft (Ed.), *Readings on English as a second language.* Cambridge: Winthrop Publishers Inc.

Hogg, H., & McCully, C. B. 1987. *Metrical phonology.* Cambridge: Cambridge University Press.

Hong-Nam, K., & Leavell, A. G. 2006. Language learning strategy use of ESL students in an intensive English learning context. *System,* 34(3), 399-415.

Howers, A. M. 1963. *The big book of sounds.* Danville, Illinois: The Interstate Printers & Publishers, Inc.

Jenkin, J. 2007. *English as a lingua franca: Attitude and identity.* Oxford: Oxford University Press.

Jespersen, O. 1905. *Growth and structure of the English language.* Oxford: Basil Blackwell.

Johnson, K. E. 1992. The relationship between teachers' beliefs and practices during literacy instruction for non-native speakers of English.

Journal of Reading Behavior, 24(1), 83-108.

Johnson, K. E. 1994. The emerging beliefs and instructional practices of preservice English as a second language teachers. *Teaching and Teacher Education,* 10, 439-452.

Jones, D. 1957. *An outline of English phonetics.* Cambridge: W. Heffer & Sons.

Jull, D. 1992. Teaching pronunciation: An inventory of techniques. In P. Avery & S. Ehrlich. *Teaching American English pronunciation.* (pp. 207-219). Oxford: Oxford University Press.

Kagan, D. M. 1990. Ways of evaluating teacher cognition: inferences concerning the Goldilocks principle. *Review of Educational Research,* 60, 419-469.

Katamba, F. 1989. *An introduction to phonology.* London: Longman.

Kennedy, M. 1990. *Policy issues in teacher education.* East Lansing, Mich.: National Center for Research on Teacher Learning.

Kenstowicz, M. 1994. *Phonology in generative grammar.* Cambridge: Blackwell.

Kenworthy, J. 1987. *Teaching English pronunciation.* London: Longman.

Kim, C., & Kim, Y. 2016. EFL learners' perceptions of pronunciation, pronunciation anxiety, and pronunciation learning strategies. *The Mirae Journal of English Language and Literature,* 21(4), 265-284.

Kolb, D. A. 1984. *Experiential learning: Experience as the source of learning and development.* Englewood Cliffs, New Jersey: Prentice-Hall.

Krashen, S., & Terrell, T. D. 1983. *The natural approach: Language acquisition in the classroom.* Oxford: Pergamon Press.

Kreidler, C. W. 1989. *The pronunciation of English.* Oxford: Basil Blackwell.

Kreidler, C. W. 1997. *Describing spoken English.* London & New York: Routledge.

Ladefoged, P. 1982. *A course in phonetics.* (2nd ed.). New York: Harcourt Brace College Publishers.

Ladefoged, P. 1993. *A course in phonetics* (3rd ed.). New York: Harcourt Brace College Publishers.

Ladefoged, P. 2001. *A course in phonetics* (4th ed). Boston: Heinle & Heinle.

Lado, R. 1957. *Linguistics across cultures.* Ann Arbor: University of Michigan Press.

Larsen-Freeman, D. 1986. *Techniques and principles in language teaching.* New York: Oxford University Press.

Liberman, M., & Prince, A. 1977. On stress and linguistic rhythm. *Linguistic Inquiry* 8: 249-336.

Littlewood, W. 1986. *Communicative language teaching: An introduction.* Cambridge: Cambridge University Press.

Lortie, D. 1975. *Schoolteacher: a sociological study.* London: University of Chicago Press.

Macdonald, S. 2002. Pronunciation views and practices of reluctant teachers, *Prospect*, 17(3), 3-18.

Matthews, C. 1994. *Speaking solutions.* New Jersey: Prentice Hall Regents.

Miller, S. F. 2000. *Targeting pronunciation.* Boston: Houghton Mifflin Co.

Morley, J. 1979. *Improving spoken English.* Ann Arbor: University of Michigan Press.

Mortimer, C. 1985. *Elements of pronunciation.* Cambridge: Cambridge University Press.

Murphy, J. M. 1991. Oral communication in TESOL: Integrating speaking, listening, and pronunciation. *TESOL* Quarterly, 25(1), 51-73.

Naiman, N. 1992. A communicative approach to pronunciation teaching. In P. Avery & S. Ehrlich, *Teaching American English pronunciation* (pp. 163-171). Oxford: Oxford University Press.

Newman, S. S. 1946. On the stress system of English, *Word*, 2, 171-187.

Nilsen, D. L, F, & Nilsen, A. P. 1971. *Pronunciation contrasts in English.* New York: Regents Publishing Co.

Numrich, C. 1996. On becoming a language teacher: Insights from diary studies. *TESOL Quarterly*, 30, 131-153.

Nunan, D. 2011. *Teaching English to young learners.* Anaheim: Anaheim University Press.

Oxford, R. L. 1989. Use of language learning strategies: A synthesis of studies with implications for strategy training. *System*, 17, 1-13.

Oxford, R. L. 1990. *Language learning strategies: What every teacher should know.* New York: Newbury House.

Oxford, R. L. 1999. Learning strategies. In B. Spolsky (Ed.), *Consise encyclopedia of educational linguistics* (pp. 518-522). Oxford: Elsevier.

Oxford, R. L. 2001. Language learning styles and strategies. In M. Celce-Murcia (Ed.), *Teaching English as a second or foreign language* (pp. 359-366). Boston: Heinle & Heinle.

Oxford, R. L. 2011. *Teaching and researching language learning strategies.* London: Pearson.

Oxford, R. L., & Nyikos, M. 1989. Variables affecting choice of language learning strategies by university students. *The Modern Language Journal*, 73(3), 291-300.

O'Malley, J. M., & Chamot, A. U. 1990. *Learning strategies in language acquisition.* Cambridge: Cambridge University Press.

O'Malley, J. M., Chamot, A. U., Stewner-Manzanares, G., Kupper, L., & Russo, R. P. 1985. Learning strategies used by beginning and intermediate ESL students. *Language Learning*, 35, 21-46.

Pajares, M. F. 1992. Teachers' beliefs and educational research: Cleaning up a messy construct. *Review of Educational Research*, 62, 307-332.

Paul, D. 2005. *Teaching English to children in Asia.* Hong Kong: Pearson/Longman.

Paulston, C. B., & Bruder, M. N. 1976. *Teaching English as a second language: Techniques and procedures.* Cambridge:

Pawlak, M. 2010. Designing and piloting a tool for the measurement of the use of pronunciation learning strategies. *Research in Language*, 8, 189-202. Winthrop Publishers, Inc.

Peacock, M. 2001. Pre-service ESL teachers' beliefs about second language learning: A longitudinal study. *System*, 29, 177-195.

Pennington, M. C., & Richards, J.C. 1986. Pronunciation Revisited. *TESOL Quarterly*. Vol. 20. No. 2: 207-225.

Pennington, M.C. 1996. *Phonology in English language teaching: An International Approach*. London and New York: Addison Wesley Longman.

Peterson, S. S. 2000. *Pronunciation learning strategies: A first look*. Unpublished research report. (ERIC Document Reproduction Service ED 450 599).

Phipps, S., & Borg, S. 2009. Exploring tensions between teachers' grammar teaching beliefs and practices. *System*, 37(3), 380-390.

Pike, K. L. 1947. *Phonemics*. Ann Arbor: University of Michigan Press.

Prator, C. H., & Robinett, B. W. 1985. *Manual of American English pronunciation* (4th ed.), New York: Holt, Rinehart & Winston.

Prator, C. H. 1967. Hierarchy of difficulty. *Unpublished classroom lecture*. LA: University of Claifornia.

Pullum, G. K., & Ladusaw, W. A. 1986. *Phonetic symbol guide*. Chicago & London: The University of Chicago Press.

Purpura, J. E. 2014. language learning strategies and styles. In M. Celce-Murcia, D. M. Brtinton, M.A. Snow. (Eds.), *Teaching English as a second or foreign language*(4th ed.)(pp. 532-549). Boston: National Geographic Learning.

Quirk, R., Greenbaum, S., Leech, G., & Svartvik, J. 1985. *A Comprehensive grammar of the English language*. London: Longman.

Richards, J. C., & Lockhart, C. L. 1996. *Reflective teaching in second language classrooms*. Cambridge: Cambridge University.

Richards, J. C., & Pennington, M. 1998. The first year of teaching. In J. C. Richards (Ed.), *Beyond training* (pp. 173-90). Cambridge: CUP

Longman.

Richardson, V. 2003. Preservice teachers' beliefs. In J. Raths & A. R. McAnich (Eds.), *Teacher beliefs and classroom performance: The impact of teacher education* (pp. 1-22). Greenwich, CT: Information Age Publishing.

Rigney, J. W. 1978. Learning strategies: A theoretical perspective. In H. F. O'Neil(Jr)(Ed.), *Learning strategies* (pp.165-205). New York: Academic Press.

Rivers, W. M. 1981. *Teaching foreign language skills.* Chicago: The University of Chicago Press.

Rokoszewska, K. 2012. The influence of pronunciation learning strategies on mastering English vowels. *Studies in Second Language Learning and Teaching,* 2(3), 391-413.

Rubin, J. 1975. What the 'good language learner' can teach us. *TESOL Quarterly,* 9(1), 41-51.

Schubiger, M. (1958). *English intonation: Its form and function.* Tubingen: Niemeyer.

Selkirk, E. 1984. *Phonology and Syntax.* Cambridge: MIT Press.

Shavelson, R. J., & Stern, P. 1981. Research on teachers' pedagogical thoughts, judgments, decisions, and behavior, *Review of Educational Research,* 51, 455-498.

Sheeler, W.D., & Markey, R. W. 1991. *Sounds and rhythm.* New Jersey: Prentice Hall Regents.

Shoemaker. C. L., & Shoemaker, F. F. 1991. *Interactive technique for the ESL classroom.* Newbury House.

Sifakis, N. C., & Sougari, A-M. 2005. Pronunciation issues and EIL pedagogy in the periphery: A survey of Greek state school teachers' beliefs, *TESOL Quarterly,* 39, 467-488.

Sigel, D. 1974. *Topics in English morphology.* Ph. D. Dissertation. MIT: Cambridge.

Szyszka, M. 2015. Good English pronunciation users and their pronunciation learning strategies. *Research in Language*, 13(1), 93–103.

Taylor. D. S. 1981. Non–native speakers and the rhythm of English. *IRAL* 19: 219–16.

Taylor, L. 1993. *Pronunciation in action*. New York: Prentice–Hall.

Timmis, I. 2002. Native–speaker norms and international English: A classroom view. *ELT Journal*, 56, 240–249.

Trager, G. L., & Smith, H. L. Jr. 1951. *An outline of English structure*. *Studies in Linguistics*, Occasional Papers 3. Washington: American Council of Learned Society.

Traugh, S. 1993. *Fun phonics*. Vol. I, II. CA: Creative Writing Press.

Vibulpol, J. 2004. *Beliefs about language learning and teaching approaches of pre–service teachers in Thailand*. PhD dissertation. Oklahoma State University.

Weir, C. J. 1990. *Communicative language testing*. New York: Prentice Hall.

Weir, C. J. 1993. *Understanding & developing language Tests*. New York: Prentice Hall.

Wells, J. C. (2006). *English intonation: An introduction*. Cambridge: Cambridge University Press.

Wolfram, W., & Johnson, R. 1982. *Phonological analysis: Focus on American English*. Englewood Cliffs: Prentice Hall Regents.

Woods, D. 1991. Teachers' interpretations of second language teaching curricula. *RELC Journal*, 22(1), 1–18.

Wright, A. 2008. *Storytelling with children*. Oxford: Oxford University Press.

Wright, A., Betteridge, D., & Buckby, M. 1979. *Games for language learning*. Cambridge: Cambridge University Press.

Yavaş, M. 2006. *Applied English phonology*. Malden: Blackwell Publishing.

Yetkin, R. 2017. research into pronunciation learning strategies of pre–service English teachers. *Eurasian Journal of Applied Linguistics*, 3(2), 287–295.

김기섭. 1997. 영어음운론 응용. 서울: 한국문화사.
김순택 편저. 1980. 영어발음연구. 서울: 한신문화사.
김종훈. 1990. 음절음운론. 서울: 한신문화사.
김종훈. 1997. 영어음운론. 서울: 한신문화사.
김종훈. 2001. 영어음성음운교육론(초판). 제주: 제주대학교 출판부.
김종훈. 2012a. L2 교사 인식 연구와 영어 발음 교육. 영어 의사소통능력 향상을 위한 교실 수업활동개발, 대한영어교육연구학회 학술대회 발표논문집. 1-10. 대한영어교육연구학회.
김종훈. 2012b. 영어 수업 컨설팅에 대한 영어교사의 인식 고찰. 영어영문학, 17(3), 203-231.
김종훈. 2013a. 영어 발음교육에 대한 예비 영어교사의 인식. 언어과학연구, 65, 47-78.
김종훈. 2013b. 예비 영어교사의 교생실습 경험: 그 신념과 실천 간의 괴리. 언어학 연구, 18(2), 21-44.
김종훈. 2014. 예비 영어교사의 영어 말하기 지도에 대한 신념. 영어영문학, 19(4), 255-280.
김종훈. 2017. 예비 영어교사의 발음 학습전략 연구. 영어영문학, 22(1), 243-268.
김종훈. 2018. 영어음운론의 정보를 활용한 통사 구조의 기술: 이항구조 어순에 대한 학습자의 지식을 토대로. 영어영문학, 23(1), 185-205.
김종훈. 2019. 영어의 통사 구조 기술에서 리듬과 억양의 활용. 영어영문학, 24(1), 117-137.
박남식. 1989. 무게와 리듬-영어를 중심으로. 언어 제10호. 충남대 어학연구소
이용재. 1996. 영어음성학. 서울: 고려대 출판부.
전상범. 1995. 영어음성학개론. 서울: 을유문화사.

부록 (1)

발음 교육 관련 교실 영어

- As you listen, decide whether they are the same or different.
- Aspirate the initial voiceless stops.
- /b/ is made exactly like /p/ except it is voiced.
- /b/ is made exactly like /p/ with the addition of voicing.
- Be sure to use the rising-falling intonation.
- Change pitch and pause at the end of each sentence.
- Circle the content words and practice saying the poem.
- Circle the syllable that receives primary stress.
- Circle the word that doesn't rhyme.
- Circle the word that has different initial sound.
- Close your mouth.
- Stress the first. Come down in pitch on the last word.
- Contrast /u/ and /ʊ/.
- Cross out any consonants that can be omitted.
- Cross out the dropped syllable.
- Curl your tongue tip back quickly.
- Decide where the stress falls.
- Demonstrate the intonation patter.
- Discuss how the pauses change the meaning of two sentences.
- Don't aspirated when it is preceded by /s/.
- Do not touch the roof of your mouth with your tongue.
- Do not your voice.
- Does the air travel down the center or the sides?
- Draw a pitch arrow at the end of the sentences.

- Draw a slash when you hear a pause.
- Drop the final /t/ and /d/.
- Emphasize the content words in the following dialog.
- Exercise the intonation patterns to know their difference.
- Feel your lips spread back.
- Fill in the blanks with the words you hear.
- First practice the sound /e/.
- For /u/, the lips are rounded and the back of your tongue is raised.
- Glide or step down in pitch at the end of each sentence.
- Here is a rhyme about a bug.
- Here is a rhyme using the word 'drink'. Touch your side teeth with the sides of your tongue.
- How close do the articulators come together?
- How do you pronounce *pig?*
- How is the sound /p/ made?
- /ɪ/ is a short sound.
- /ɪ/ is longer when it is followed by a voiced consonant.
- /iy/ is a long sound.
- I'm rhyming.
- If they have the same stress pattern, write S.
- If they have different stress patterns, write D.
- Join in with a small group to say one of the verses for the class.
- Keep your mouth relaxed.
- Keep your tongue there.
- Lengthen the focus at the end of each phrase.
- Let your mouth rest open.
- Let your tongue rest in the middle of your mouth.
- Listen and compare different versions of the same statement or question.
- Listen and mark the stresses in the following passage.
  Listen and practice
- Listen and repeat the phrases. Emphasizes the focus words.

- Listen and repeat the poem with your group.
- Listen and repeat the words and phrases.
  Listen and repeat the words and phrases with /e/.
- Listen and repeat.
- Listen and underline the focus word in each sentence.
- Listen first and tap the desk for the focus words.
- Listen for the flap in the following words.
- Listen to pairs of words and circle the one that you hear.
- Listen to the sentence (a) or (b). Check(∨) the sentence you hear.
  Listen to these sentences and draw the intonation over the tag question.
  Listen to the choice questions and draw rising or falling intonation patterns over them.
- Listen to the /g/ in this poem.
- Listen to the dialog and underline the focus words.
- Listen to the famous nursery rhyme. Underline the stressed words or syllables.
- Listen to the following dialog and mark the intonation contours of each sentences.
- Listen to the following statements and choose the one the best represents the meaning of the speaker.
- Listen to the following words and cross out the dropped syllable in each.
- Listen to the following words contrasting /r/ and /w/.
- Listen to the following paragraph and draw a slash(/) every time you hear a pause.
- Listen to the following sentences and underline where you hear the assimilation.
- Listen to the intonations of the questions and practice them.
- Listen to the intonation of the question words in the following exchanges.
- Listen to these short poems and tap your finger at stressed syllables.
- Listen to the poem and tap your finger at each strong stress.

- Listen to the poems and mark strong stresses.
- Listen to the rhymes and limericks.
- Listen to the sentences and check the box that corresponds to the intonation pattern used.
- Listen to the sentences and mark intonation with upward or downward arrow.
- Listen to the song and fill in the missing focus words.
- Listen to the tape and exaggerate the step or glide at the end of each sentence.
- Listen to the target sound /t/ in the words below.
- Listen to these sentences. Circle the word in parentheses that you hear in each sentence.
- Listen to your teacher say the sentences contrasting two clear vowels.
- Listen to your teacher say each sentence pair.
- Listen to your partner and identify which sentence you hear.
- /m/ comes out your nose when your lips are closed.
- Major sentence falls on the last content word within a sentence.
- Major stress falls on the ult(or penultimate or antepenultimate) syllable.
- Make the second word got strong stress.
- Make your vocal cords vibrate
- Mark in the stress and underline the syllable that normally receives sentence stress.
- Mark the linking.
- Mark the rising intonations.
- Mark the stressed syllables.
- Mark the stress in the following poem and read aloud.
- Mark the word you hear.
- Move your tongue up as little as you say it.
- Open the mouth wider than schwa.
- Open your mouth very little.
- Open your mouth.

- Place your upper teeth gently on your lower lip.
- Practice in groups.
- Practice in pairs.
- Practice linking words together in the following sentences.
- Practice saying the limerick.
- Practice saying the word and sentences.
- Practice the conversation.
- Practice the dialog using a change in pitch.
- Practice the following sentence pairs.
- Practice the sounds of words that have /t/ or /d/ between vowels.
- Practice the stress and intonation of phrasal verbs and compound.
- Press your lips tightly together.
- Pronounce each group of sentences several times, until the intonation patterns seem natural to you.
- Pronounce the following pairs of words.
- Pronounce a prolonged /iy/ several times.
- Push air forward in your mouth.
- Put a dot over the information focus in each sentence.
- Put the tip of your tongue against the alveolar ridge.
- Put your hand on your throat to feel it vibrate.
- Put your hand on your throat.
- Put your tongue back.
- Put your tongue down.
- Put your tongue forward.
- Put your tongue on the roof of your mouth.
- Put your tongue up.
- Raise the front of your tongue as high as you can.
- Read the dialog emphasizing.
- Read the following aloud, paying special attention to linking between words.
- Relax your muscles.

- Repeat the underlined words and sentences.
- Repeat the wh-questions after your instructor.
- Role play with your partner. lengthen the stressed syllable in each word.
- Round your lips into a tight, small circle.
- Same or different?
- Say /s/ three times.
- Say a quick "uh".
- Say [p], [t], [k]
- Say the meaning of the pitch lines in the dialog.
- Say the same sentence with different intonation patterns.
- Say the pitch changes on each focus word.
- Slide the tip of your tongue back.
- Stress the first word.
- Stress the word that answers the question.
- Stress the word that gives the new information.
- Switch roles to practice.
- Take a breath and blow air out between the tongue and teeth.
- Take a deep breath and breathe out.
- Tap the desk to emphasize the rhythm.
- Tap the desk as you say each stressed syllable.
- Tap the desk as you say the focus word to keep up with rhythm.
- Tap the rhythm with your finger or a pencil as you l listen.
- Tap your finger to the stressed syllable while you say the following sentences.
- The light /l/ occurs before a vowel and the dark /l/ occurs after a vowel.
- There is also a little lip rounding.
- Touch your top teeth with your bottom lip.
- Try to pronounce medial /t/ and /d/ as a tap.
- Underline the focus words in the following dialogs.

- Underline the word with a different vowel sound.
- Underline the word with the stress pattern given.
- What is happening in the larynx?
- What sound is being made? Can you explain how to make it?
- Where is the sound made?
- Which articulators approach each other?
- Work in groups.
- Work in pairs to mark the different stress patterns.
- Work in pairs to practice the first conversation.
- Work in pairs.
- Work with your partner to count the words, syllables, and beats.
- You'll hear a pair of words and then circle if they are the same or different.

부록 (2)

Student Diagnostic Profile

(Avery & Ehrlich, 1992: 182)

LEARNER VARIABLES

Background

Name: ____________

Age: _______

Length of residence: _______

Native language: ________________

Other languages spoken: ________________

Education: ____

Occupation: ______________________________________

Is English used in the workplace? ________________

Frequency of use of English: _____________________

English proficiency level:

Basic ☐ Intermediate ☐ Advanced ☐

Standardized test scores: _________________________

LEARNER VARIABLES

General speaking habits

a Clarity:

very intelligible _ _ _ _ _ _ unintelligible

b Speed:

very fast _ _ _ _ _ _ very slow

c Loudness:

easily heard _ _ _ _ _ _ difficult to hear

d Breath groups:

too many pauses _ _ _ _ _ _ not enough pauses

e Eye gaze:

appropriate _ _ _ _ _ _ inappropriate

f Fluency:

fluent _ _ _ _ _ _ halting

g Voice:

pitch range too narrow? voice too nasal?

h Other:

Intonation

a Statement(final rising-falling)

b Yes-No question(final rising)

c Wh-question(final rising-falling)

d Tag question(final rising and final rising-falling)

e Series(non-final rising)

Stress and rhythm

a Word level stress

b Phrase/sentence level stress

c Linking

부록 (3)

Oral Presentation Evaluation Form

(Celce-Murcia, 1996: 357)

	Excellent	Good	Fair
Ⅰ. Message content	3	2	1
Was the topic appropriate? Interesting? Did the speaker demonstrate knowledge of the topic? Was the speaker enthusiastic and convincing?			
Ⅱ. Organization	3	2	1
Was there a clear introduction to the topic? Was evidence or support presented in a logical fashion? Did the speaker give a conclusion?			
Ⅲ. Physical delivery	3	2	1
Were gestures used appropriately? Did the speaker have good posture and make appropriate eye contact? Was the speaker relaxed? Was his or her facial expression pleasant and animated? Were audiovisual aids used to clarify or illustrate?			
Ⅳ. Clarity	3	2	1
Was the speaker's voice lord enough? Did the speaker enunciate clearly? Was the speed okay? Was the message intelligible?			

	Excellent	Good	Fair
V. Pronunciation	3	2	1
Did the speaker use appropriate stress and intonation? Were vowels and consonants pronounced correctly? Were words linked, blended, and reduced appropriately?	TOTAL = _____/15 points		

부록 (4)

Presentation Evaluation Form

(Matthews, 1994: 209)

Speaker: ________________

Time: ___________________

Topic: __________________

Grade or Ration: __________

Use the following key to evaluate the presentation skills of each speaker:
+=very good √=satisfactory −=needs more practice

A. Delivery

_____ Maintained eye contact with listeners in all parts of the room
_____ Spoke loudly and clearly
_____ Spoke in a natural, conversational manner
_____ Used effective posture, movement, and gestures
_____ Used notes effectively (if applicable)

B. Communicative ability

_____ Pronunciation was clear
_____ Spoke fluently, without too much hesitation or repetition
_____ Grammar and vocabulary choices were reasonably accurate

C. Content

_____ Fulfilled assignment
_____ Met time limit
_____ Developed topic with sufficient reasons, examples, and details
_____ Chose a topic that was appropriate for the audience

D. Organization

_____ Effective introduction
_____ Logical development of ideas
_____ Clear transitions
_____ Effective conclusion

부록 (5)

Self-Evaluation Form: Interview Role Plays
(Celce-Murcia et al. 1996: 405-406)

NAME : ____________ DATE : __________

Directions : Watch your videotaped role play and fill out the following evaluation form.

INTONATION

Listen for any yes/no questions you asked. Write down two examples and mark your intonation. Was it appropriate? Why/Why not?

a. ______________________________________

b. ______________________________________

Do the same for wh-questions.

a. ______________________________________

b. ______________________________________

Listen to your statements. Does your voice pitch fall(↘) at the end of thoughts and statements to show completion? Give two examples.

a. ______________________________________

b. ______________________________________

PROMINENCE/STRESS

Prominence: Did you highlight the words that are important or that show new information? Give two examples and mark the words you stressed.

a. ____

b. ____

Word stress: In multisyllabic words, did you stress the proper syllable(s)? Give five examples and mark the syllable(s) you stressed.

a. ___________ c. ___________ e. ___________

b. ___________ d. ___________

REDUCED SPEECH/REDUCTION OF VOWELS IN UNSTRESSED SYLLABLES

Were you able to reduce unstressed function words within sentences (words like *the, did, have, or, for, and,* etc.)? Give two examples, circling the words that you reduced:

a. ____

b. ____

Were you able to reduce the vowels in unstressed syllables? Give five examples, indicating the reduced vowels with a slash mark (e.g., bánaná).

a. ___________ c. ___________ e. ___________

b. ___________ d. ___________

BLENDING

Were you able to blend words together appropriately? Give two examples, marking the linked words(e.g., "Are‿you‿an‿active person?").

a. ____

b. ____

VOWELS

Are there any vowel distinctions you had difficulty making? Give examples, circling the difficult vowels.

a. ___________ c. ___________ e. ___________

b. ___________ d. ___________

CONSONANTS

Are there any consonants distinctions you had difficulty making? Give examples, circling the difficult consonants.

a. ____________ c. ____________ e. ____________

b. ____________ d. ____________

부록 (6)

Harvard 대학의 구두 평가 척도

A. 발음

1. 모국어식 발음을 거의 벗어나지 못하고 있다.
2. 모국어식 발음과 목표어 발음이 혼재하고 있다.
3. 모국어식 발음이 가끔씩 나타난다.
4. 모국어식 발음이 거의 나타나지 낳는다.
5. 원어민의 발음에 아주 가깝다.

B. 억양

1. 모국어식 억양을 거의 벗어나지 못하고 있다.
2. 모국어식 억양과 목표어 발음이 혼재하고 있다.
3. 모국어식 억양이 가끔씩 나타난다.
4. 모국어식 억양이 거의 나타나지 않는다.
5. 원어민의 억양에 아주 가깝다.

C. 문법

1. 문법 요소를 거의 구사하지 못한다.
2. 문법 요소를 약간 구사하지만 모국어 문법의 영향이 많이 나타난다.
3. 문법 요소를 어느 정도 구사하지만 모국어 문법의 영향도 약간 나타난다.
4. 문법 요소를 상당히 잘 구사하여 모국어 문법의 영향이 거의 안 나타난다.
5. 문법 구사력이 원어민에 가깝다.

D. 어휘

1. 어휘를 거의 구사하지 못한다.
2. 어휘를 약간 구사하지만 모국어 문법의 영향이 많이 나타난다.
3. 어휘를 어느 정도 구사하지만 모국어 문법의 영향도 약간 나타난다.
4. 어휘를 상당히 잘 구사하여 모국어 문법의 영향이 거의 안 나타난다.
5. 어휘 구사력이 원어민에 가깝다.

E. 유창성

1. 말의 흐름이 계속 단절된다.
2. 말의 흐름이 자주 단절되어 듣는 사람의 노력을 요한다.
3. 말의 흐름이 그런대로 이어진다.
4. 말의 흐름이 잘 이어진다.
5. 말의 흐름이 원어민에 가깝다.

부록 (7)

미국 Foreign Service Institute 평가 척도

A. 액센트

1. 알아들을 수 없는 발음이 자주 나타난다.
2. 오류와 서투른 발음 때문에 이해하기 힘들며 잦은 반복을 요한다.
3. 모국어식 발음 때문에 듣는데 어려움이 있고 잘못된 발음은 문법과 어휘에 오해와 잘못을 야기하기도 한다.
4. 이해를 방해하지는 않지만 모국어식 발음과 잘못된 발음이 나타난다.
5. 드러나는 잘못된 발음은 없지만 원어민이 아님은 알 수 있다.
6. 거의 원어민 발음에 가깝다.

B. 문법

1. 문법의 거의 대부분이 부정확하다.
2. 계속적인 오류로 자주 의사소통을 방해한다.
3. 잦은 오류로 가끔 오해를 낳게 한다.
4. 오류가 가끔씩 나타나지만 오해를 낳을 정도는 아니다.
5. 오류가 거의 나타나지 않는다.
6. 거의 완벽하게 구사한다.

C. 어휘

1. 단순 대화에서도 어휘가 부적절하다.
2. 가장 기본적인 영역(시간, 음식 등)에 한정된 어휘만 구사한다.
3. 어휘 선정이 자주 부정확하며 전ㅁㄷ적 사회적 주제에 대한 논의가 어렵다.
4. 전문 기능어가 아닌 것은 풀어서 말함으로써 어휘 구사가 대체로 무난하다.
5. 전문적인 어휘의 폭이 넓고 정확하다; 복잡하고 다양한 상황에 적합한 일반적인 어휘를 구사한다.

D. 유창성

1. 말이 끊어져 단절되기 때문에 대화가 불가능하다.
2. 특정 유형의 어구를 제외하고는 말이 매우 느리고 불규칙하다.
3. 말이 자주 망설여지고 문장이 완결되지 않은 채로 끝난다.
4. 말이 가끔씩 망설여지고 풀어쓰거나 어휘 묶음으로 불규칙해진다.
5. 말이 대체로 잘 이어지지만 외국인이라는 흔적이 나타난다.
6. 원어민에 가까운 말의 흐름을 유지한다.

E. 이해력

1. 매우 단순한 대화도 이해 못한다.
2. 여행 등과 관련된 단순하고 느린 말을 많은 반복과 풀이를 통하여 이해한다.
3. 의식적으로 단순화시켜 해주는 말 정도를 약간의 반복과 풀이를 통하여 이해한다.
4. 교육받은 사람의 정상적인 말을 약간의 반복과 풀이를 통하여 이해한다.
5. 구어나 지나치게 빠른 말 등 예외적인 것을 제외하고는 거의 모든 말을 이해한다.
6. 공식적인 것이나 구어적인 것이나 거의 모든 말을 이해한다.

찾아보기

국문 색인

[ㄱ]

[ㄴ]

[ㄷ]

[ㄹ]

[ㅁ]

[ㅂ]

[ㅅ]

[ㅈ]

[ㅊ]

영문 색인

[D]

[E]

[J]

[K]

[L]

[M]

[N]

[O]

[P]

[R]

[S]

[T]

[U]

[V]

[W]

■ 김종훈(金鍾勳)

- 제주대학교 영어교육과 졸업
- 고려대학교 대학원 영어영문학과 문학석사
- 고려대학교 대학원 영어영문학과 문학박사
- University of Texas(Austin) 언어학과 객원 교수
- 현재 제주대학교 사범대학 영어교육과 교수

■ 저서 : 「음절음운론」, 「영어음운론」, 「영어음성음운교육론」(초판),
「제주국제자유의 언어 정책과 과제」(공저), 「제주국제자유도시와 영어교육」 외

■ 논문 : “영어의 음절과 그 구조”, “영어 단모음화의 현대 음운론적 분석”,
“영어음운론의 정보를 활용한 통사 구조의 기술”,
“영어 억양에 대한 예비 영어 교사들의 인식” 외

영어음성음운교육론 [개정신판]

초 판 발 행 _ 2001년 8월 31일
개정판인쇄 _ 2020년 5월 10일
개정판발행 _ 2020년 5월 15일

지 은 이 _ 김 종 훈

펴 낸 곳 _ 온누리디앤피
주　　소 _ 제주특별자치도 제주시 신성로12길 21-2
전　　화 _ 064)722-0086
팩　　스 _ 064)755-3380
등　　록 _ 1995년 8월 31일 제51호

ISBN 978-89-94495-66-8

값 18,000원